Kulturelle
Motivstudien

20

Wolfgang Mieder

Schneewittchen

Das Märchen in Literatur, Medien und Karikaturen

Mit 169 Abbildungen

Praesens Verlag

Dieses Buch ist mit finanzieller Unterstützung der Stadt Wien,
Wissenschafts- und Forschungsförderung zustande gekommen.

 Kultur

Cover-Illustration: © Bild von Prawny auf Pixabay
Cover-Gestaltung: Praesens Verlag

Verlag und Druck: Praesens VerlagsgesmbH. Printed in EU.

ISBN: 978-3-7069-1053-8

Bibliografische Information der Deutschen Nationalbibliothek:
Die Deutsche Nationalbibliothek verzeichnet diese Publikation in der
Deutschen Nationalbibliografie; detaillierte bibliografische Daten sind im
Internet über http://dnb.d-nb.de abrufbar.

Inhalt

I. Vorwort

Seit zwei Jahrzehnten erscheint nun schon alljährlich ein neuer Band in meiner „Kulturelle Motivstudien"-Reihe im Wiener Praesens Verlag, wofür ich dem mir so positiv gesinnten Verleger Dr. Michael Ritter zu großem Dank verpflichtet bin. Wer hätte gedacht, daß sich unsere reibungslose Zusammenarbeit so entfalten würde, denn es kommen noch etliche andere Bücher hinzu, die ich bei ihm herausbringen konnte. Die meisten Bände der genannten Reihe befassen sich mit Sprichwörtern, sprichwörtlichen Redensarten und geflügelten Worten, die mir als Parömiologen ganz besonders am Herzen liegen. Als Germanist und Folklorist hat mich aber auch immer die Volkserzählforschung interessiert, und so erschien als erster und zweiter Band „*Liebt mich, liebt mich nicht*". *Studien und Belege zum Blumenorakel* (2001) und *Der Rattenfänger von Hameln. Die Sage in Literatur, Medien und Karikaturen* (2002). Drei Märchenbände kamen dann hinzu: *Hänsel und Gretel. Das Märchen in Kunst, Musik, Literatur, Medien und Karikaturen* (2007), „*Märchen haben kurze Beine*". *Moderne Märchenreminiszenzen in Literatur, Medien und Karikaturen* (2009) und *Der Froschkönig. Das Märchen in Literatur, Medien und Karikaturen* (2019). Nachdem ich also zwei meiner Lieblingsmärchen bearbeitet habe, folgt nun als Dritter im Bunde ein „Schneewittchen"-Band. Das sollte eigentlich keine Überraschung sein, denn dieses Märchen gehört zweifelsohne zu den beliebtesten Texten aus den *Kinder- und Hausmärchen* der Gebrüder Grimm.

Wie meine anderen Motivstudien kommt das reichhaltige Belegmaterial wieder aus meinem internationalen Archiv zur Erzählforschung, das ich hier an der Universität von Vermont in Burlington (USA) während eines fast halben Jahrhunderts zusammengetragen habe. Da ich nun einmal die Vereinigten Staaten zu meiner Wahlheimat gemacht habe, ohne meine deutsche Heimat zu vernachlässigen, enthält der jetzige Band wieder deutsche und angloamerikanische Prosatexte, Gedichte, Aphorismen, Graffiti, Sprüche, Karikaturen, Witzzeichnungen, Comicstrips, Grußkarten, Schlagzeilen, Reklamen und vieles mehr aus diesen Sprachkulturen. Die englischsprachigen Texte und Illustrationen vermitteln deutschsprachigen Leserinnen und Lesern einen überzeugenden Beweis dafür, daß „Schneewittchen" oder auch „Sneewittchen" längst ein internationales Phänomen ist. Es gehört als traditionelles Märchen zur allgemeinen Kulturmündigkeit, und da es so bekannt ist, konnten sich einzelne Motive und Symbole verselbständigen. So lebt das Märchen in unzähligen innovativen Anspielungen weiter, deren Verständnis jedoch davon abhängt, daß die darin enthaltene Geschichte weiterhin geläufig bleibt.

Der vorliegende Band beginnt mit einem Kapitel über die Herkunft und Bedeutung des „Schneewittchen"-Märchens, wobei besonders zu betonen ist,

7

daß es eine Unmenge Varianten aus aller Welt gibt. Die Grimmsche Urfassung von 1810 ist also nur eine von vielen Fassungen, die von Wilhelm Grimm in sieben wiederholt modifizierten Auflagen von 1812 bis 1857 herausgegeben wurden. Die wichtigsten Texte, ganz besonders die zweite Auflage von 1819, wo Wilhelm die Mutter durch die böse Stiefmutter ersetzte, sind im dritten Kapitel zusammen mit einer etwas anderen Fassung des Märchens aus dem Jahre 1845 von Ludwig Bechstein und einer englischen Übersetzung des amerikanischen Germanisten und Märchenforschers Jack Zipes enthalten. Die Abbildung eines „Schneewittchen"-Bilderbogens von etwa 1890 kommt noch hinzu. Was die Bedeutung des Märchens betrifft, die im zweiten Kapitel behandelt wird, so ist festzustellen, daß es trotz seiner poetisch-symbolhaften Sprache erkennbar sein sollte, daß es als ein Warnmärchen gegen Neid, Eifersucht, Haß und Schönheitswahn zu verstehen ist. Es kommt jedoch bei der Vieldeutigkeit dieses Zaubermärchens noch hinzu, daß es sich aus psychoanalytischer Perspektive wohl auch um Sexualneid zwischen Mutter (Stiefmutter) und Tochter handelt und daß die Zwerge bei aller Naivität doch fragwürdige Gestalten sind. Da es sich in dem Märchen offensichtlich um einen Reifungsprozeß des schönen Schneewittchens handelt, läßt sich eine sexuelle Interpretation kaum vermeiden, doch geht es auch ohne sie. Ganz bestimmt wird es viele Jugendliche und Erwachsene geben, die die Farbsymbolik von weiß und rot nicht sofort sexuell verstehen wollen. Wie dem auch sei, die vielen schriftlichen und bildlichen Belege der weiteren Kapitel lassen erkennen, daß das „Schneewittchen"-Märchen eine vieldeutige Geschichte enthält.

Kein Wunder, daß dieser Band 155 Prosatexte, Gedichte, Aphorismen und Sprüche jeglicher Art sowie 169 Abbildungen enthält, die in den einzelnen Kapiteln chronologisch angeordnet sind. So bietet das vierte Kapitel 18 Prosabearbeitungen von Theodor Adorno, Iring Fetscher, Franz Fühmann, Günter Kunert, Monika Maron und anderen, die zum Teil das Märchen parodistisch nacherzählen oder sich kritisch mit einzelnen Motiven auseinandersetzen. Ähnlich sieht es im fünften Kapitel mit 49 Gedichten von so bekannten deutschen, amerikanischen und englischen Autorinnen und Autoren wie Rose Ausländer, Wolf Biermann, Elisabeth Borchers, Roald Dahl, Erich Fried, Robert Gillespie, Sara Henderson Hay, Heinz Kahlau, Peter Maiwald, Lutz Rathenow, Anne Sexton und Martin Walser aus. Dasselbe gilt für 88 Aphorismen, Sprüche, Graffiti, Witze und Buchtitel im sechsten Kapitel mit vier Illustrationen, und zwar zum Teil anonym und auch von Aphoristikern wie Dietmar Beetz, Nikolaus Cybinski, Alexander Eilers, Ulrich Erckenbrecht, Gerd W. Heyse, Dieter Höss, Klaus D. Koch, Barbara Franziska Körner, Werner Mitsch, Žarko Petan, Gerhard Uhlenbruck und Jacques Wirion. Es ist erstaunlich, was hier aus dem Märchen herausgeholt wird. Banale oder unsinnige Texte lösen tiefsinnige Überlegungen ab. Immer wieder erscheint der vergiftete Apfel, treten die sieben Zwerge als

Ausnutzer Schneewittchens (sie muß bekanntlich im Haushalt arbeiten) oder gar als Lustmolche auf, und der Zauberspiegel hat Dutzende von Fragen zu beantworten, die es nicht nur mit Schönheit zu tun haben.

Damit sind die neun weiteren Kapitel erreicht, die jeweils aus einer einseitigen Einleitung und dann zahlreichen Bildbelegen bestehen. So enthält das siebente Kapitel sage und schreibe 28 Karikaturen und Witzzeichnungen, wo eine Frau dem Zauberspiegel die berühmte Frage „Spieglein, Spieglein an der Wand …" oder „Mirror, mirror on the wall …" stellt. Im achten Kapitel stehen dann Männer in 19 Belegen vor dem Spiegel, und auch bei ihnen geht es nicht nur um Schönheit, sondern um alle möglichen sozialpolitischen Fragen. Darauf folgt das neunte Kapitel mit 33 Belegen, die sich mit den sieben anonymen Zwergen befassen, und zwar als Politiker, als witzige Begleiter Schneewittchens usw. Hinzu kommt dann das zehnte Kapitel mit den sieben namentlichen Zwergen aus Walt Disneys Film *Snow White and the Seven Dwarfs* (1937), der eine internationale Verbreitung erfahren hat. Im Englischen haben sich die lustigen Namen Doc, Dopey, Bashful, Grumpy, Sneezy, Sleepy und Happy der personifizierten Zwerge so eingebürgert, daß sie in 15 Karikaturen und Zeichnungen, auch mit satirisch variierten Namen, auftreten. In den nächsten beiden Kapiteln geht es dann zuerst in 12 Belegen um neue und meist satirische Interpretationen der Apfelszene, und zwar treten da zum Beispiel Hexen mit einem durch Pestizide vergifteten Apfel auf. Das folgende kleinere Kapitel mit nur sechs Belegen bringt die Sargszene in den Vordergrund, wo Schneewittchen es nicht gerade mit einem Prinzen zu tun hat.

Damit ist das dreizehnte Kapitel mit 21 Karikaturen und Witzzeichnungen erreicht, die sexuelle Anspielungen enthalten. Es ist nicht zu leugnen, daß Motive und Symbole aus Märchen sexuell ausgelegt werden, sei dies nun mündlich, schriftlich oder bildlich. Das „Schneewittchen"-Märchen eignet sich sehr wohl für solche Illustrationen, die ich zum Teil schon vor Jahrzehnten vor allem in der *Playboy* Zeitschrift und anderswo aufgefunden habe. Ich habe nur solche Belege ausgewählt, die nicht ausgesprochen obszön sind! Aber der Vollständigkeit halber können die wiedergegebenen Beispiele nicht fehlen, wo erwartungsgemäß das Spiegelmotiv mit seinem Vers und die sieben Zwerge die Hauptrollen spielen. Das vierzehnte Kapitel bringt dann 15 Schlagzeilen aus Zeitschriften und Zeitungen, die den „Schneewittchen"-Namen oder Hinweise auf die Zwerge als Aufmerksamkeitserreger enthalten und so mit erklärenden Untertiteln zum Lesen auffordern. Das letzte fünfzehnte Kapitel schließt dann noch einmal 15 Belege aus der Werbung ein. Da Märchen eine gewisse Wunscherfüllung enthalten, eignen sie sich bestens für kommerzielle Zwecke. So auch das „Schneewittchen"-Märchen, denn wer wollte nicht das Schönste, Beste, Günstigste usw. erwerben?

Zum Schluß dieser Vorbemerkungen danke ich allen, die mir gelegentlich den einen oder anderen Beleg zugänglich gemacht haben. Dabei ist wieder zu betonen, daß alle Texte und Illustrationen in meinem Archiv vorliegen. Das heißt, sie kommen nicht aus dem Internet oder Datenbanken, sondern sie sind über viele Jahre hinweg auf traditionelle Weise gesammelt worden. Meinen Dank möchte ich wie immer Sally McCay aussprechen, die die zahlreichen Bildbelege für den Druck vorbereitet hat. Selbstverständlich gebührt meinem Verleger Dr. Michael Ritter der allergrößte Dank dafür, daß er auch diesen zwanzigsten Band in sein Verlagsprogramm aufgenommen hat.

Widmen möchte ich mein „Schneewittchen"-Buch zwei international bekannten Mitstreitern in der Märchenforschung, die sich weit über meine eigenen Arbeiten hinaus die allergrößten Verdienste um die Volkserzählforschung gemacht haben. Da ist einmal Hans-Jörg Uther mit seinen vielen Märchenbüchern aus Göttingen in meiner alten deutschen Heimat, und dann kommt Jack Zipes mit seinen zahlreichen Märchenbüchern aus Minneapolis in meiner amerikanischen Wahlheimat dazu. Wir drei kennen uns schon seit Jahrzehnten, wir haben voneinander gelernt, wir haben uns gegenseitig unterstützt und nun sind wir zusammen alt geworden. Konkurrenz hat es unter uns nie gegeben, sondern immer nur wohlwollende Hilfsbereitschaft und treue Freundschaft. So sollte es in der Wissenschaft zugehen, und dafür bin ich meinen beiden guten Freunden von Herzen dankbar.

Winter 2020   Wolfgang Mieder

II. Herkunft und Bedeutung des Märchens

Immer wieder beginnen Beiträge zum „Schneewittchen"-Märchen mit Aussagen wie etwa „Das Märchen vom Schneewittchen ist in der ganzen Welt bekannt, jedenfalls so weit Buch und Massenmedien reichen" und „Schneewittchen gehört zu den berühmtesten Märchen der Weltliteratur. Es gehört auch zu den am weitesten verbreiteten. denn es ist Gemeingut fast aller europäischen Völker von Island bis Sizilien und von Portugal bis nach Russland."[1] Dabei ist zu beachten, daß dieses populäre Zaubermärchen wie alle Volkserzählungen in zahlreichen zuweilen recht unterschiedlichen Varianten überliefert ist, wovon zum Beispiel Walt Disneys Filmadaptation „Snow White and the Seven Dwarfs" aus dem Jahre 1937 eine so große Verbreitung gefunden hat, daß sie vor allem in Nordamerika als ausschlaggebende Fassung gilt, die das Märchen aus den *Kinder- und Hausmärchen* der Gebrüder Grimm (Jacob, 1785-1863; Wilhelm, 1786-1859) mehr oder weniger verdrängt hat.[2] Allein schon der Umstand, daß Disney den witzigen Zwergen ulkige Namen verlieh, hat dazu geführt, daß sie inzwischen als zwergenhafte Persönlichkeiten in aller Munde sind. In den traditionellen Märchenvarianten sind sie demgegenüber anonyme Gestalten ohne charakterliche Eigenschaften, deren eigentliche Bedeutung für das Märchen unterschiedlich erschlossen worden ist.

Was die unzähligen früheren zum Teil auf mündlicher Überlieferung beruhenden Varianten betrifft, so hat Ernst Böklen in seinen zweibändigen *Sneewittchenstudien* (1910 und 1915) eine beachtliche Anzahl vorgelegt. Der erste Band enthält sage und schreibe 75 Varianten aus aller Welt, die im zweiten Band noch um etliche Texte ergänzt werden.[3] Es geht in dieser Studie jedoch hauptsächlich um die Variantenbildungen sowie die einzelnen Motive des Märchens in den verschiedenen Überlieferungen sowie um Verwandtschaftsbeziehungen zu anderen Märchen, wobei es wegen des Ersten Weltkriegs nicht mehr zur erforder-

---

1   Walter Scherf, *Lexikon der Zaubermärchen* (Stuttgart: Alfred Kröner, 1982), S. 364; und Lutz Röhrich, *„und weil sie nicht gestorben sind ... " Anthropologie, Kulturgeschichte und Deutung von Märchen* (Köln: Böhlau, 2002), S. 242.

2   Linda Dégh, „Zur Rezeption der Grimmschen Märchen in den USA," in Klaus Doderer (Hrsg.), *Über Märchen für Kinder von heute. Essays zu ihrem Wandel und ihrer Funktion* (Weinheim: Beltz, 1983), S. 116-128; Simon Bronner, „The Americanization of the Brothers Grimm," in S. Bronner, *Following Tradition. Folklore in the Discourse of American Culture* (Logan, Utah: Utah State University Pess, 1998), S. 184-236; und Jack Zipes, „Americanization of the Grimms' Folk and Fairy Tales: Twists and Turns of History," in J. Zipes, *Grimm Legacies. The Magic Spell of the Grimms' Folk and Fairy Tales* (Princeton, New Jersey: Princeton University Press, 2015), S. 78-108.

3   Ernst Böklen, *Sneewittchenstudien*, 2 Bde. (Leipzig: J.C. Hinrich, 1910 und 1915).

lichen „„Deutung' des Sneewittchenmärchens'"[4] gekommen ist.[5] Etwa gleichzeitig waren Johannes Bolte und Georg Polívka an ihren fünfbändigen *Anmerkungen zu den Kinder- und Hausmärchen der Brüder Grimm* (1913-1932) am Werk, wobei sie sich für ihr Kapitel über „Sneewittchen" im ersten Band von 1913 für ihre detaillierte Variantenaufzählung bereits auf Böklen beziehen konnten. Sie weisen aber auch darauf hin, daß es für die bekannteste Variante, eben das durch die Gebrüder Grimm in alle Welt geratene „Schneewittchen"-Märchen, einen Vorläufer gibt, nämlich die Erzählung *Richilde* (1782) von Johann Karl August Musäus (1735-1787), wo nicht eine Mutter sondern bereits eine Stiefmutter (bei Grimm erst seit der 2. Auflage von 1819) den Zauberspiegel befragt, wer denn die Schönste im Lande sei.[6] Das wußten aber die Grimms sowieso schon, wie aus ihrem oft übersehenen eigenen Anmerkungsband zu ihren Märchen, von dem Bolte und Polívka ausgingen, hervorgeht.[7] Man sieht hier doch wieder, daß die Brüder Grimm auch ihre Sammlungen von Märchen und Sagen wissenschaftlich betrieben haben, auch wenn Wilhelm Grimm erhebliche stilistische Eingriffe und sprachliche Ergänzungen in den späteren Auflagen der Märchen durchführte. Schließlich sei hier noch erwähnt, daß sie auch die dramatisierte Variante *Schneewittchen, ein Mährchen* (1809) von Albert Ludewig Grimm (1786-1872) kannten,[8] der in keinem verwandtschaftlichen Verhältnis zu ihnen stand. Auch darin gibt es bereits eine böse Stiefmutter sowie einen Zauberspiegel.

Der so verdienstvolle Erzählforscher Hans-Jörg Uther hat all die Grundelemente der Märchenvarianten mit bibliographischen Hinweisen in englischer Sprache in *The Types of International Folktales* (2011) enzyklopädisch zusammengefaßt.[9] Bald darauf erschien dann sein bedeutender *Deutscher Märchenkatalog. Ein Typenverzeichnis* (2015), der all dies für die deutschsprachige Überlieferung summiert.[10] Da nun einmal in der Märchenwelt aller guten Dinge drei sind, hat Uther sein informationsreiches *Handbuch zu den „Kinder- und Hausmärchen"* der

---

4   Ebenda, Bd. 2, S. VII.

5   Vgl. aus feministischer Sicht Ines Köhler-Zülch und Christine Shojaei Kawan, *Schneewittchen hat viele Schwestern. Frauengestalten in europäischen Märchen. Beispiele und Kommentare* (Gütersloh: Gerd Mohn, 1988).

6   Johannes Bolte und Georg Polívka, *Anmerkungen zu den Kinder- und Hausmärchen der Brüder Grimm*, 5 Bde. (Leipzig: Dieterich, 1913-1932; Nachdruck Hildesheim: Georg Olms, 1963), Bd. 1, S. 450-464.

7   Heinz Rölleke (Hrsg.), *Brüder Grimm, Kinder- und Hausmärchen.* Ausgabe letzter Hand (7. Auflage 1857), 3 Bde. (Stuttgart: Philipp Reclam, 1997), Bd. 3, S. 87-90 [99-102]. Dieser Anmerkungsband erschien zuerst 1822 und dann in 3. Auflage 1856.

8   Albert Ludewig Grimm, *Kindermährchen* (Heidelberg: Mohr und Zimmer, 1809; Nachdruck hrsg, von Ernst Schade. Hildesheim: Olms – Weidmann, 1992), S. 1-76.

9   Hans-Jörg Uther, *The Types of International Folktales. A Classification and Bibliography.* Based on the System of Antti Aarne and Stith Thompson. 3 Bde. (Helsinki: Suomalainen Tiedeakatemia, 2011), Bd. 1, S. 383-384.

10 Hans-Jörg Uther, *Deutscher Märchenkatalog. Ein Typenverzeichnis* (Münster: Waxmann, 2015), S. 162.

Brüder Grimm (2018) vorgelegt, worin es ihm laut Untertitel um „Entstehung, Wirkung und Interpretation" der einzelnen Grimm-Märchen geht. Mögliche Einzelmotive bis ins Mittelalter oder gar die Antike zurückzuverfolgen und die zahlreichen Varianten zu registrieren ist schließlich nur eine Seite der Märchenmedaille, die selbstverständlich durch die andere Seite der Bedeutung ergänzt werden muß. Es ist doch schließlich zu fragen, warum die Grimm-Variante des „Schneewittchen"-Märchens sich in aller Welt hat etablieren können. Woher haben die Brüder Grimm ihre Fassung, was haben sie – besser, was hat Wilhelm Grimm in den verschiedenen Auflagen der *Kinder- und Hausmärchen* damit gemacht, und was bedeutet das Märchen eigentlich? Welche Interpretationen liegen vor, und was dürfte die Grundbedeutung des Märchens sein, die es zu einem der geläufigsten Märchen überhaupt gemacht hat?

Laut Uther steht fest, daß die komplizierte Textgeschichte des deutschen Märchens der Brüder Grimm auf eine handschriftliche Fassung mit dem Titel „Schneeweißchen" (1808) ihres Bruders Ferdinand Grimm (1788-1845) zurückgeht, die Jacob Grimm mit minimalen Änderungen im Frühjahr 1808 zusammen mit einem Brief an den Juristen Friedrich Carl von Savigny (1779-1861) geschickt hat. Es ist nicht mehr festzustellen, ob Ferdinand diese Märchenvariante von Marie Hassenpflug (1788-1856), von der die Brüder Grimm etliche Märchen aufgezeichnet haben, gehört hat oder ob er sie sich selbst auf der Basis anderer mündlich umlaufender Texte der oben erwähnten Belege von Musäus und Albert Grimm zusammengezimmert hat. Fest steht, daß Jacobs Abschrift dann Teil der Urfassung der Grimmschen *Kinder- und Hausmärchen* von 1810 wurde. Bereits für die erste Auflage von 1812 hat Wilhelm etliche Änderungen vorgenommen, und für die zweite Auflage von 1819 hat er dann die Mutter durch die Stiefmutter ersetzt, was eigentlich nichts Neues war, das aber für die Auslegung des so beliebten Märchens von erheblicher Bedeutung ist.[11] Doch damit sind diese Ausführungen zuerst einmal bei der Frage nach der Struktur und dem Stil eben dieser Grimm-Variante des „Schneewittchen"-Märchens angelangt.

Alle Varianten haben ihre Struktur und ihre Motive, die eine erhebliche Differenzierung erkennen lassen. Nicht jede Variante hat alle Strukturelemente, und auch die Motive sind nicht immer alle vorhanden. Fest steht, daß die Grimm-Variante für die internationale Verbreitung und ihr mündliches und schriftliches Weiterleben von allergrößter Wichtigkeit ist. Was die Struktur der Normalform betrifft, so hat der amerikanische Folklorist Steven Swann Jones das Märchen in seiner bemerkenswerten Monographie *The New Comparative Me-*

---

11 Vgl. hierzu Hans-Jörg Uther, „Sneewittchen," in H.-J. Uther, *Handbuch zu den „Kinder- und Hausmärchen der Brüder Grimm. Entstehung, Wirkung, Interpretation* (Berlin: Walter de Gruyer, 2008), S. 125-133; und Theodor Ruf, *Die Schöne aus dem Glassarg. Schneewittchens märchenhaftes und wirkliches Leben* (Würzburg: Königshausen & Neumann, 1995), S. 19-39.

thod: Structural and Symbolic Analysis of the Allomotifs of „Snow White" (1990) in zwei Teile geteilt, die aus vier und dann fünf Episoden bestehen.[12] Christine Shojaei Kawan hat seine Ausführungen in deutscher Sprache im zwölften Band der *Enzyklopädie des Märchens* (2007) zusammengefaßt:

1. Teil

(1.1) Wunderbare → Empfängnis oder → Wunsch nach einem wunderbaren Kind, der in Erfüllung geht; häufig → Tod der → Mutter, Wiederverheiratung des →Vaters (andere Vorgeschichte: Familienkonstellation mit drei → Schwestern). (1.2) → Eifersucht der → Stiefmutter (Mutter, Schwestern). (1.3) Versuch der Ausschaltung der Protagonistin durch → Aussetzung (Vertreibung), oft verbunden mit einem → Tötungsversuch. (1.4) Aufnahme des Mädchens bei Wesen, die außerhalb der menschlichen Gemeinschaft leben.

2. Teil

(2.1) Erneute Eifersucht der Gegenspielerin aufgrund der Entdeckung, daß das Mädchen noch lebt (mit Wiederholungen entsprechend (2.2). (2.2) Erneuter, meist mehrfacher Versuch der Gegenspielerin, das Mädchen auszuschalten (durch Tötung); der letzte Anschlag gelingt (scheinbar). (2.3) Zurschaustellung (Aussetzung) der schönen → Toten. (2.4) Auffindung durch einen jungen Mann, der sich in die leblose Schöne verliebt; Wiederbelebung, meist mit Hilfe eines → Zufalls, durch ihn oder seine Mutter (Schwestern, Personal). (2.5) Heirat; Bestrafung der Gegenspielerin.[13]

Ganz spezifisch auf die Grimmsche „Schneewittchen"-Variante bezogen, hat Hans-Jörg Uther ihre Struktur folgendermaßen in acht Episoden gegliedert, wobei Episoden 2.1 und 2.2 der Gliederung von Jones jetzt die 6. Episode ergeben:

1. *Episode* (Schloß): (1.1) Wunsch der Königin; (1.2) Geburt von Sneewittchen und Erklärung ihrer außergewöhnlichen Schönheit; (1.3) Tod der Mutter; (1.4) Wiederheirat des Vaters.
2. *Episode* (Schloß): (2.1) Charakterisierung der Stiefmutter die einen Zauberspiegel besitzt; (2.2) 1. Spiegelbefragung; (2.3) Beschreibung Sneewittchens; (2.4) 2. Spiegelbefragung.

---

12 Steven Swann Jones, *The New Comparative Method: Structural and Symbolic Analysis of the Allomotifs of „Snow White"* (Helsinki: Suomalainen Tiedeakatemia, 1990), S. 20-35. Vgl. auch den früheren Beitrag von S.S. Jones, „The Structure of *Snow White,"* *Fabula,* 24 (1983), 56-71.
13 Christine Shojaei Kawan, „Schneewittchen (AaTh/ATU 709)," in Kurt Ranke et al. (Hrsg.), *Enzyklopädie des Märchens* (Berlin: Walter de Gruyter, 2007), Bd. 12, Sp. 129-140 (hier Sp. 130).

3. *Episode* (Schloß): (3.1) Verhalten der Stiefmutter; (3.2) Tötungsbefehl an den Jäger.
4. *Episode* (Wald): (4.1) Hinausführen in den Wald, Sneewittchen bittet um sein Leben; (4.2) Mitleid des Jägers und Aussetzung Sneewittchens; (4.3) Täuschung der Königin; (4.4) Mahlzeit der Königin im Königsschloß; (4.5) Umherirren Sneewittchens im Wald.
5. *Episode* (Zwergenhaus): (5.1) Zuflucht im Haus der Zwerge; (5.2) Heimkehr der Zwerge; (5.3) Aufnahme durch die Zwerge; (5.4) 3. Spiegelbefragung im Königsschloß.
6. *Episode* (Zwergenhaus): (6.1) 1. Tötungsversuch (Schnürriemen); (6.2) 1. Wiederbelebung gelingt; (6.3) 4. Spiegelbefragung im Königsschloß; (6.4): 2. Tötungsversuch (Kamm) im Zwergenhaus; (6.5) 2. Wiederbelebung gelingt; (6.6) 5. Spiegelbefragung im Königsschloß; (6.7) 3. Tötungsversuch (Apfel) im Zwergenhaus; (6.8) 6. Spiegelbefragung im Königsschloß; (6.9) Wiederbelebungsversuch im Zwergenhaus mißlingt.
7. *Episode* (Wald): (7.1) Aufbewahrung der todesähnlichen Schlafenden im Glassarg; (7.2) Totenwache; (7.3) Erscheinen des Königssohns, Bitte um Sneewittchen; (7.4) Wiedererweckung Sneewittchens.
8. *Episode* (Schloß): (8.1) Hochzeitsvorbereitungen; (8.2) 7. Spiegelbefragung im Schloß; (8.3) Hochzeit von Sneewittchen mit Königssohn; (8.4) Bestrafung der Stiefmutter und deren Tod.[14]

Es gibt also etliche Wiederholungen in dem „Schneewittchen"-Märchen, was selbstverständlich das Spannungselement sowie die Memorabilität der Erzählung erhöht. Das gilt stilistisch gesehen vor allem für die eingängige dreiteilige Schönheitsformel „so weiß wie Schnee, so rot wie Blut und so schwarzhaarig wie Ebenholz" sowie die siebenfache Wiederholung der Verse „Spieglein, Spieglein an der Wand, wer ist die Schönste im ganzen Land", die sich in ihrer Reimform als leicht übersetzbar erwies und in vielen Sprachen als eine Art Wunschformel in traditioneller oder modifizierter Form umläuft (vgl. die vielen Belege in den folgenden Kapiteln).

Wie ein Textvergleich der Grimmschen Fassungen des „Schneewittchen"-Märchens von 1810 (Originalhandschrift), 1812 (1. Auflage), 1819 (2. Aufl.)

---

14 Hans-Jörg Uther, „Sneewittchen," in H.-J. Uther, *Handbuch zu den „Kinder- und Hausmärchen der Brüder Grimm. Entstehung, Wirkung, Interpretation* (Berlin: Walter de Gruyer, 2008), S. 125-133 (hier S. 126-127). In Anlehnung an Helmut Fischer. „Rezeption, Ästhetik, Märchen. Am Beispiel von Grimm'schen Kinder- und Hausmärchen," in Tatjana Jesch (Hrsg.), *Märchen in der Geschichte und Gegenwart des Deutschunterrichts* (Frankfurt am Main: Peter Lang, 2003), S. 145-172 (hier S. 148-150). Vgl. auch noch Ingrid Spörk, „Schneewittchen," in I. Spörk, *Studien zu ausgewählten Märchen der Brüder Grimm. Frauenproblematik, Struktur, Rollentheorie, Psychoanalyse, Überlieferung, Rezeption* (Königstein/Ts.: Anton Hain, 1986), S. 161-182 (hier S. 161-166: fünf Handlungsabschnitte).

und 1857 (7. Aufl.) erkennen läßt, hat Wilhelm Grimm wiederholt sprachliche und stilistische Änderungen vorgenommen, bis er sozusagen schließlich einen ihm vorschwebenden Märchenstil erreicht hatte, der die ursprünglich für Erwachsene gedachten Volkserzählungen zu „Kindermärchen" machte. Die Kunstform beziehungsweise die Stileinheit der Grimm-Märchen ist zu einem beachtlichen Teil auf die poetische Ader Wilhelm Grimms zurückzuführen. Das sollte bei der Interpretation der Märchen nicht vergessen werden, denn wenn man Varianten eines bestimmten Märchens aus mündlicher oder schriftlicher Überlieferung hinzunimmt, ergeben sich schnell andere Interpretationsmöglichkeiten. Völlig richtig hat Wilhelm Schoof in seiner aufschlußreichen Untersuchung „Schneewittchen. Ein Beitrag zur deutschen Stilkunde" (1941) folgende Feststellung gemacht:

> Schneewittchen ist das Märchen, welches im Vergleich mit anderen Urfassungen im ersten Druck [1812] bereits die größten Zusätze und Erweiterungen erfahren hat, gegen welches die Urform [1810] fast nüchtern wirkt. Deshalb ist ein Vergleich der wortkargen, sachlichen Wiedergabe des Urmärchens mit der wortreichen, dichterisch ausschmückenden von 1812 und dieser wieder mit der noch breiter ausmalenden Darstellung von 1819 besonders geeignet, um das Stilideal Wilhelm Grimms kennenzulernen. In diesem Sinne darf „Schneewittchen" geradezu als typisches Beispiel für Wilhelm Grimms Stilarbeit bezeichnet werden. Denn nirgends so stark wie hier tritt sein Bestreben hervor, durch rhetorische Kunstmittel aller Art, insbesondere durch Wiederholung von Reimzeilen, Einschaltung neuer Sätze, Ausmalung von Schilderungen, Steigerung der Motive eine gewisse Stileinheit und Stilschönheit zu erzielen, durch Überbrückung von Natur- und Kunstpoesie den klassischen Märchenstil zu schaffen, ohne dabei den Inhalt des Urmärchens aus dem Auge zu verlieren.[15]

Alle Fassungen (vgl. die Textwiedergaben im folgenden Kapitel) beginnen mit der beliebten Einführungsformel „Es war einmal …", und sie enthalten auch alle die drei Tötungsversuche durch den Schnürriemen, Kamm und Apfel. Wiederum fehlt überall die sonst recht gebräuchliche Schlußformel „und wenn sie nicht gestorben sind …" Dafür erhält die böse Mutter beziehungsweise seit der Fassung von 1819 die Stiefmutter ihre verdiente Strafe am Ende. Sehr deutlich macht sich Wilhelms naiv-kindlicher Stilwille dann durch all die neuen Diminutivbildungen seit dem Erstdruck von 1812 bemerkbar: Tischlein, Löfflein, Messerlein, Gäblein, Becherlein, Bettlein usw. Allerdings steht die eher norddeutsche „-chen"-Diminutivform bereits seit der Erstfassung in allen Texten, wenn die zurückkehrenden Zwerge ihre Fragen stellen, wer denn da in ihrem Haus zu schaffen gewesen sei: Tellerchen, Gäbelchen, Messerchen, Becherchen, Bettchen usw. Allerdings hat der sonst sprichwort- und redensartenfreu-

---

15 Wilhelm Schoof, „Schneewittchen. Ein Beitrag zur deutschen Stilkunde," *Germanisch-romanische Monatsschrift*, 29 (1941), S. 190-201 (hier S. 192).

dige Wilhelm Grimm – auch Jacob hatte parömiologisches Interesse[16] – diesem Märchen nichts besonders Sprichwörtliches einverleibt. Es gibt lediglich drei weniger bedeutende Redensarten, die Wilhelm zuerst in die 2. Auflage von 1819 eingearbeitet hat. So erscheint einmal die Paarformel „Tag und Nacht" in folgendem Satz: „Und der Neid und Hochmut wuchsen wie ein Unkraut in ihrem Herzen immer höher, daß sie *Tag und Nacht* keine Ruhe mehr hatte." Hatte Wilhelm Grimm in der 1. Auflage von 1812 noch recht einfach „Da bat er [der Prinz] die Zwerglein, sie sollten ihm den Sarg mit dem todten Sneewittchen verkaufen, die wollten aber um alles Gold nicht", so erweiterte er diese Aussage 1819 redensartlicher als „Aber die Zwerge antworteten: ‚Wir geben ihn [den Sarg] *nicht um alles Gold in der Welt.*" Mit der dritten hinzugefügten Redensart bringt Wilhelm dann eine bildliche Emotionalität hinein: „Die wilden Thiere werden dich bald gefressen haben, dachte er [der Jäger], und doch wars ihm, als wär *ein Stein von seinem Herzen gewälzt*, weil er es nicht zu tödten brauchte." Das gilt schließlich auch für die Hinzufügungen von „blaß vor Neid" (1812) und „blaß vor Zorn und Neid" (1819), die erst seit der 3. Auflage von 1837 redensartlich erweitert wurden zu „Da erschrak die Königin und ward *gelb und grün vor Neid*. Von Stund an, wenn sie Sneewittchen erblickte, kehrte sich ihr das Herz im Leibe herum, so haßte sie das Mädchen."[17]

All dies ließe sich um andere Modifikationen erweitern, die lediglich unter Beweis stellen würden, daß Wilhelm Grimm „in stilistischer Feinarbeit aus den mündlich erzählten Volksmärchen das kultivierte Buchmärchen geschaffen hat." Auch waren beide Grimm Brüder „Kinder Ihrer Zeit, und ihre Zeit war die der späten Romantik und des beginnenden Biedermeier. Ordnung und Reinlichkeit, behagliche Häuslichkeit, Geborgenheit und Wärme, Vermenschlichung der Natur und der Dinge, wie sie dem bürgerlichen Biedermeier lieb waren, haben deutliche Spuren in den Kinder- und Hausmärchen hinterlassen."[18] Nur ein kurzer Blick auf den so bekannten „Spieglein"-Vers mit seinem Kehrreim soll noch getan werden, denn auch daran hat Wilhelm Grimm ein wenig gearbeitet:

1810:
Spieglein, Spieglein an der Wand,
wer ist die schönste Frau in ganz Engelland?
[...]
Die Frau Königin ist die schönste,
aber Schneeweißchen ist noch hunderttausendmal viel schöner.

---

16 Vgl. Wolfgang Mieder, *„Findet, so werdet ihr suchen!" Die Brüder Grimm und das Sprichwort* (Bern: Peter Lang, 1986).

17 Vgl. hierzu Heinz Rölleke, *„Redensarten des Volks, auf die ich immer horche". Das Sprichwort in den Kinder- und Hausmärchen der Brüder Grimm* (Bern: Peter Lang, 1988), S. 89-90.

18 Max Lüthi, „Schneewittchen," in M. Lüthi. *So leben sie noch heute. Betrachtungen zum Volksmärchen* (Göttingen: Vandenhoeck & Ruprecht, 1969), S. 56-69 (hier S. 58).

1812
„Spieglein, Spieglein an der Wand:
wer ist die schönste Frau in dem ganzen Land?
[...]
Frau Königin, Ihr seid die schönste hier,
aber Sneewittchen ist noch tausendmal schöner als Ihr!
[...]
Frau Königin, Ihr seid die schönste hier:
aber Sneewittchen über den sieben Bergen
ist noch tausendmal schöner als Ihr!
[...]
Frau Königin, Ihr seid die schönste hier,
aber Sneewittchen bei den sieben Zwergelchen
ist tausendmal schöner als Ihr!

1819 (bis 1857)
Spieglein, Spieglein an der Wand,
wer ist die schönste im ganzen Land?
[...]
Frau Königin, Ihr seid die schönste hier,
aber Sneewittchen über den Bergen
bei den sieben Zwergen
ist noch tausendmal schöner als Ihr.

Im Kehrreim der Urfassung heißt es noch „Schneeweißchen" in Übereinstimmung mit dem Titel, doch hat Jacob Grimm bereits den Alternativtitel „Schneewittchen" hinzugeschrieben. Bereits mit dem Erstdruck von 1812 trägt das Märchen dann den norddeutschen Dialekttitel „Sneewittchen" zusammen mit „Schneeweißchen" in Klammern. In allen späteren Auflagen heißt das Märchen dann schlicht „Sneewittchen", doch kursiert es heute in der Zwitterform von Schneewittchen oder Sneewittchen, die man schriftlich als „S(ch)neewittchen" wiedergeben könnte. Laut der eigenen Anmerkungen der Brüder Grimm „wird in Gegenden, wo bestimmt hochdeutsch herrscht, der plattdeutsche Name beibehalten."[19] So wurde der Dialektname dann folgerichtig schon 1812 auch im Kehrreim durchgehend eingesetzt.

Von Interesse ist das Wort „Engelland" im Kehrreim der Urfassung, das der bekannte Schweizer Märchenforscher Max Lüthi folgendermaßen erklärt hat: „Im Volksglauben, in Sagen und Märchen des Festlandes ist England eine Art Jenseitsreich. Das Wasser, das uns von ihm trennt, gleicht den Strömen und Seen, die uns nach der Phantasie des Volks und der Dichter vom Land der Geister oder Toten trennen. England ist ja auch die Heimat der Elfen. So rückt diese Wendung: ,Wer ist die schönste Frau in ganz Engelland?' das ganze Mär-

---

19   Heinz Rölleke (Hrsg.), *Brüder Grimm, Kinder- und Hausmärchen*. Ausgabe letzter Hand (7. Auflage 1857), 3 Bde. (Stuttgart: Philipp Reclam, 1997), Bd. 3, S. 87 [99]. Dieser Anmerkungsband erschien zuerst 1822 und dann in 3. Auflage 1856.

chengeschehen in einen mystischen Bereich."[20] Dem mag schon so sein, aber es ist Wilhelm Grimm durchaus zuzustimmen, daß er „Engelland" bereits 1812 durch das allgemeinere Wort „Land" ersetzt hat, was dem Reim keinen Abbruch getan hat. Wiederum ist sein unglücklich erfundenes Diminutiv „Zwergelchen" in dem von ihm erweiterten Kehrreim im Erstdruck von 1812 als Mißgriff anzusehen, und so hat er dann für die zweite Auflage von 1819 den so volkstümlich gewordenen Vierzeiler „Frau Königin, Ihr seid die schönste hier, / aber Sneewittchen über den Bergen / bei den sieben Zwergen / ist noch tausendmal schöner als Ihr" als endgültige Version formuliert. Man sieht allein an diesem Beispiel noch einmal, wie sehr Wilhelm Grimm sich um die ihm rechte Märchensprache bemüht hat, die den Märchen bis heute ihren volkstümlichpoetischen Klang verleihen.

Auf ähnlich poetische Weise hat Max Lüthi vor vielen Jahren seine tiefen Erkenntnisse aphoristisch zum Ausdruck gebracht: „In den Glasperlen des Märchens spiegelt sich die Welt."[21] Er umschreibt damit die sogenannte „Welthaltigkeit" der Märchen, die in symbolischer Sprache immer wieder zu beobachtende Konstellationen und Probleme des Menschseins darstellen. So ist es ganz gewiß auch mit dem „Schneewittchen"-Märchen, das eine allgemein menschliche Daseinsproblematik enthalten muß, denn wie sonst wäre seine weltweite Popularität zu erklären? Was aber ist der Sinn oder die Bedeutung eben dieses Märchens. Zahlreiche Folkloristen, Literaturwissenschaftler, Kulturhistoriker, Soziologen und vor allem Psychologen haben sich mit dem Märchen auseinandergesetzt, wobei es zuweilen für nicht Eingeweihte zu Interpretationen gekommen ist, die an unglaubliche Phantasiegebilde heranreichen. Und doch steckt Wissenschaft dahinter, denn Märchen sind wegen ihrer Symbolik offen für sehr unterschiedliche Auslegungen. Nur sollte man bei aller geistiger Akribie doch auf dem Boden des eigentlichen Textes verbleiben und sich nicht allzu weitschweifigen Deutungen ausliefern.

Etliche volkskundlich-literarische Wissenschaftler haben sich intensiv mit der „versteckten" Botschaft des „Schneewittchen"-Märchens beschäftigt. Völlig überzeugend spricht der folkloristische Altmeister Hermann Bausinger von der „Dehnbarkeit der Symboldeutung" des Märchens aus psychologischer Sicht, die fast immer in sexuelle Auslegungen führt. Für ihn entfaltet das Märchen ohne Voreingenommenheit „Möglichkeitsphantasie und sogar Unmöglichkeitsphantasie",[22] was in etwa darauf hinausführt, daß sich das Mär-

20 Max Lüthi, „Schneewittchen," in M. Lüthi. *So leben sie noch heute. Betrachtungen zum Volksmärchen* (Göttingen: Vandenhoeck & Ruprecht, 1969), S. 56-69 (hier S. 59).

21 Max Lüthi, *Das europäische Volksmärchen. Form und Wesen* (Bern: Francke, 1947, 3. Aufl. 1969), S. 75. Zu dem Begriff der „Welthaltigkeit", vgl. S. 69-75.

22 Hermann Bausinger, „Anmerkungen zu Schneewittchen," in Helmut Brackert (Hrsg.), *Und wenn sie nicht gestorben sind ... Perspektiven auf das Märchen.* (Frankfurt am Main: Suhrkamp, 1982), S. 39-70 (hier S. 60 und S, 67).

chen nicht auf eine exakte Bedeutung reduzieren läßt, die auch nicht mit gewissen Vorkenntnissen erzwungen werden sollte. Im Prinzip bedeuten Märchen eigentlich jedem Menschen zu verschiedenen Altersstufen etwas anderes, ganz wie das auch mit Werken der Weltliteratur der Fall ist.

Der bereits erwähnte Schweizer Folklorist Max Lüthi berührt das menschliche Grundproblem in folgender Aussage: „Die gleiche Frau, die sich ein schönes Kind wünscht, wird später neidisch auf dieses Kind und sucht es loszuwerden. Jede Mutter ist in Gefahr, zur Stiefmutter zu werden – insofern spiegelt das Märchen durchaus die wirkliche Welt." Und ohne weitere große spekulative Umschweife beschreibt Lüthi gegen Ende seines am Text orientierten Beitrags schlicht: „Das Schneewittchenmärchen erzählt nicht nur von einer Frau, die es nicht erträgt, alt zu werden, und von einem jungen Menschen, der darunter zu leiden hat. Es enthüllt uns nicht nur Neid und Eifersucht als eine der mächtigsten Wurzeln des Bösen, sondern offenbart uns darüber hinaus eine ganze Reihe von Wesenszügen des menschlichen Daseins"[23] wie etwa den Reifungsprozeß mit seinen Prüfungen eines jungen Menschen, die Hilfsbereitschaft der Zwerge (Mitmenschen) sowie die Bestrafung des Bösen und die Rettung des Guten. Auch der amerikanische Folklorist Steven Swann Jones argumentiert in seiner Monographie, daß „the most plausible explanation for the form that the overall plot structure of ‚Snow White' assumes is that it is a reflection of a young woman's development," wobei er Arnold van Genneps „rites of passage"-Konzept mit den drei Schritten „separation, liminality, and reincorporation" ins Spiel bringt: „Through the functions of threat, hostility, expulsion, and relocation, the acts effect the heroine's separation from one setting, depict her liminal condition in the wilderness, and then reincorporate her into a new social situation."[24] So macht Snow White eine Art rituellen Sozialisationsprozeß durch, der trotz aller Gefahren und Versuchungen ein positives Ende durch Schneewittchens Heirat findet.

Der Literaturwissenschaftler Winfried Freund spricht ebenfalls von „Initiationsriten", die ein junger Mensch auf dem Weg zur Reife durchmachen muß, doch im typisch märchenhaften Prinzip der Hoffnung schließt sich der Kreis sozuagen: „Stand am Anfang die Geburt Schneewittchens, so steht am Ende die Ehe Schneewittchens mit dem Königssohn als Bedingung für die Weitergabe des Lebens, das sich siegreich gegen alle Gefährdungen und Vernichtungsdrohungen durchzusetzen vermochte. Schneewittchen ist das Märchen vom Triumph der Lebenskräfte und der lebenserhaltenden Kraft der Liebe über die

---

23 Max Lüthi, „Schneewittchen," in M. Lüthi. *So leben sie noch heute. Betrachtungen zum Volksmärchen* (Göttingen: Vandenhoeck & Ruprecht, 1969), S. 56-69 (hier S. 60 und S. 68).

24 Steven Swann Jones, *The New Comparative Method: Structural and Symbolic Analysis of the Allomotifs of „Snow White"* (Helsinki: Suomalainen Tiedeakatemia, 1990), S.32 und S. 34. Vgl. hierzu auch schon N.J. Girardot, „Initiation and Meaning in the Tale of Snow White and the Seven Dwarfs," *Journal of American Folklore*, 90 (1977), S. 274-300 (hier S. 280-284).

tödliche Unfruchtbarkeit der Selbstsucht und des Hasses."[25] Zusammenfassend meint auch die Folkloristin Christine Shojaei Kawan, daß viele Deutungen das Märchen „als literarische Dramatisierung der weiblichen Initiation oder als Darstellung familiärer, speziell ödipaler Konflikte aus kindlicher Perspektive" auffassen, während „feministische Arbeiten die patriarchalische Weltsicht des Märchens kritisieren."[26] Diese Kritik ist absolut berechtigt, doch sei dazu bemerkt, daß es sich bei den Hausarbeiten, die Schneewittchen für die Zwerge – als Gegenleistung für die Aufnahme – auszuüben hat, nur um eine Einzelepisode handelt, die den Sinn und Zweck des Märchens nicht zu einer vordergründigen Verteidigung oder Rechtfertigung des hoffentlich überholten Patriarchats macht. Dennoch beziehen sich gerade moderne Prosatexte und Gedichte mit einer parodistischen Vorliebe auf eben diese Arbeit im Hause der Zwerge, wie man ja überhaupt manches aus isolierten Märchenmotiven machen kann (vgl. hierzu die zahlreichen Texte und Karikaturen in den folgenden Kapiteln).

Damit ist das Kapitel über „Schneewittchen" von dem bekannten Freiburger Erzählforscher Lutz Röhrich erreicht, das er als „Fallstudie" einer Märcheninterpretation seinem vier Jahre vor seinem Tode erschienenen Alterswerk „und weil sie nicht gestorben sind ... "Anthropologie, Kulturgeschichte und Deutung von Märchen (2002) beigegeben hat. Mit Recht beginnt er mit der folgenden allgemeinen Feststellung, wozu die weiteren Kapitel des vorliegenden Buches viele Prosatexte, Gedichte, Aphorismen, Sprüche, Buchtitel, Schlagzeilen, Karikaturen, Comicstrips und Werbungen liefern:

> Kaum ein anderes Märchen der Grimm-Sammlung hat so viel Sekundärliteratur auf den Plan gerufen. Seine Titelheldin ist jedenfalls die beliebteste, meistillustrierte, meistverfilmte, aber auch vielfach parodierte und verkitschte Figur der Kinder- und Hausmärchen. Schneewittchen ist wohl auch dasjenige Grimmsche Märchen, das von seiten seiner Herausgeber die meisten Zusätze und Erfahrungen erfahren hat.[27]

---

25 Winfried Freund, „Schneewittchen (Sneewittchen)," in W. Freund, *Deutsche Märchen. Eine Einführung* (München: Wilhelm Fink, 1966), S. 141-147 (hier S. 143 und S. 147).

26 Christine Shojaei Kawan, „Schneewittchen (AaTh/ATU 709)," in Kurt Ranke et al. (Hrsg.), *Enzyklopädie des Märchens* (Berlin: Walter de Gruyter, 2007), Bd. 12, Sp. 129-140 (hier Sp. 136). Vgl. hierzu auch die feministische Interpretation von Sandra M. Gilbert und Susan Gubar, *The Madwoman in the Attic. The Woman Writer and the Nineteenth-Century Literary Imagination* (New Haven, Connecticut: Yale University Press, 1979), S. 36-43.

27 Lutz Röhrich, „Schneewittchen," in L. Röhrich, „*und weil sie nicht gestorben sind ... "Anthropologie, Kulturgeschichte und Deutung von Märchen* (Köln: Böhlau, 2002), S. 241-261 (hier S. 242). Einiges Textmaterial ist vorhanden in Barbara Rumold (Hrsg.), *Schneewittchen total. Bilder und Geschichten* (Frankfurt am Main: Eichborn, 1987). Ich hatte der Herausgeberin vor gut dreißig Jahren Belege aus meiner Sammlung für ihr populär ausgerichtetes Buch zugänglich gemacht. Einige davon sind enthalten in Wolfgang Mieder, „Grim Variations. From Fairy Tales to Modern Anti-Fairy Tales," in W. Mieder, *Tradition and Innovation in Folk Literature* (Hanover, New Hampshire: University Press of New England, 1987; Nachdruck Abingdon, Oxon: Routledge, 2016), S. 1-44 (hier S. 22-32).

Auch für Röhrich geht es in dem Märchen hauptsächlich um die Schönheitskonkurrenz zwischen Mutter/Stiefmutter und Tochter. Die Königin läßt sich allerdings ihre Schönheit von dem Zauberspiegel bereits beweisen, bevor Schneewittchen konkurrenzfähig wird. „Sie will nicht nur schön sein um jeden Preis, sondern unvergleichlich schön, am allerschönsten auf Erden. Die hochmütige Eitelkeit der Königin läßt sie in christlichem Sinne als einen Prototyp der Todsünde *Superbia* erscheinen, wobei Eitelkeit, Eifersucht und Rivalitätsdenken klischeehaft als typisch weibliche Untugenden vorgestellt werden."[28] Es geht also ohne Zweifel um einen übersteigerten Narzißmus, wobei allerdings gewöhnlich vergessen wird, daß das offensichtlich naive Schneewittchen ebenfalls schön sein will, was aus ihrer bereitwilligen Annahme des Schürriemens und des Kammes als Schönheitsinstrumente hervorgeht. Sie macht also auch narzißtische Fehler und „psychologisch gesehen handelt es sich [somit] beim Heranwachsen der Titelheldin um einen Reifungsprozeß, wie ihn viele Märchen kennen. Übergangsphasen der Sozialisation und des Wachsens der Persönlichkeit werden thematisiert: Übergänge vom Kindheits- zum Erwachsenenstadium, vom naturalen zum kulturalen, vom asexuellen zum sexuellen Leben."[29]

Obwohl Röhrich hier Psychologie und Sexualität ins Gespräch bringt, entwickelt er diese Thematik im Prinzip nicht weiter, was an seine große frühere Studie *Märchen und Wirklichkeit* (3. Aufl. 1974) erinnert.[30] Vielmehr spricht er von einer „nachweisbaren Entsexualisierung der Märchen durch die Brüder Grimm,"[31] was freilich psychologisch motivierte Interpreten gerade des „Schneewittchen"-Märchens nicht davon abgehalten hat, sexuelle Implikationen – wenn auch symbolisch – darin zu finden. Das gilt ganz besonders für die sieben Zwerge, wie weiter unten gezeigt werden wird. Röhrich jedoch sieht gerade die Zwerge recht realistisch und zeigt wenig Interesse an einer versteckten Sexualität, obwohl er sich selbstverständlich bewußt ist, daß das Verhältnis zwischen Schneewittchen und den sieben Zwergen nicht nur von Psychologen mit Sexualität verbunden wird, sondern auch in modernen Bearbeitungen und Illustrationen immer wieder zu sexuellen Texten und Abbildungen geführt hat, wie aus zahlreichen in dem Kapitel „Sexuelle Anspielungen" wiedergegebenen Belege hervorgeht. Doch hier nun Lutz Röhrichs realistischer und textbezogener Kommentar:

> Generell bleiben die zu erotischen Episoden [Apfel als Sündenfall-Symbolik] geradezu einladenden Szenen ungenutzt. Auch im Bereich des Möglichen liegende

---

28 Ebenda, S. 244. Vgl. hierzu auch Jack Zipes, „Snow White," in J. Zipes, *Why Fairy Tales Stick. The Evolution and Relevance of a Genre* (New York: Routledge, 2006), S. 133-136.
29 Ebenda, S. 246.
30 Lutz Röhrich, *Märchen und Wirklichkeit*, 3. Aufl. (Wiesbaden: Franz Steiner, 1974).
31 Lutz Röhrich, „Schneewittchen," in L. Röhrich, *„und weil sie nicht gestorben sind ... " Anthropologie, Kulturgeschichte und Deutung von Märchen* (Köln: Böhlau, 2002), S. 241-261 (hier S. 248).

Entgleisungen der Zwerge werden von Autorenhand [Wilhelm Grimm] gebremst. Daß Schneewittchen alle Bettchen der Zwerge durchprobiert und sich schließlich im siebten schlafen legt, wird völlig arglos und ohne Hintergedanken erzählt. So steigt auch der von Schneewittchens Nachtlagerbelegung betroffene Zwerg nicht zu ihr in sein Bett, sondern unterwirft sich stattdessen sittenstreng der äußerst mühseligen Rotation durch die Betten seiner Kollegen. Der siebte Zwerg „schlief bei seinen Gesellen, bei jedem eine Stunde, bis die Nacht herum war." Zwar schnüren die Zwerge ein andermal Schneewittchen auf und waschen es mit eigenen Händen, wie es heißt, doch dieses Aufschnüren samt dem Waschen dient nicht etwa der Befriedigung irgendwelcher voyeuristischer Begierden, sondern ist allein Erste-Hilfe-Maßnahme zur Wiederbelebung der hier bereits scheintoten Schönheit. Obwohl die Liebe der sieben Zwerge zu Schneewittchen rein platonisch ist, mußte die Situation freilich zu Spekulationen Anlaß geben, Schneewittchen triebe es mit ihnen. Die Zwerge sind kleine und außerdem auch alte Männer. Selbst wenn es davon sieben gibt, ist das immer noch nicht so viel wie ein Prinz. Das sind Überlegungen und Motivationen, die bei den Grimms fehlen. Dort haben die Zwerge keinerlei sexuelles Interesse. Sie kommen gar nicht auf den Gedanken, daß das hübsche junge Mädchen noch zu etwas anderem als zum Kochen und Putzen fähig sein könnte. Das zu ergänzen blieb späteren Versionen vorbehalten. Schon in Walt Disneys klassischem Film verlieben sich die Zwerge in Schneewittchen. Aber die Liebe bleibt einseitig, denn Schneewittchen zeigt höchstens mütterliche Liebe.[32]

Inzwischen ist das Grimmsche Sex-Tabu längst durchbrochen, und zwar nicht nur durch sexuelle Darstellungen verschiedenster Art, sondern auch durch wissenschaftliche psychoanalytische Interpretationen des „Schneewittchen"-Märchens. Zweifelsohne haben sie ihren Wert, und sie gehören zur Analyse des so symbolträchtigen Märchens, und doch erscheinen sie oft zu spekulativ, zu entfernt von dem Märchentext und widersprüchlich in ihren Auslegungen. Maria Tatar hat diese Situation bestens in ihrem bedeutenden Buch *The Hard Facts of the Grimms' Fairy Tales* (1987) beschrieben:

> That psychoanalytic critics rarely agree on the symbolic meaning of an object or a figure in a tale is also not designed to inspire confidence in their methods. When one critic tells us that the dwarves in „Snow White" should be viewed as siblings of the heroine, another asserts that they represent the unconscious, and a third declares them to be symbols for creative activity, is it any wonder that the layman raises an eyebrow in bewilderment? And when we are further offered the option of looking at those figures as symbolic representations of the heroine's genitals or as a knot of homosexuals, it becomes difficult to stifle a protest. Such variations in interpretive judgments are, of course, not characteristic of the psychoanalytic school alone, but the broad range of critics attracted to that school (many from neighboring disciplines) produces more than the usual diversity. There are the Jungians with their emphasis on initiation rites and mother-daughter relationships, the Freudians with their Oedipus and Electra complexes, and the legion of

---

32 Ebenda, S. 248. Vgl. auch Maria Tatar, *The Hard Facts of the Grimms' Fairy Tales* (Princeton, New Jersey: Princeton University Press, 1987), S. 151.

disciples who have carried the precepts of the masters in novel, often unorthodox, directions.[33]

Nun gut, bei aller berechtigten Kritik haben psychoanalytische Deutungen doch etwas zu dem Verständnis des Symbolgehalts des „Schneewittchen"-Märchens beigetragen, auch wenn manches für nicht Eingeweihte fremd und nicht nachvollziehbar ist. Ganz gewiß hatte vor allem Wilhelm Grimm solche meist sexuellen Auslegungen nicht im Sinn, und das gilt auch für Kinder und viele Erwachsene, denen psychoanalytische Interpretationen als unglaubwürdig erscheinen. Und doch sind sie ein bedeutender Teil der Märchenforschung, die sich schließlich auch mit dem tiefen Symbolgehalt der Märchen zu befassen hat.

Bereits 1934 hat J.F. Grant Duff seinen Beitrag „Schneewittchen. Versuch einer psychoanalytischen Deutung" vorgelegt, worin es um verdrängte Wünsche geht, nämlich „daß für das Unbewußte der Aufenthalt von Schneewittchen in der Hütte eine sexuelle Bedeutung hat" und daß „das Spielleben mit den Zwergen als eine Vorstufe von Schneewittchens späterem sexuellen Leben mit dem Prinzen" angesehen werden kann.[34] Er spricht aber auch von Defloration, Masturbation, Klitoris, Penis, Koitus usw., was alles nur schwer nachvollzierbar ist. Bedeutend ist jedoch, daß Duff Schneewittchen anders sieht als traditionelle Deutungen: „Die negative Einstellung der Tochter erkennen wir daran, daß die Mutter gleich stirbt. Die Konkurrentin ist beseitigt. Die Erfüllung dieses Wunsches der Tochter leitet die Strafen ein, von denen die weitere Geschichte erzählt. Die gute Mutter stirbt und wird durch die böse [Stiefmutter] ersetzt; das ist das Ergebnis der Todeswünsche des Kindes. Diese zweite Mutter ist sehr schön, ein Umstand, der dem Töchterchen Gelegenheit zur Bewunderung, aber auch zur Eifersucht gibt."[35] Der Narzißmus geistert also durch das ganze Märchen und schließt auch Schneewittchen etwas ein, die außerdem an einem Ödipuskomplex mit ihrem Vater leidet.

Knapp zehn Jahre später erschien dann A.S. Macquistens und R.W. Pickfords englischsprachige Studie „Psychological Aspects of the Fantasy of Snow White and the Seven Dwarfs" (1942). Auch diese Autoren sprechen von „hidden meanings of the fairy tale" und erklären, daß „the story is chiefly concerned with the relationships of a mother and a daughter, form the child's birth till her development to womanhood, and the chief villain of the piece is their mu-

---

33 Maria Tatar, *The Hard Facts of the Grimms' Fairy Tales* (Princeton, New Jersey: Princeton University Press, 1987), S. 54-55.
34 J.F. Grant Duff, "Schneewittchen. Versuch einer psychoanalytischen Deutung," *Imago*, 20 (1934), S. 95-103; auch in Wilhelm Laiblin (Hrsg.), *Märchenforschung und Tiefenpsychologie* (Darmstadt: Wissenschaftliche Buchgesellschaft, 1969), S. 88-99 (hier S. 96).
35 Ebenda, S. 89.

tual sexual jealousy."[36] Die Stiefmutter "seems to be the child's fantasy of the ‚bad', cruel or jealous mother. It also expresses the real mother's unconscious hatred of her children. A mother tends to be jealous of her children and to hate them because she must now share them with her husband's love."[37] Auch hier ist wieder die Rede von Menstruation, Defloration, Vagina, die Schneewittchens sexuelle Entwicklung bezeugen. In ihrer Phantasie konkurriert sie mit ihrer Mutter um die Liebe des Vaters, und um dieses Dreierverhältnis geht es symbolisch gesehen in diesem Märchen: „The story deals with a universal social problem; how it is possible to keep a harmonious relationship between a trio of father, mother and child. […] In this trio the most difficult relationship to adjust is that between mother and daughter, on account of the additional sex rivalry that is bound to occur in connection with the father."[38] Daß es solche Rivalitäten in Familien gibt, mag schon richtig sein, aber aus dem Text des Märchens, wo der Vater fast keine Rolle spielt, auch wenn der Jäger zuweilen als Vaterfigur interpretiert wird, ist der angebliche Sexualneid Schneewittchens nur schwer wenn überhaupt zu erkennen.

Dennoch aber bezieht sich auch der international bekannte amerikanische Psychologe Bruno Bettelheim in seinem weit verbreiteten Buch *The Uses of Enchantment. The Meaning and Importance of Fairy Tales* (1976), das bereits ein Jahr später auf Deutsch mit dem entstellten Titel *Kinder brauchen Märchen* (1977) erschienen ist, gerade auf dieses Dreierverhältnis als Grundstein für das symbolische Verständnis des „Schneewittchen"-Märchens. Immerhin ist er sich bewußt, daß in manchen Varianten „das Begehren von Vater und Tochter und die dadurch hervorgerufene Eifersucht der Mutter, die in ihr den Wunsch erweckt, sich ihrer Tochter zu entledigen, weit klarer herausgestellt sind […] So bleiben [in der Grimmschen Fassung] die ödipalen Probleme – welche dem Konflikt in der Geschichte zugrunde liegen – unserer Phantasie überlassen."[39] Hier also wird deutlich, wie wichtig folgende Aussage des amerikanischen Folkloristen Alan Dundes mit Bezug auf Märchenvarianten ist: „it is always risky to base an analysis upon a single version of an item of folklore."[40] Eigentlich müßten fast alle Interpreten des „Schneewittchen"-Märchens ausdrücklich betonen, daß sie sich grundsätzlich nur mit Wilhelm Grimms immer wieder überarbeiteten Version der siebten Auflage von 1857 befassen. Angesichts davon, was man über ihn als Bürger seiner Zeit weiß, ist schwer vorstellbar, daß er sich solchen „Phantasien", wie Bettelheim es nennt, hingegeben hat.

---

36 A.S. Macquisten und R.W. Pickford, „Psychological Aspects of the Fantasy of Snow White and the Seven Dwarfs," *The Psychological Review*, 29 (1942), S. 233-252 (hier S. 233 und S. 235).

37 Ebenda, S. 237.

38 Ebenda, S. 250-251.

39 Bruno Bettelheim, „Schneewittchen," in B. Bettelheim, *Kinder brauchen Märchen* (Stuttgart: Deutsche Verlags-Anstalt, 1977), S. 189-204 (hier S. 190).

40 Alan Dundes, *The Study of Folklore* (Englewood Cliffs, New Jersey: Prentice-Hall, 1965), S. 110.

Trotzdem ist Bettelheim zuzustimmen, wenn er von den Jahren, die Schnee-wittchen bei den sieben Zwergen verbringt, als „Wachstumsperiode"[41] mit Mühen und Problemen spricht. Fraglich bleibt jedoch folgende Aussage: „Die Zwerge sind ausgesprochen männlich – doch sind es männliche Wesen, die in ihrer Entwicklung stehengeblieben sind. Diese ‚Männlein' mit ihren im Wachs-tum zurückgebliebenen Körpern und ihrem Beruf als Bergleute – bei dem sie geschickt in dunkle Höhlen dringen – lassen an eine phallische Nebenbedeu-tung denken. Ganz gewiß sind sie keine Männer im sexuellen Sinn – ihre Le-bensweise, ihr Interesse an materiellen Gütern unter Ausschluß der Liebe läßt vielmehr an eine präödipale Existenz denken."[42] Sexuelle Interessen haben die Zwerge in dem Text in der Tat nicht, aber könnte man sie nicht ebenso gut als Helfer in der Not interpretieren, die Schneewittchen auf ihrem Reifungsprozeß bereitwillig zur Seite stehen? Daß Schneewittchen zum Ausgleich auch etwas für sie tut – auch wenn es aus feministischer Sicht erniedrigende Hausarbeiten sind – dürfte doch auch verständlich sein, denn schließlich muß Schneewitt-chen in ihrem Lernprozeß doch auch ihren eigenen Narzißmus überwinden.

Daß sich das Märchen ohne Zweifel eben um das Problem des Narzißmus von der Stiefmutter sowie der Tochter dreht, hat Bruno Bettelheim allerdings überzeugend erläutert:

> Obwohl wir erfahren, daß Schneewittchens Mutter bei der Geburt stirbt, geschieht in seinen ersten Lebensjahren nichts Böses, obgleich eine Stiefmutter die Stelle der Mutter einnimmt. Diese Stiefmutter wird erst zur ‚typischen' Märchen-Stiefmutter, nachdem Schneewittchen sieben Jahre alt geworden ist und zu reifen beginnt. Dann erst fühlt sich die Stiefmutter von Schneewittchen bedroht und wird eifersüchtig. Der Narzißmus dieser Stiefmutter wird dadurch demonstriert, daß sie sich von dem Zauberspiegel ihre Schönheit bestätigen läßt, lange bevor Schneewittchen sie in den Schatten stellt. [...]
> Es sind narzißtische Eltern, die sich am meisten von ihrem heranwachsenden Kind bedroht fühlen, weil das bedeutet, daß sie altern müssen. Solange das Kind noch völlig abhängig ist, bleibt es sozusagen ein Teil der Eltern; es stellt keine Bedrohung des elterlichen Narzißmus dar. Fängt das Kind aber zu reifen an und verlangt nach Unabhängigkeit, wird es von einer Mutter, wie sie in ‚Schneewittchen' vorkommt, als Bedrohung empfunden.
> Der Narzißmus gehört in hohem Maß zur Eigenart des kleinen Kindes. Das Kind muß allmählich lernen, diese gefährliche Form der Beschäftigung mit sich selbst zu überwinden. Die Geschichte von Schneewittchen warnt vor den schlimmen Folgen, die der Narzißmus für die Eltern wie das Kind hat. Schneewittchens Nar-zißmus richtet es fast zugrunde, als es zweimal den Verlockungen der verkleideten Königin nachgibt, die ihm verspricht, es noch schöner zu machen – während die Königin selbst schließlich durch ihren eigenen Narzißmus umkommt.
> Solange Schneewittchen im Elternhaus bleibt, tut es nichts Besonderes; wir hören

---

41   Bruno Bettelheim, „Schneewittchen," in B. Bettelheim, *Kinder brauchen Märchen* (Stuttgart: Deutsche Verlags-Anstalt, 1977), S. 189-204 (hier S. 191).
42   Ebenda, S. 199.

nichts über sein Leben vor seiner Vertreibung. Wir hören nichts über die Beziehung zu seinem Vater, obgleich man logischerweise annehmen kann, daß es der Wettbewerb um ihn ist, was seine (Stief)mutter gegen das Kind aufbringt.[43]

Auch wenn man dieses „logischerweise" für den Konflikt von Mutter und Tochter um den Mann/Vater akzeptiert, ist es doch wohl vor allem der Narzißmus beider Frauengestalten, der das Märchen zu einem „Warnmärchen" macht, wie Bettelheim mit seinem „warnt" zum Ausdruck bringt.

Demnach ist das naive und schöne Schneewittchen wohl doch nicht so ganz unschuldig, wie man es oft – auch wegen der weißen Farbsymbolik seines Namens und Aussehens – hingestellt hat. Sie läßt sich recht leicht – dreimal sogar – verführen, und die Apfelepisode mag durchaus an die Symbolik des Sündenfalls erinnern: „In ‚Schneewittchen' teilen sich Mutter und Tochter den Apfel. Was der Apfel hier symbolisiert, ist etwas, das Mutter und Tochter miteinander gemeinsam haben und was noch tiefer geht als ihre Eifersucht aufeinander – ihre reifen sexuellen Begierden."[44] Wenn Schneewittchen dann aufwacht – es wird nicht gesagt, wie lange sie in dem Glassarg lag – ist ihre „Vorbereitungsperiode zur Reife"[45] vorüber und sie kann mit ihrem Prinzen ein glückliches Eheleben beginnen, während die böse Stiefmutter ihre verdiente Strafe bekommt.

Was also ist der Sinn dieses so beliebten Märchens? Natürlich kann man alles Mögliche hineininterpretieren, aber was bedeutet es für Kinder, Eltern und überhaupt Erwachsene, die sich an das Märchen erinnern, es Kindern vorlesen oder gar erzählen, ohne etwas über die mannigfaltigen Interpretationen zu wissen? Lutz Röhrich soll schon Recht behalten, wenn er schlicht und einfach schreibt: „Vor allem ist ‚Schneewittchen' eine moralische Erzählung, die exemplarisch die schlimmen Folgen von Stolz und Eigenliebe zeigt."[46] Eifersucht müßte wohl als dritte nachteilige Komponente hinzugefügt werden. So handelt es sich trotz der symbolhaften, poetischen Sprache auch um ein verstecktes Warnmärchen, allerdings nicht auf so direkte Weise wie im „Rotkäppchen"-Märchen. Sicherlich ist das „Schneewittchen"-Märchen auch für alle eine hoffnungsvolle Glasperle dafür, daß ein junger Mensch mit ein wenig Hilfe den Reifungsprozeß für ein Leben mit selbstloser Liebe bestehen kann.

---

43   Ebenda, S. 192.
44   Ebenda, S. 202.
45   Ebenda, S. 202.
46   Lutz Röhrich, „Schneewittchen," in L. Röhrich, „und weil sie nicht gestorben sind ... " Anthropologie, Kulturgeschichte und Deutung von Märchen (Köln: Böhlau, 2002), S. 241-261 (hier S. 243).

III. „Schneewittchen"-Märchentexte

Zahlreiche Varianten des „Schneewittchen"-Märchens sind in vielen Sprachkulturen überliefert, die in Ernst Böklens zweibändigen *Sneewittchenstudien* (1910/15) registriert sind. In diesem Kapitel sind lediglich sechs deutsche Varianten des „Schneewittchen"-Märchens wiedergegeben, die die Entwicklungsgeschichte dieser weit verbreiteten Volkserzählung im deutschen Sprachraum durch die Gebrüder Grimm erkennen lassen. Da ist zuerst die recht kurze handschriftliche Urfassung von 1810. Darauf folgt die erheblich erweiterte Fassung der ersten Auflage der *Kinder- und Hausmärchen* von 1812. Bekanntlich hat Wilhelm Grimm in späteren Auflagen weiterhin sprachliche und stilistische Änderungen vorgenommen, wobei er für die zweite Auflage von 1819 die Mutter von Schneewittchen durch eine Stiefmutter ersetzt hat, was es in früheren Texten jedoch auch zum Teil schon gegeben hat. Bis zur siebten der hier ebenfalls abgedruckten Auflage von 1857 hat Wilhelm Grimm weitere Modifikationen vorgenommen, womit er sich seinen eigenen volkstümlich-poetischen Märchenstil geschaffen hat. Das schließt selbst Änderungen an dem bekannten „Spieglein"-Vers mit seinem Kehrreim ein, die bis heute allgemein bekannt sind.

Obwohl diese unübertroffene Märchensammlung sich ihren Büchermarkt in aller Welt eroberte, hat Ludwig Bechsteins (1801-1860) *Deutsches Märchenbuch* (1845) als konkurrenzfähig zu gelten, Sie erschien im Jahre 1857 und wurde wie die Grimmsche Sammlung bis heute immer wieder aufgelegt. Sie enthält eine sehr von den Brüdern Grimm abhängige „Schneeweißchen"-Variante, die jedoch einen Rationalisierungsprozeß durchgemacht hat. Wie der wiedergegebene Text zeigt, muß sich die böse Stiefmutter hier nicht in glühenden Schuhen als Strafe zu Tode tanzen, sondern es erscheint der Neid als giftiger Wurm, der ihr das Herz abfrißt.

Das Märchen kursierte nicht nur in mündlicher Überlieferung und durch Sammlungen wie die der Gebrüder Grimm und Bechstein, sondern es wurde auch durch die populären Bilderbogen unter die Leute gebracht. So enthält dieses Kapitel eine solche verbildlichte Darstellung, doch da die Schrift unter den Illustrationen so klein ist, sind die Texte separat abgedruckt. Schließlich gibt es noch die englische Übersetzung von dem amerikanischen Germanisten und Folkloristen Jack Zipes aus dem Jahre 1987, die dem besseren Verständnis der englischsprachigen Prosatexte, Gedichte und Karikaturen der folgenden Kapitel behilflich sein mag.

1. „Schneeweißchen.
Schneewittchen. Unglückskind." (1810)

Zitiert aus Heinz Rölleke (Hrsg.), *Die älteste Märchensammlung der Brüder Grimm.*
Synopse der handschriftlichen Urfassung von 1810 und der Erstdrucke von 1812. Cologny-Genève: Foundation Martin Bodmer, 1975, S. 244, 246, 248, 250 und 252.
Der Text wird wortgetreu mit seinen „Fehlern" wiedergegeben.

Es war einmal Winter u. schneiete vom Himmel herunter, da saß eine Königin
am Fenster von Ebenholz u. nähte, die hätte gar zu gerne ein Kind gehabt. Und
während sie darüber dachte, stach sie sich ungefähr mit der Nadel in den Finger, so daß drei Tropfen Blut in den Schnee fielen. Da wünschte sie u. sprach:
ach hätte ich doch ein Kind, so weiß wie diesen Schnee, so rothbackigt wie dies
rothe Blut u. so schwarzäugig wie diesen Fensterrahm!
Bald darnach bekam sie ein wunderschönes Töchterlein, so weiß wie Schnee,
so roth wie Blut, so schwarz wie Eben u. das Töchterlein wurde Schneeweißchen genannt. Die Frau Königin war die allerschönste Frau im Land, aber
Schneeweißchen war noch hunderttausendmal schöner u. als die Frau Königin
ihren Spiegel fragte:

Spieglein Spieglein an der Wand
wer ist die schönste Frau in ganz Engelland?

so antwortete das Spieglein: die Frau Königin ist die schönste, aber Schneeweißchen ist noch hunderttausendmal viel schöner.
Darüber konnte es die Frau Königin nicht mehr leiden, weil sie die schönste im Reich wollte seyn. Wie nun der Herr König einmal in den Krieg verreist
war, so ließ sie ihren Wagen anspannen u. befahl in einen weiten dunkeln Wald
zu fahren, u. nahm das Schneeweißchen mit. In dem selben Wald aber standen
viel gar schöne rothe Rosen. Als sie nun mit ihrem Töchterlein daselbst angekommen war, so sprach sie zu ihm: ach Schneeweißchen steig doch aus u. brich
mir von den schönen Rosen ab! Und sobald es diesem Befehl zu gehorchen aus
dem Wagen gegangen war, fuhren die Räder in größter Schnelligkeit fort, aber
die Frau Königin hatte [es] alles so befohlen, weil sie hoffte, daß es die wilden
Thiere bald verzehren sollten,
Da nun Schneeweißchen in dem großen Wald mutterallein war, so weinete
es sehr und ging immer weiter fort u. immer fort u. wurde sehr müd, bis es endlich vor ein kleines Häuschen kam. In dem Häuschen wohnten sieben Zwerge,
die waren aber gerade nicht zu Haus, sondern ins Bergwerk gegangen. Wie das
Schneeweißchen in die Wohnung trat, so stand da ein Tisch, u. auf dem Tisch
sieben Teller, u. dabei sieben Löffel, 7 Gabeln, 7 Meßer u. 7 Gläser, u. ferner

waren in dem Zimmer sieben Bettchen. Und Schneeweißchen aß von jedem Teller etwas Gemüß u. Brot, u. trank dazu aus jedem Gläschen einen Tropfen, u. wollte sich endlich aus Müdigkeit schlafen legen. Es probirte aber alle Betterchen u. fand ihm keines gerecht, bis auf das letzte, da blieb es liegen. Als nun die sieben Zwerge von ihrer Tagesarbeit nach Hause kehrten, so sprachen sie, jedweder:

wer hat mir von meinem Tellerchen gegeßen?
wer hat mir von meinem Brötchen genommen?
wer hat mit meinem Gäbelchen gegeßen?
wer hat mit meinem Meßerchen geschnitten?
wer hat aus meinem Becherchen getrunken?

u. darauf sagte das erste Zwerglein:

wer hat mir nur in mein Bettchen getreten?

u. das zweite sprach [e] ei, in meinem hat auch jemand gelegen. Und das dritte auch u. das vierte ebenfalls u. so weiter, bis sie endlich im siebenten Bett Schneeweißchen liegen fanden. Es gefiel ihnen aber so wohl, daß sie es aus Erbarmung liegen ließen, u. das siebente Zwerglein mußte sich mit dem sechsten behelfen, so gut es konnte.

Als nun Schneeweißchen am andern Morgen ausgeschlafen hatte, so fragten sie es: wie es hierher gekommen? u. es erzählte ihnen alles, u. daß es die Frau Königin Mutter im Wald allein gelaßen hätte u. fortgefahren wäre. Die Zwerge hatten Mitleiden mit ihm u. ersuchten es, bei ihnen zu bleiben, u. ihnen das Eßen zu kochen, wann sie ins Bergwerk ausgingen, doch möchte es sich vor der Frau Königin hüten u. ja niemand ins Haus einlaßen.

Als nun die Frau Königin hörte, daß Schneeweißchen bei den 7. Zwergen wäre, u. nicht im Wald umgekommen, so zog sie die Kleider von einer alten Krämerin an, u. ging vor das Haus u. begehrte Einlaß mit ihren Waaren. Schneeweißchen aber erkannte sie gar nicht u. sprach am Fenster: ich darf niemand hereinlaßen. Da sagte die Krämersfrau: ach sieh liebes Kind, was ich da für schöne Schnürriemen hab u. ich laß dir sie gar wohl feil! Schneeweißchen gedachte aber: die Schnüre thun mir gerade sehr nöthig, es wird ja nichts schaden, ob ich die Frau hereinlaße, ich kann da einen guten Kauf thun, u. machte ihr die Thür auf u. kaufte Schnüre. Und wie es solche gekauft hatte, so fing die Krämerin an zu sprechen: aber ei, wie bistu so schlampisch geschnürt, wie steht dir das an, komm ich will dich einmal beßer einschnüren. Darauf nahm die alte Frau, welches aber die Frau Königin war, den Schnürriemen u. schnürte das Schneeweißchen all so hart, daß es für todt hinfiel, worauf sie fortging.

Als die Zwerglein nach Hause kamen u. Schneeweißchen da liegen sahen, so gedachten sie all so bald, wer da gewesen wäre, u. schnürten es schnell auf, so daß es wieder zu sich kam. Sie ermahnten es aber hinfüro zu beßerer Vorsicht.

Nachdem die Frau Königin erfuhr, daß ihr Töchterlein wieder lebendig geworden wäre, so konnte sie doch nicht ruhen u. kam wieder in verstellter Kleidung vor das Haüschen u. wollte dem Schneeweißchen einen prächtigen Kamm verkaufen. Da ihm nun der selbe Kamm gar zu wohl gefiel, so ließ es sich verleiten u. schloß die Thüre auf, und die Alte trat herein u. fing an, in seinen gelben Haaren zu kämmen u. ließ den Kamm stecken, bis es wie todt hinsank. Als die 7 Zwerge nach Haus kamen, so fanden sie die Pforte offen stehen, u. Schneeweißchen auf der Erde liegen, wußten auch gleich, wer das Unheil gemacht hätte. Indeßen zogen sie den Kamm sogleich aus den Haaren heraus, u. Schneeweißchen kam wieder ins Leben. Sie sagten ihm aber, daß wenn es sich noch einmal bethören ließe, sie ihm nicht mehr helfen könnten.

Die Frau Königin war aber sehr bös, da sie erfuhr, daß Schneeweißchen wieder lebendig geworden wäre u. verkleidete sich zum dritten mal, in eine Bauersfrau, u. nahm einen Apfel mit, der halb vergiftet war u. zwar auf der rothen Hälfte. Schneeweißchen hütete sich wohl, der Frau aufzumachen, sie reichte ihm aber den Apfel zum Fenster hinein, u. konnte sich so wohl stellen, daß man gar nichts merkte. Schneeweißchen biß in den schönen Apfel, da wo er roth war, u. sank todt zu Boden.

Als die sieben Zwerge aber heim kehrten, so konnten sie nicht mehr helfen, u. waren sehr traurig und führten auch ein großes Leid. Sie legten aber Schneeweißchen in einen gläsernen Sarg, worin es seine vorige Gestalt ganz behielt, schrieben seinen Namen u. Abstammung darauf, und bewachten es sorgfältig Tag und Nacht.

Eines Tags kehrte der König, Schneeweißchens Vater, in sein Reich zurück u. mußte durch denselben Wald gehen, wo die 7 Zwerge wohnten. Als er nun den Sarg u. deßen Inschrift wahrnahm, so empfing er große Traurigkeit über den Tod seiner geliebten Tochter. Er hatte aber in seinem Gefolg sehr erfahrne Ärzte bei sich, die baten sich den Leichnam von den Zwergen aus, nahmen ihn u. machten ein Seil an 4 Ecken des Zimmers fest u. Schneeweißchen wurde wieder lebendig. Darauf zogen sie alle nach Haus, Schneew. wurde an einen schönen Prinzen vermählt, u. auf der Hochzeit wurden ein Paar Pantoffeln im Feuer geglüht, welche die Königin anziehen u. sich darin zu todt tanzen mußte.

. . . . . .

nach andern klopfen die Zwerge mit kleinen Zauberhämmerchen 32 mal an u. machen da durch Schneeweißchen wieder lebendig.

Anderer Anfang.

Es war einmal ein Graf u. eine Gräfin, die fuhren zusammen, u. fuhren an drei Haufen weißem Schnee vorbei, da sprach der Graf: ich wünsche mir ein Mägdlein, so weiß wie diesen Schnee. Sie fuhren weiter u. kamen an drei Gruben voll rothes Blutes, da wünschte der Graf u. sprach: hätte ich ein Mädchen, mit so rothen Wangen, als dieses Blut! Bald darnach flogen drei kohlschwarze Raben vorüber u. der Graf wünschte wiederum ein Mädchen von so schwarzem Haar, wie diese Raben. Zu allerletzt aber begegnete ihnen ein Mädchen, so weiß wie Schnee, so roth wie Blut u. schwarz wie Raben, u. dies war Schneeweißchen. Der Graf ließ es sogleich in die Kutsche sitzen, aber die Gräfin hatte es nicht gern. Und die Gräfin wußte sich nicht zu helfen und ließ endl. ihren Handschuh zum Schlag hinaus fallen u. befahl dem Schneeweißchen ihm solchen aufzuheben. Wie es nun ausgestiegen war, so rollte der Wagen in größter Geschwindigkeit fort pp

2. „Sneewittchen (Schneeweißchen)." (1812)

Zitiert aus Heinz Rölleke (Hrsg.), *Die älteste Märchensammlung der Brüder Grimm. Synopse der handschriftlichen Urfassung von 1810 und der Erstdrucke von 1812.* Cologny-Genève: Foundation Martin Bodmer, 1975, S. 245, 247, 249, 251, 253, 255, 257 und 259. Der Text wird wortgetreu mit seinen „Fehlern" und zum Teil fehlenden Anführungszeichen wiedergegeben.

Es war einmal mitten im Winter, und die Schneeflocken fielen wie Federn vom Himmel, da saß eine schöne Königin an einem Fenster, das hatte einen Rahmen von schwarzem Ebenholz, und nähte. Und wie sie so nähte und nach dem Schnee aufblickte, stach sie sich mit der Nadel in den Finger, und es fielen drei Tropfen Blut in den Schnee. Und weil das Rothe in dem Weißen so schön aussah, so dachte sie: hätt ich doch ein Kind so weiß wie Schnee, so roth wie Blut und so schwarz wie dieser Rahmen. Und bald darauf bekam sie ein Töchterlein, so weiß wie der Schnee, so roth wie das Blut, und so schwarz wie Ebenholz, und darum ward es das Sneewittchen genannt.

Die Königin war die schönste im ganzen Land, [und gar] *WAR* stolz auf ihre Schönheit, und konnte nicht leiden, daß jemand schöner sollte seyn. Sie hatte auch einen Spiegel, vor den trat sie alle Morgen und fragte:

„Spieglein, Spieglein an der Wand:
wer ist die schönste Frau in dem ganzen Land?"

da sprach das Spieglein allzeit:

„Ihr, Frau Königin, seyd die schönste Frau im Land."

Und da wußte sie gewiß, daß niemand schöner auf der Welt war. Sneewittchen aber wuchs heran, und als es sieben Jahr alt war, war es so schön, [daß es selbst] viel schöner als die Königin [an Schönheit übertraf] selbst, und als diese wieder ihren Spiegel fragte:

„Spieglein, Spieglein an der Wand:
wer ist die schönste Frau in dem ganzen Land?"

sagte der Spiegel:

„Frau Königin, Ihr seyd die schönste hier,
aber Sneewittchen ist noch tausendmal schöner als Ihr!"

Wie die Königin den Spiegel so sprechen hörte, ward sie blaß vor Neid, und von Stund an haßte sie das Sneewittchen, und wenn sie es ansah, und gedacht, daß durch seine Schuld sie nicht mehr die schönste auf der Welt sey, kehrte sich ihr das Herz herum. Da ließ ihr der Neid keine Ruhe, und sie rief einen Jäger und sagte zu ihm: „führ das Sneewittchen hinaus in den Wald an einen weiten abgelegenen Ort, da stichs todt, und zum Wahrzeichen bring mir seine Lunge und seine Leber mit, die will ich mit Salz kochen und essen." Der Jäger nahm das Sneewittchen und führte es hinaus, wie er aber den Hirschfänger gezogen hatte und eben zustechen wollte, da fing es an zu weinen, und bat so sehr, er mögt ihm sein Leben lassen, es wollt nimmermehr zurückkommen, sondern in dem Wald fortlaufen. Den Jäger erbarmte es, weil es so schön war und [ge]er dachte: die wilden Thiere werden es doch bald gefressen haben, ich bin froh, daß ich es nicht zu tödten brauche, und weil gerade ein junger Frischling gelaufen kam, stach er den nieder, nahm Lunge und Leber heraus und bracht sie als Wahrzeichen der Königin mit, die nahm sie kochte sie mit Salz und aß sie auf, und meinte sie hätte Sneewittchens Lunge und Leber gegessen.

Sneewittchen aber war in dem großen Wald mutterseelig allein, so daß ihm recht Angst ward und es in der Angst alle Blätterchen an den Baümen ansah; bis es anfing [an] zu laufen [und zu laufen] über die spitzen Steine, und durch die Dornen den ganzen Tag und die wilden Thiere liefen neben ihm her und thaten ihm nichts: endlich, als die Sonne untergehen wollte, kam es zu einem kleinen Häuschen. Das Häuschen gehörte sieben Zwergen, die waren aber nicht zu Haus, sondern in das Bergwerk gegangen. Sneewittchen ging hinein und fand alles klein, aber niedlich und reinlich: da stand ein Tischlein mit sieben kleinen Tellern, dabei sieben Löfflein, sieben Messerlein und Gäblein, sieben Becherlein, und an der Wand standen sieben Bettlein neben einander frisch gedeckt. Sneewittchen war hungrig und durstig, aß von jedem Tellerlein ein wenig Gemüs und Brod, trank aus jedem Gläschen einen Tropfen Wein, und weil es so müd war, wollte es sich schlafen legen. Da probirte es die sieben Bettlein nach einander, aber eins war ihm zu lang, das andere zu kurz und keins [war ihm aber] recht, bis auf das siebente, in das legte es sich und schlief ein.

Wie [es Nacht war] es nun dunkel ward, kamen die sieben Zwerge von ihrer Arbeit heim, und [steckten] als sie ihre sieben Lichtlein angesteckt hatten und als es hell im Haüslein war, da sahen sie, daß jemand [in ihrem Haus] darin gewesen war. Der erste sprach: „wer hat auf meinem Stühlchen gesessen?" Der zweite: „wer hat von meinem Tellerchen gegessen?" Der dritte: „wer hat von meinem Brödchen genommen?" Der vierte: „wer hat von meinem Gemüschen gegessen?" Der fünfte: „wer hat mit meinem Gäbelchen gestochen?" Der sechste: „wer hat mit meinem Messerchen geschnitten?" Der siebente : „wer hat aus meinem Becherlein getrunken?" Da[rnach] sah der erste sich [um] ein bischen um und [sagte:] sah, daß auf seiner Bettdecke eine kleine Dälle war, da sagte er: „wer hat in mein Bettchen getreten?" Der zweite: „ei, in meinem hat auch jemand gelegen?" und so sprach der dritte und vierte und alle weiter bis zum siebenten, wie der nach seinem Bettchen sah, da fand er das Sneewittchen darin liegen und schlafen. Da kamen die Zwerge alle gelaufen, und schrieen vor Verwunderung, und holten ihre sieben Lichtlein herbei, und be[trachteten] leuchteten das Sneewittchen, das lag da mit seinen rothen Backen: „ei du mein Gott! ei du mein Gott! riefen sie, was ist das schön!" Sie hatten auch so große Freude an ihm, [weckten] daß sie es [auch] nicht aufweckten, sondern sie [und] ließen es ruhen und in dem Bettlein liegen; der siebente Zwerg aber schlief bei seinen Gesellen, bei jedem eine Stunde, da war die Nacht herum. Als nun Sneewittchen aufwachte, fragten sie [es,]: „wer [es sey] bist du und wie [es] bist du in ihr das [ihr irrtümlich ungestrichen) Haus gekommen [wäre]?" da erzählte es ihnen, wie seine Mutter es habe wollen umbringen, der Jäger ihm aber das Leben geschenkt, und wie es den ganzen Tag gelaufen, und endlich zu ihrem Häuslein gekommen sey. Da hatten die Zwerge Mitleiden und sagten: „wenn du unsern Haushalt versehen, und kochen, nähen, betten, waschen und stricken willst, auch alles ordentlich und reinlich halten, sollst du bei uns bleiben und soll dir an nichts fehlen; Abends kommen wir nach Haus, da muß das Essen fertig seyn, am Tage aber sind wir im Bergwerk und graben Gold, da bist du allein; hüt dich nur vor der Königin und laß niemand herein."

Die Königin aber glaubte, sie sey wieder die allerschönste im Land, trat Morgens vor den Spiegel und fragte:

„Spieglein, Spieglein an der Wand:
wer ist die schönste Frau in dem ganzen Land?"

da antwortete der Spiegel aber wieder:

„Frau Königin, Ihr seyd die schönste hier:
aber Sneewittchen, über den sieben Bergen
ist noch tausendmal schöner als Ihr!"

wie die Königin das hörte erschrack sie und sah wohl, daß sie betrogen worden und der Jäger Sneewittchen nicht getödtet hatte. Weil aber niemand, als die sieben Zwerglein in den sieben Bergen war, da wußte sie gleich, daß es sich zu diesen gerettet hatte, und nun sann sie von neuem nach, wie sie es umbringen [könnte] wollte, denn so lang der Spiegel nicht sagte, sie wär die schönste Frau im ganzen Land, hatte sie keine Ruh. Da war ihr alles nicht sicher und gewiß genug, und sie verkleidete sich selber in eine alte Krämerin, färbte ihr Gesicht, daß sie auch kein Mensch erkannte, und ging [hinaus] in den Wald vor das Zwergenhaus. Sie klopfte an die Thür und rief: „macht auf, macht auf, ich bin die alte

Krämerin, die gute Waare feil hat." Sneewittchen guckte aus dem Fenster: „was habt ihr denn?" – „Schnürriemen, liebes Kind", sagte die Alte, und holte einen hervor, der war von gelber, rother und blauer Seide geflochten: „willst du den haben?" – Ei ja, sprach Sneewittchen, und dachte die gute alte Frau kann ich wohl hereinlassen, die meints redlich; riegelte also die Thüre auf und handelte sich den Schnürriemen. „Aber wie bist du so schlampisch geschnürt, sagte die Alte, komm ich will dich einmal besser schnüren." Sneewittchen stellte sich vor sie, da nahm sie den Schnürriemen und schnürte und schnürte es so fest, daß ihm der Athem verging, und es für todt hinfiel. Darnach war sie zufrieden und ging fort.

Bald darauf ward es Nacht, da kamen die sieben Zwerge nach Haus, die erschracken recht, als sie ihr liebes Sneewittchen auf der Erde liegen fanden, als wär es todt. Sie hoben es in die Höhe, da sahen sie, daß es so fest geschnürt war, schnitten den Schnürriemen entzwei, da athmete es erst, und dann ward es wieder lebendig. „Das ist niemand gewesen, als die Königin, sprachen sie, die hat dir das Leben nehmen wollen, hüte dich und laß keinen Menschen mehr herein."

Die Königin aber fragte daheim ihren Spiegel:

„Spieglein, Spieglein an der Wand:
wer ist die schönste Frau in dem ganzen Land?"

der Spiegel antwortete:

„Frau Königin, Ihr seyd die schönste hier,
aber Sneewittchen bei den sieben Zwergelchen
ist tausendmal schöner als Ihr."

Sie erschrack, daß das Blut ihr all zum Herzen lief, da sie sah, daß Sneewittchen wieder lebendig geworden war. Darnach sann sie den ganzen Tag und die Nacht, wie sie es doch noch fangen wollte, und machte einen giftigen Kamm, verkleidete sich in eine ganz andere Gestalt, und ging wieder hinaus. Sie klopfte an die Thür, Sneewittchen aber rief: „ich darf niemand hereinlassen;" da zog sie den Kamm hervor, und als Sneewittchen den blinken sah und es auch jemand ganz fremdes war, so machte es doch auf, und kaufte ihr den Kamm ab. „Komm ich will dich auch kämmen," sagte die Krämerin, kaum aber stack der Kamm dem Sneewittchen in den Haaren, da fiel es nieder und war todt. „Nun wirst du liegen bleiben," sagte die Königin, und ihr Herz war ihr leicht geworden, und sie ging heim. Die Zwerge aber kamen zu rechter Zeit, [sahen was geschehen,] und zogen den giftigen Kamm aus den Haaren, da schlug Sneewittchen die Augen auf, und war wieder lebendig, und versprach den Zwergen, es wollte gewiß niemand mehr einlassen.

Die Königin aber stellte sich vor ihren Spiegel:

„Spieglein, Spieglein an der Wand:
wer ist die schönste Frau in dem ganzen Land?"

der Spiegel antwortete:

„Frau Königin, Ihr seyd die schönste hier,
aber Sneewittchen bei den sieben Zwergelchen
ist tausendmal schöner als Ihr!"

Wie das die Königin wieder hörte, zitterte und bebte sie vor Zorn: „so soll das
Sneewittchen noch sterben, und wenn es mein Leben kostet!" Dann ging sie in
ihre heimlichste Stube, und niemand durfte vor sie kommen, und da machte sie
einen giftigen, giftigen Apfel, äußerlich war er schön und rothbäckig, und jeder
der ihn sah, bekam Lust dazu, wer aber nur ein Stückchen davon aß, der mußte
sterben. Darauf verkleidete sie sich als Bauersfrau, ging vor das Zwerghaus und
klopfte an. Sneewittchen guckte und sagte: „ich darf keinen Menschen einlassen, die Zwerge haben mirs bei Leibe verboten." „Nun, wenn Ihr nicht wollt,
sagte die Bäuerin, kann ich euch nicht zwingen, meine Aepfel will ich schon los
werden, da, einen will ich euch zur Probe schenken." – „Nein, ich darf auch
nichts geschenkt nehmen, die Zwerge wollens nicht haben." – „Ihr mögt Euch
wohl fürchten, da ich will den Apfel entzwei schneiden und die Hälfte essen, da
den schönen rothen Backen sollt Ihr haben;" der Apfel war aber so künstlich
gemacht, daß nur die rothe Hälfte vergiftet war. Da sah Sneewittchen, daß die
Bäuerin selber davon aß, und sein Gelüsten darnach ward immer größer, da ließ
es sich endlich die andere Hälfte durchs Fenster reichen, und biß hinein, kaum
aber hatte es einen Bissen im Mund, so [v]fiel es todt zur Erde.

Die Königin aber freute sich, ging nach Haus und fragte den Spiegel:

„Spieglein, Spieglein an der Wand:
wer ist die schönste Frau in dem ganzen Land?"

da antworte er:

„Ihr, Frau Königin, seyd die schönste Frau im Land !"

„Nun hab ich Ruhe" sprach sie, „da ich wieder die schönste im Lande bin, und
Sneewittchen wird diesmal wohl todt bleiben."

Die Zwerglein kamen Abends aus den Bergwerken nach Haus, da lag das liebe Sneewittchen auf dem Boden und war todt. Sie schnürten es auf [und], sahen auch, ob sie nichts giftiges in seinen Haaren fänden, es half aber alles nichts, sie konnten es nicht wieder lebendig machen. Sie legten es auf eine Bahre, setzten sich alle sieben daran, weinten und weinten drei Tage lang, dann wollten sie es begraben, da sahen sie aber daß es noch frisch und gar nicht wie ein Todter aussah, und daß es auch seine schönen rothen Backen noch hatte. Da ließen sie einen Sarg von Glas machen, legten es hinein, daß man es recht sehen konnte, schrieben auch mit goldenen Buchstaben seinen Namen darauf und seine Abstammung, und einer blieb jeden Tag zu Haus und bewachte es.

So lag Sneewittchen lange, lange Zeit in dem Sarg und verweste nicht, war noch so weiß als Schnee, und so roth als Blut, und wenns die Aeuglein hätte können aufthun, wären sie so schwarz gewesen wie Ebenholz, denn es lag da, als wenn es schlief. Einmal kam ein junger Prinz zu dem Zwergenhaus und wollte darin übernachten, und wie er in die Stube kam und Sneewittchen in dem Glassarg liegen sah, auf das die sieben Lichtlein so recht ihren Schein warfen, konnt er sich nicht satt an seiner Schönheit sehen, und [las] fand die goldene Inschrift und [sah] las, daß es eine Königstochter war. Da bat er die Zwerglein, sie sollten ihm den Sarg mit dem todten Sneewittchen verkaufen, die wollten aber um alles Gold nicht; da bat er sie, sie mögten es ihm schenken, er könne nicht leben ohne es zu sehen, und er wolle es so hoch halten und ehren, wie sein Liebstes auf der Welt. Da waren die Zwerglein mitleidig und gaben ihm den Sarg, der Prinz aber ließ ihn in sein Schloß tragen, und ließ ihn in seine Stube setzen, er selber saß den ganzen Tag dabei, und konnte die Augen nicht abwenden; und wenn er aus mußte gehen und konnte Sneewittchen nicht sehen, ward er traurig, und er konnte auch keinen Bissen essen, wenn der Sarg nicht neben ihm stand. Die Diener aber, die beständig den Sarg herumtragen mußten, waren bös darüber, und einer machte einmal den Sarg auf, hob Sneewittchen in die Höh und sagte: um so eines todten Mädchens willen, werden wir den ganzen Tag geplagt und gab ihm mit der Hand einen Stumpf in den Rücken. Da fuhr ihm der garstige Apfelgrütz, den es abgebissen hatte, aus dem Hals, und da war Sneewittchen wieder lebendig. Da ging es hin zu dem Prinzen, der wußte gar nicht, was er vor Freuden thun sollte, als sein liebes Sneewittchen lebendig war, und sie setzten sich zusammen an die Tafel und aßen in Freuden.

Auf den andern Tag aber ward die Hochzeit bestellt, und Sneewittchens gottlose Mutter, auch eingeladen. Wie sie nun am Morgen vor dem [!] Spiegel trat und sprach:

„Spieglein, Spieglein an der Wand:
wer ist die schönste Frau in dem ganzen Land?"

da antwortete er:

„Frau Königin, Ihr seyd die schönste hier,
aber die junge Königin ist tausendmal schöner als Ihr!"

Als sie das hörte, erschrack sie, und es war ihr so Angst, so Angst, daß sie es nicht sagen konnte. Doch trieb sie der Neid, daß sie auf der Hochzeit die junge Königin sehen wollte, und wie sie ankam, sah sie, daß es Sneewittchen war; da waren eiserne Pantoffeln im Feuer glühend gemacht, die mußte sie anziehen und darin tanzen, und ihre Füße wurden jämmerlich verbrannt, und sie durfte nicht aufhören bis sie sich zu todt getanzt hatte.

3. „Sneewittchen" (1819)

Zitiert aus Heinz Rölleke (Hrsg.), *Brüder Grimm. Kinder- und Hausmärchen*. Nach der zweiten vermehrten und verbesserten Auflage von 1819. 2 Bde. Köln: Eugen Diederichs Verlag, 1982, Bd. 1, S. 185-193.

Es war einmal mitten im Winter und die Schneeflocken fielen wie Federn vom Himmel herab, da saß eine Königin an einem Fenster, das einen Rahmen von schwarzem Ebenholz hatte, und nähte. Und wie sie so nähte und nach dem Schnee aufblickte, stach sie sich mit der Nadel in den Finger und es fielen drei Tropfen Blut in den Schnee. Und weil das Rothe im weißen Schnee so schön aussah, dachte sie bei sich: „Hätt' ich ein Kind so weiß wie Schnee, so roth wie Blut und so schwarz wie der Rahmen!" Bald darauf bekam sie ein Töchterlein, das war so weiß wie Schnee, so roth wie Blut, und so schwarzhaarig wie Ebenholz und wurde darum das Sneewittchen (Schneeweißchen) genannt. Und wie das Kind geboren war, starb die Königin.

Über ein Jahr nahm sich der König eine andere Gemahlin, sie war eine schöne Frau, aber stolz auf ihre Schönheit, und konnte nicht leiden, daß sie von jemand darin sollte übertroffen werden. Sie hatte einen wunderbaren Spiegel, wenn sie vor den trat und sich darin beschaute, sprach sie:

„Spieglein, Spieglein an der Wand:
wer ist die schönste im ganzen Land?"

so antwortete er:

„Ihr, Frau Königin, seyd die schönste im Land."

Da war sie zufrieden, denn sie wußte, daß der Spiegel die Wahrheit sagte.

Sneewittchen aber wuchs heran und wurde immer schöner, und als es sieben Jahr alt war, war es so schön, wie der klare Tag und schöner als die Königin selbst. Wie diese nun ihren Spiegel wieder fragte:

„Spieglein, Spieglein an der Wand,
wer ist die schönste im ganzen Land?"

antwortete er:

„Frau Königin, ihr seyd die schönste hier,
aber Sneewittchen ist tausendmal schöner als ihr."

Als die Königin das hörte, erschrak sie und ward blaß vor Zorn und Neid. Von Stund an, wenn sie Sneewittchen erblickte, kehrte sich ihr das Herz im Leibe herum, so haßte sie es. Und der Neid und Hochmuth wuchsen und wurden so groß in ihr, daß sie ihr Tag und Nacht keine Ruh mehr ließen. Da rief sie einen Jäger und sprach: „Führ das Kind hinaus in den wilden Wald, ich wills nicht mehr vor meinen Augen sehen. Dort sollst du's tödten, und mir Lung und Leber zum Wahrzeichen mitbringen." Der Jäger gehorchte und führte Sneewittchen hinaus, als er nun den Hirschfänger gezogen hatte und ihm sein unschuldiges Herz durchstoßen wollte, fing es an zu weinen und sprach: „Ach, lieber Jäger, schenk mir mein Leben; ich will in den Wald laufen und nimmermehr wieder heim kommen." Und weil es so schön war, hatte der Jäger Mitleiden und sprach: „So lauf hin, du armes Kind." Die wilden Thiere werden dich bald gefressen haben, dachte er, und doch wars ihm, als wär ein Stein von seinem Herzen gewälzt, weil er es nicht zu tödten brauchte. Und weil gerade ein junger Frischling daher gesprungen kam, stach er ihn ab, nahm Lung und Leber heraus, und brachte sie als Wahrzeichen der Königin mit. Die ließ sie in ihrer Gier gleich in Salz kochen, aß sie auf und meinte, sie hätte Sneewittchens Lunge und Leber gegessen.

Nun war das arme Sneewittchen in dem großen Wald mutterseelig allein und ward ihm so Angst, daß es alle Blättchen an den Bäumen ansah und dachte, wie es sich helfen und retten sollte. Da fing es an zu laufen und lief über die spitzen Steine und durch die Dornen, und die wilden Thiere sprangen an ihm vorbei, aber sie thaten ihm nichts. Es lief, so lang nur die Füße noch fort konnten, bis es bald Abend werden wollte, da sah es ein kleines Häuschen und ging hinein sich zu ruhen. In dem Häuschen war alles klein, aber so zierlich und reinlich, daß es nicht zu sagen ist. Da stand ein weiß gedecktes Tischlein mit sieben kleinen Tellern, jedes Tellerlein mit seinem Löffelein, ferner sieben Messerlein und Gäblein und sieben Becherlein. An der Wand waren sieben Bettlein neben einander aufgestellt und schneeweiße Laken darüber. Sneewittchen, weil es so hungrig und durstig war, aß von jedem Tellerlein ein wenig Gemüs und Brot und trank aus jedem Becherlein einen Tropfen Wein; denn es wollte nicht einem allein alles wegnehmen. Hernach weil es so müde war, legte es sich in ein Bettchen, aber keins paßte für es, das eine war zu lang das andere zu kurz, bis endlich das siebente recht war und darin blieb es liegen, befahl sich Gott und schlief ein.

Als es nun ganz dunkel war, kamen die Herrn von dem Häuslein, das waren sieben Zwerge, die in den Bergen nach Erz hackten und gruben. Sie zündeten ihre sieben Lichtlein an und wie es nun hell im Häuslein ward, sahen sie, daß jemand darin gewesen, denn es stand nicht so alles in der Ordnung, wie sie es verlassen hatten. Der erste sprach: „Wer hat auf meinem Stühlchen gesessen?" Der zweite: „Wer hat von meinem Tellerchen gegessen?" Der dritte: „Wer hat von meinem Brötchen genommen?" Der vierte: „Wer hat von meinem Gemüschen gegessen?" Der fünfte: „Wer hat mit meinem Gäbelchen gestochen?" Der sechste: „Wer hat mit meinem Messerchen geschnitten?" Der siebente: „Wer hat aus meinem Becherlein getrunken?" Dann sah sich der erste um und sah, daß auf seinem Bett eine kleine Dälle war, da sprach er: „Wer hat in mein Bettchen getreten?" Die andern kamen gelaufen und riefen: „Ei! in meinem hat auch jemand gelegen!" Der siebente aber, als der in sein Bett sah, erblickte er Sneewittchen, das lag darin und schlief. Nun rief er die andern, die kamen herbeigelaufen und schrien vor Verwunderung, holten ihre sieben Lichtlein und beleuchteten das Sneewittchen. „Ei du mein Gott! ei du mein Gott!", riefen sie, „was ist das Kind schön!", und hatten so große Freude, daß sie es nicht aufweckten, sondern im Bettlein fortschlafen ließen. Der siebente Zwerg aber schlief bei seinen Gesellen, bei jedem eine Stunde, da war die Nacht herum.

Als es Morgen war, erwachte Sneewittchen und wie es die sieben Zwerge sah, erschrak es. Sie waren aber freundlich und fragten: „Wie heißt du?" – „Ich heiße Sneewittchen", antwortete es. „Wie bist du in unser Haus gekommen?", sprachen weiter die Zwerge. Da erzählte es ihnen, wie es seine Stiefmutter hätte wollen umbringen, der Jäger ihm aber das Leben geschenkt, und da wär es gelaufen den ganzen Tag bis es endlich ihr Häuslein gefunden. Die Zwerge sprachen: „Willst du unsern Haushalt versehen: kochen, betten, waschen, nähen und stricken, und willst du alles ordentlich und reinlich halten, so kannst du bei uns bleiben und es soll dir an nichts fehlen." Das versprach ihnen Sneewittchen. Da hielt es ihnen Haus, Morgens gingen sie in die Berge und suchten Erz und Gold, Abends kamen sie nach Haus und da mußte ihr Essen bereitet seyn. Den Tag über war das Mädchen allein, da warnten es die guten Zwerglein und sprachen: „Hüt dich vor deiner Stiefmutter, die wird bald wissen daß du hier bist, und laß niemand herein."

Die Königin aber, nachdem sie Sneewittchens Lunge und Leber glaubte gegessen zu haben, dachte nicht anders, als wieder die erste und allerschönste zu seyn, und trat vor ihren Spiegel und sprach:

„Spieglein, Spieglein an der Wand,
wer ist die schönste im ganzen Land?"

Da antwortete der Spiegel:

„Frau Königin, ihr seyd die schönste hier;
aber Sneewittchen über den Bergen
bei den sieben Zwergen
ist noch tausendmal schöner als ihr!"

Da erschrak sie, denn sie wußte, daß der Spiegel keine Unwahrheit sprach und merkte, daß der Jäger sie betrogen hatte und Sneewittchen noch im Leben war. Und da sie hörte, daß es über den sieben Bergen bei den sieben Zwergen war, sann sie aufs neue, wie sie es umbringen wollte, denn so lange sie nicht die schönste war im ganzen Land, ließ ihr der Neid keine Ruhe. Und als sie lange nachgedacht hatte, färbte sie sich das Gesicht und kleidete sich wie eine alte Krämerin an und war ganz unkenntlich. In dieser Gestalt ging sie über die sieben Berge hinaus zu dem Zwergenhaus, klopfte an die Thüre und rief: „Gute Waare feil! feil!" Sneewittchen guckte zum Fenster heraus und rief: „Guten Tag, liebe Frau, was habt ihr denn zu verkaufen?" – „Gute Waare, schöne Waare", antwortete sie, „Schnürriemen von allen Farben", dabei holte sie einen bunten von Seide hervor und zeigte ihn. Die gute Frau kann ich herein lassen, dachte Sneewittchen, die meints redlich: riegelte die Thüre auf und kaufte sich den bunten Schnürriemen. „Wart, Kind", sprach die Alte, „wie bist du geschnürt! Komm, ich will dich einmal ordentlich schnüren." Sneewittchen dachte an nichts böses, stellte sich vor sie und ließ sich mit dem neuen Schnürriemen schnüren; aber die Alte schnürte mit schnellen Fingern und schnürte so fest, daß dem Sneewittchen der Athem verging und es für todt hinfiel. „Nun ists aus mit deiner Schönheit", sprach das böse Weib und ging fort.

Nicht lange darauf, zur Abendzeit, kamen die sieben Zwerge nach Haus, aber wie erschraken sie, als sie ihr liebes Sneewittchen auf der Erde liegen fanden, das sich nicht regte und nicht bewegte, als wär es todt! Sie hoben es in die Höhe, da sahen sie, daß es zu fest geschnürt war und schnitten den Schnürriemen entzwei: da fing es an ein wenig zu athmen und ward nach und nach wieder lebendig. Als die Zwerge von ihm hörten, was geschehen war, sprachen sie: „Die alte Krämerfrau war niemand als die Königin, hüt dich und laß keinen Menschen herein, wenn wir nicht bei dir sind."

Das böse Weib aber, als es nach Haus gekommen war, ging vor den Spiegel und fragte:

„Spieglein, Spieglein an der Wand,
Wer ist die schönste im ganzen Land?"

Da antwortete er:

„Frau Königin, ihr seyd die schönste hier;
aber Sneewittchen über den Bergen
bei den sieben Zwergen
ist noch tausendmal schöner als ihr."

Als sie das hörte, lief ihr das Blut all zum Herzen, so erschrak sie, denn sie sah, daß Sneewittchen doch wieder lebendig geworden war. Nun sann sie aufs neue, was sie anfangen wollte, um es zu tödten, und machte einen giftigen Kamm. Dann verkleidete sie sich und nahm wieder die Gestalt einer armen Frau, aber einer ganz anderen, an. So ging sie hinaus über die sieben Berge zum Zwergenhaus, klopfte an die Thüre und rief: „Gute Waare feil! feil!" Sneewittchen schaute heraus und sprach: „Ich darf niemand hereinlassen." Die Alte aber rief: „Sieh einmal die schönen Kämme", zog den giftigen heraus und zeigte ihn. Der gefiel dem Kind so gut, daß es sich bethören ließ und die Thür öffnete. Als es den Kamm gekauft hatte, sprach die Alte: „Nun will ich dich auch kämmen." Sneewittchen dachte an nichts böses, aber die Alte steckte ihm den Kamm in die Haare, alsbald wirkte das Gift darin so heftig, daß es todt niederfiel. „Nun wirst du liegen bleiben", sprach sie und ging fort. Zum Glück aber war es bald Abend, wo die sieben Zwerglein nach Haus kamen; als sie das Sneewittchen wie todt auf der Erde liegen sahen, dachten sie gleich, die böse Stiefmutter hätte es wieder umbringen wollen, suchten und fanden den giftigen Kamm; und wie sie ihn herausgezogen, kam es wieder zu sich und erzählte ihnen, was vorgegangen war. Da warnten sie es noch einmal auf seiner Hut zu seyn und niemand die Thüre zu öffnen.

Die Königin aber stellte sich daheim vor den Spiegel und sprach:

„Spieglein, Spieglein an der Wand,
Wer ist die schönste im ganzen Land?"

Da antwortete er, wie vorher:

„Frau Königin, ihr seyd die schönste hier;
aber Sneewittchen über den Bergen
bei den sieben Zwergen
ist noch tausendmal schöner als ihr."

Bei diesen Worten zitterte und bebte sie vor Zorn und sprach: „So soll das Sneewittchen noch sterben und wenn es mein Leben kostet!" Darauf ging sie in eine ganz verborgene einsame Kammer, wo niemand hinkam, und machte da einen giftigen, giftigen Apfel. Äußerlich sah er schön aus mit rothen Backen, daß jeder, der ihn erblickte, eine Lust darnach bekam, aber wer ein Stückchen davon aß, der mußte sterben. Als der Apfel fertig war, färbte sie sich das Gesicht und verkleidete sich in eine Bauersfrau und so ging sie über die sieben Berge zu dem Zwergenhaus und klopfte an. Sneewittchen streckte den Kopf zum Fenster heraus und sprach: „Ich darf keinen Menschen einlassen, die Zwerge haben mir's verboten." – „Nun wenn du nicht willst", antwortete die Bäurin,

„so ists auch gut; meine Äpfel will ich schon los werden. Da, einen will ich dir schenken." – „Nein", sprach Sneewittchen, „ich darf nichts annehmen." „Ei, du fürchtest dich wohl vor Gift; da, den rothen Backen beiß du ab, ich will den weißen essen", sprach die Alte. Der Apfel war aber so künstlich gemacht, daß der rothe Backen nur vergiftet war. Sneewittchen lusterte den schönen Apfel an und als es sah, daß die Bäurin davon aß, so konnte es nicht länger widerstehen, streckte die Hand hinaus und ließ ihn sich geben. Kaum aber hatte es einen Bissen davon im Mund, so fiel es todt zur Erde nieder. Da sprach die Königin: „Diesmal wird dich niemand erwecken", ging heim und fragte den Spiegel:

„Spieglein, Spieglein an der Wand,
    wer ist die schönste im ganzen Land?"

Da antwortete der Spiegel endlich:

„Ihr, Frau Königin, seyd die schönste im Land."

Und ihr neidisches Herz hatte Ruhe, so gut es Ruhe haben konnte.

Die Zwerglein, wie sie Abends nach Haus kamen, fanden sie das Sneewittchen auf der Erde liegen, und regte sich kein Athem mehr und es war todt. Sie hoben es auf, suchten ob sie was giftiges fänden, schnürten es auf, kämmten ihm die Haare, wuschen es mit Wasser und Wein, aber es half alles nichts, das liebe Kind war todt und blieb todt. Sie legten es darauf in eine Bahre und setzten sich alle siebene daran und beweinten es und weinten drei Tage lang. Da wollten sie es begraben, aber es sah noch frisch aus wie ein lebender Mensch und hatte noch seine schönen rothen Backen und sie sprachen: „Das können wir nicht in die schwarze Erde versenken." Sie ließen einen Sarg von Glas machen, daß man es recht sehen könnte, legten es hinein und schrieben mit goldenen Buchstaben seinen Namen darauf und daß es eine Königstochter wäre. Dann setzten sie den Sarg hinaus auf den Berg und einer von ihnen blieb immer dabei und bewachte ihn. Und die Thiere kamen auch und beweinten das Sneewittchen, erst eine Eule, dann ein Rabe, zuletzt ein Täubchen.

Nun lag Sneewittchen lange, lange Zeit in dem Sarg und verweste nicht, sondern sah noch aus als wenn es lebte und da schlief, denn es war noch so weiß als Schnee, so roth als Blut und so schwarzhaarig wie Ebenholz. Es geschah aber, daß ein Königssohn in den Wald gerieth und zu dem Zwergenhaus kam, da zu übernachten. Der sah auf dem Berg den Sarg und Sneewittchen darin und las, was mit goldenen Buchstaben darauf geschrieben war. Da sprach er zu den Zwergen: „Laßt mir den Sarg, ich will euch geben, was ihr dafür haben wollt." Aber die Zwerge antworteten: „Wir geben ihn nicht um alles Gold in der Welt." Da sprach er: „So schenkt mir ihn, denn ich kann nicht leben, ohne

Sneewittchen zu sehen, ich will es ehren und hochhalten, wie mein Liebstes." Wie er so sprach, empfanden die guten Zwerglein Mitleiden mit ihm und gaben ihm den Sarg. Der Königssohn ließ ihn nun von seinen Dienern auf den Schultern forttragen. Da geschah es, daß sie über einen Strauch stolperten und von dem Schüttern fuhr der giftige Apfelgrütz, den das Sneewittchen abgebissen hatte, aus dem Hals und es ward wieder lebendig und richtete sich auf. Da sprach es: „Ach Gott! wo bin ich?" Aber der Königssohn sagte voll Freude: „Du bist bei mir", und erzählte ihm, was sich zugetragen hatte und sprach: „Ich habe dich lieber, als alles auf der Welt, komm mit mir in meines Vaters Schloß, du sollst meine Gemahlin werden." Da war ihm das Sneewittchen gut und ging mit ihm und zu ihrer Hochzeit ward alles mit großer Pracht und Herrlichkeit angeordnet.

Zu dem Fest war aber auch Sneewittchens gottlose Stiefmutter eingeladen. Wie sie sich nun mit schönen Kleidern angethan hatte, trat sie vor den Spiegel und sprach:

„Spieglein, Spieglein an der Wand,
wer ist die schönste im ganzen Land?'

Da antwortete der Spiegel:

„Frau Königin, ihr seyd die schönste hier,
aber die junge Königin ist tausendmal schöner als ihr!"

Wie das böse Weib das hörte, erschrak sie und ward ihr so angst, so angst, daß sie es nicht sagen konnte. Sie wollte gar nicht auf die Hochzeit kommen und doch trieb sie der Neid, daß sie die junge Königin sehen wollte. Und wie sie hineintrat, sah sie, daß es niemand anders, als Sneewittchen war und vor Schrecken konnte sie sich nicht regen. Aber es standen schon eiserne Pantoffeln über Kohlenfeuer, und wie sie glühten, wurden sie hereingebracht und sie mußte die feuerrothen Schuhe anziehen und darin tanzen, daß ihr die Füße jämmerlich verbrannt wurden, und ehr durfte sie nicht aufhören, als bis sie sich zu todt getanzt hatte.

4. „Sneewittchen" (1857)

Zitiert aus Heinz Rölleke (Hrsg.), *Brüder Grimm. Kinder- und Hausmärchen. Ausgabe letzter Hand [7. Auflage 1857].* 3 Bde. Stuttgart: Philipp Reclam, 1997, Bd. 1, S. 269-278.

Es war einmal mitten im Winter, und die Schneeflocken fielen wie Federn vom Himmel herab, da saß eine Königin an einem Fenster, das einen Rahmen von schwarzem Ebenholz hatte, und nähte. Und wie sie so nähte und nach dem Schnee aufblickte, stach sie sich mit der Nadel in den Finger, und es fielen drei Tropfen Blut in den Schnee. Und weil das Rote im weißen Schnee so schön aussah, dachte sie bei sich: „Hätt ich ein Kind so weiß wie Schnee, so rot wie Blut und so schwarz wie das Holz an dem Rahmen." Bald darauf bekam sie ein Töchterlein, das war so weiß wie Schnee, so rot wie Blut und so schwarzhaarig wie Ebenholz, und ward darum das Sneewittchen (Schneeweißchen) genannt. Und wie das Kind geboren war, starb die Königin.

Über ein Jahr nahm sich der König eine andere Gemahlin. Es war eine schöne Frau, aber sie war stolz und übermütig und konnte nicht leiden, daß sie an Schönheit von jemand sollte übertroffen werden. Sie hatte einen wunderbaren Spiegel, wenn sie vor den trat und sich darin beschaute, sprach sie:

> „Spieglein, Spieglein an der Wand,
> wer ist die schönste im ganzen Land?"

So antwortete der Spiegel:

> „Frau Königin, Ihr seid die schönste im Land."

Da war sie zufrieden, denn sie wußte, daß der Spiegel die Wahrheit sagte.

Sneewittchen aber wuchs heran und wurde immer schöner, und als es sieben Jahr alt war, war es so schön wie der klare Tag und schöner als die Königin selbst. Als diese einmal ihren Spiegel fragte:

> „Spieglein, Spieglein an der Wand,
> wer ist die schönste im ganzen Land?",

so antwortete er:

> „Frau Königin, Ihr seid die schönste hier,
> aber Sneewittchen ist tausendmal schöner als Ihr."

Da erschrak die Königin und ward gelb und grün vor Neid. Von Stund an, wenn sie Sneewittchen erblickte, kehrte sich ihr das Herz im Leibe herum, so haßte sie das Mädchen. Und der Neid und Hochmut wuchsen wie ein Unkraut in ihrem Herzen immer höher, daß sie Tag und Nacht keine Ruhe mehr hatte. Da rief sie einen Jäger und sprach: „Bring das Kind hinaus in den Wald, ich will's nicht mehr vor meinen Augen sehen. Du sollst es töten und mir Lunge und Leber zum Wahrzeichen mitbringen." Der Jäger gehorchte und führte es hinaus, und als er den Hirschfänger gezogen hatte und Sneewittchens unschuldiges Herz durchbohren wollte, fing es an zu weinen und sprach: „Ach, lieber Jäger, laß mir mein Leben, ich will in den wilden Wald laufen und nimmermehr wieder heimkommen." Und weil es so schön war, hatte der Jäger Mitleiden und sprach: „So lauf hin, du armes Kind." „Die wilden Tiere werden dich bald gefressen haben", dachte er, und doch war's ihm, als wär ein Stein von seinem Herzen gewälzt, weil er es nicht zu töten brauchte. Und als gerade ein junger Frischling dahergesprungen kam, stach er ihn ab, nahm Lunge und Leber heraus und brachte sie als Wahrzeichen der Königin mit. Der Koch mußte sie in Salz kochen, und das boshafte Weib aß sie auf und meinte, sie hätte Sneewittchens Lunge und Leber gegessen.

Nun war das arme Kind in dem großen Wald mutterselig allein, und ward ihm so angst, daß es alle Blätter an den Bäumen ansah und nicht wußte, wie es sich helfen sollte. Da fing es an zu laufen und lief über die spitzen Steine und durch die Dornen, und die wilden Tiere sprangen an ihm vorbei, aber sie taten ihm nichts. Es lief, solange nur die Füße noch fort konnten, bis es bald Abend werden wollte, da sah es ein kleines Häuschen und ging hinein, sich zu ruhen. In dem Häuschen war alles klein, aber so zierlich und reinlich, daß es nicht zu sagen ist. Da stand ein weiß gedecktes Tischlein mit sieben kleinen Tellern, jedes Tellerlein mit seinem Löffelein, ferner sieben Messerlein und Gäblein und sieben Becherlein. An der Wand waren sieben Bettlein nebeneinander aufgestellt und schneeweiße Laken darübergedeckt. Sneewittchen, weil es so hungrig und durstig war, aß von jedem Tellerlein ein wenig Gemüs und Brot und trank aus jedem Becherlein einen Tropfen Wein; denn es wollte nicht einem allein alles wegnehmen. Hernach, weil es so müde war, legte es sich in ein Bettchen, aber keins paßte; das eine war zu lang, das andere zu kurz, bis endlich das siebente recht war: und darin blieb es liegen, befahl sich Gott und schlief ein.

Als es ganz dunkel geworden war, kamen die Herren von dem Häuslein, das waren die sieben Zwerge, die in den Bergen nach Erz hackten und gruben. Sie zündeten ihre sieben Lichtlein an, und wie es nun hell im Häuslein ward, sahen sie, daß jemand darin gewesen war, denn es stand nicht alles so in der Ordnung, wie sie es verlassen hatten. Der erste sprach: „Wer hat auf meinem Stühlchen gesessen?" Der zweite: „Wer hat von meinem Tellerchen gegessen?" Der dritte: „Wer hat von meinem Brötchen genommen?" Der vierte: „Wer hat von meinem Gemüschen gegessen?" Der fünfte: „Wer hat mit meinem Gäbelchen gestochen?" Der sechste: „Wer hat mit meinem Messerchen geschnitten?" Der siebente: „Wer hat aus meinem Becherlein getrunken?" Dann sah sich der erste um und sah, daß auf seinem Bett eine kleine Dälle war, da sprach er: „Wer hat in mein Bettchen getreten?" Die andern kamen gelaufen und riefen: „In meinem hat auch jemand gelegen." Der siebente aber, als er in sein Bett sah, erblickte Sneewittchen, das lag darin und schlief. Nun rief er die andern, die kamen herbeigelaufen und schrien vor Verwunderung, holten ihre sieben Lichtlein und beleuchteten Sneewittchen. „Ei, du mein Gott! Ei, du mein Gott!" riefen sie. „Was ist das Kind so schön!" Und hatten so große Freude, daß sie es nicht aufweckten, sondern im Bettlein fortschlafen ließen. Der siebente Zwerg aber schlief bei seinen Gesellen, bei jedem eine Stunde, da war die Nacht herum.

Als es Morgen war, erwachte Sneewittchen, und wie es die sieben Zwerge sah, erschrak es. Sie waren aber freundlich und fragten: „Wie heißt du?" „Ich heiße Sneewittchen", antwortete es. „Wie bist du in unser Haus gekommen?" sprachen weiter die Zwerge. Da erzählte es ihnen, daß seine Stiefmutter es hätte wollen umbringen lassen, der Jäger hätte ihm aber das Leben geschenkt, und da war es gelaufen den ganzen Tag, bis es endlich ihr Häuslein gefunden hätte. Die Zwerge sprachen: „Willst du unsern Haushalt versehen, kochen, betten, waschen, nähen und stricken, und willst du alles ordentlich und reinlich halten, so kannst du bei uns bleiben, und es soll dir an nichts fehlen." „Ja", sagte Sneewittchen, „von Herzen gern", und blieb bei ihnen. Es hielt ihnen das Haus in Ordnung; morgens gingen sie in die Berge und suchten Erz und Gold, abends kamen sie wieder, und da mußte ihr Essen bereit sein. Den Tag über war das Mädchen allein, da warnten es die guten Zwerglein und sprachen: „Hüte dich vor deiner Stiefmutter, die wird bald wissen, daß du hier bist; laß ja niemand herein."

Die Königin aber, nachdem sie Sneewittchens Lunge und Leber glaubte gegessen zu haben, dachte nicht anders, als sie wäre wieder die erste und allerschönste, trat vor ihren Spiegel und sprach:

„Spieglein, Spieglein an der Wand,
wer ist die schönste im ganzen Land?"

Da antwortete der Spiegel:

„Frau Königin, Ihr seid die schönste hier,
aber Sneewittchen über den Bergen
bei den sieben Zwergen
ist noch tausendmal schöner als Ihr."

Da erschrak sie, denn sie wußte, daß der Spiegel keine Unwahrheit sprach, und merkte, daß der Jäger sie betrogen hatte und Sneewittchen noch am Leben war. Und da sann und sann sie aufs neue, wie sie es umbringen wollte; denn solange sie nicht die schönste war im ganzen Land, ließ ihr der Neid keine Ruhe. Und als sie sich endlich etwas ausgedacht hatte, färbte sie sich das Gesicht und kleidete sich wie eine alte Krämerin, und war ganz unkenntlich. In dieser Gestalt ging sie über die sieben Berge zu den sieben Zwergen, klopfte an die Türe und rief: „Schöne Ware feil! feil!" Sneewittchen guckte zum Fenster heraus und rief: „Guten Tag, liebe Frau, was habt Ihr zu verkaufen?" „Gute Ware, schöne Ware", antwortete sie, „Schnürriemen von allen Farben", und holte einen hervor, der aus bunter Seide geflochten war. „Die ehrliche Frau kann ich hereinlassen", dachte Sneewittchen, riegelte die Türe auf und kaufte sich den hübschen Schnürriemen. „Kind", sprach die Alte, „wie du aussiehst! Komm, ich will dich einmal ordentlich schnüren." Sneewittchen hatte kein Arg, stellte sich vor sie und ließ sich mit dem neuen Schnürriemen schnüren; aber die Alte schnürte geschwind und schnürte so fest, daß dem Sneewittchen der Atem verging und es für tot hinfiel. „Nun bist du die schönste gewesen", sprach sie und eilte hinaus.

Nicht lange darauf, zur Abendzeit, kamen die sieben Zwerge nach Haus, aber wie erschraken sie, als sie ihr liebes Sneewittchen auf der Erde liegen sahen; und es regte und bewegte sich nicht, als wäre es tot. Sie hoben es in die Höhe, und weil sie sahen, daß es zu fest geschnürt war, schnitten sie den Schnürriemen entzwei: da fing es an, ein wenig zu atmen, und ward nach und nach wieder lebendig. Als die Zwerge hörten, was geschehen war, sprachen sie: „Die alte Krämerfrau war niemand als die gottlose Königin; hüte dich und laß keinen Menschen herein, wenn wir nicht bei dir sind."

Das böse Weib aber, als es nach Haus gekommen war, ging vor den Spiegel und fragte:

„Spieglein, Spieglein an der Wand,
wer ist die schönste im ganzen Land?"

Da antwortete er wie sonst:

„Frau Königin, Ihr seid die schönste hier,
aber Sneewittchen über den Bergen
bei den sieben Zwergen
ist noch tausendmal schöner als Ihr."

Als sie das hörte, lief ihr alles Blut zum Herzen, so erschrak sie, denn sie sah wohl, daß Sneewittchen wieder lebendig geworden war. „Nun aber", sprach sie, „will ich etwas aussinnen, das dich zugrunde richten soll", und mit Hexenkünsten, die sie verstand, machte sie einen giftigen Kamm. Dann verkleidete sie sich und nahm die Gestalt eines andern alten Weibes an. So ging sie hin über die sieben Berge zu den sieben Zwergen, klopfte an die Türe und rief: „Gute Ware feil! feil!" Sneewittchen schaute heraus und sprach: „Geht nur weiter, ich darf niemand hereinlassen." „Das Ansehen wird dir doch erlaubt sein", sprach die Alte, zog den giftigen Kamm heraus und hielt ihn in die Höhe. Da gefiel er dem Kinde so gut, daß es sich betören ließ und die Türe öffnete. Als sie des Kaufs einig waren, sprach die Alte: „Nun will ich dich einmal ordentlich kämmen." Das arme Sneewittchen dachte an nichts und ließ die Alte gewähren, aber kaum hatte sie den Kamm in die Haare gesteckt, als das Gift darin wirkte und das Mädchen ohne Besinnung niederfiel. „Du Ausbund von Schönheit", sprach das boshafte Weib, „jetzt ist's um dich geschehen", und ging fort. Zum Glück aber war es bald Abend, wo die sieben Zwerglein nach Haus kamen. Als sie Sneewittchen wie tot auf der Erde liegen sahen, hatten sie gleich die Stiefmutter in Verdacht, suchten nach und fanden den giftigen Kamm, und kaum hatten sie ihn herausgezogen, so kam Sneewittchen wieder zu sich und erzählte, was vorgegangen war. Da warnten sie es noch einmal, auf seiner Hut zu sein und niemand die Türe zu öffnen.

Die Königin stellte sich daheim vor den Spiegel und sprach:

„Spieglein, Spieglein an der Wand,
wer ist die schönste im ganzen Land?"

Da antwortete er wie vorher:

„Frau Königin, Ihr seid die schönste hier,
aber Sneewittchen über den Bergen
bei den sieben Zwergen
ist doch noch tausendmal schöner als Ihr."

Als sie den Spiegel so reden hörte, zitterte und bebte sie vor Zorn. „Sneewittchen soll sterben", rief sie, „und wenn es mein eignes Leben kostet." Darauf ging sie in eine ganz verborgene einsame Kammer, wo niemand hinkam, und machte da einen giftigen, giftigen Apfel. Äußerlich sah er schön aus, weiß mit roten Backen, daß jeder, der ihn erblickte, Lust danach bekam, aber wer ein Stückchen davon aß, der mußte sterben. Als der Apfel fertig war, färbte sie sich das Gesicht und verkleidete sich in eine Bauersfrau, und so ging sie über die sieben Berge zu den sieben Zwergen. Sie klopfte an, Sneewittchen streckte den Kopf zum Fenster heraus und sprach: „Ich darf keinen Menschen einlassen, die sieben Zwerge haben mir's verboten." „Mir auch recht", antwortete die Bäurin, „meine Äpfel will ich schon loswerden. Da, einen will ich dir schenken." „Nein", sprach Sneewittchen, „ich darf nichts annehmen." „Fürchtest du dich vor Gift?" sprach die Alte. „Siehst du, da schneide ich den Apfel in zwei Teile; den roten Backen iß du, den weißen will ich essen." Der Apfel war aber so künstlich gemacht, daß der rote Backen allein vergiftet war. Sneewittchen lusterte den schönen Apfel an, und als es sah, daß die Bäurin davon aß, so konnte es nicht länger widerstehen, streckte die Hand hinaus und nahm die giftige Hälfte. Kaum aber hatte es einen Bissen davon im Mund, so fiel es tot zur Erde nieder. Da betrachtete es die Königin mit grausigen Blicken und lachte überlaut und sprach: „Weiß wie Schnee, rot wie Blut, schwarz wie Ebenholz! Diesmal können dich die Zwerge nicht wieder erwecken." Und als sie daheim den Spiegel befragte:

„Spieglein, Spieglein an der Wand,
wer ist die schönste im ganzen Land?",

so antwortete er endlich:

„Frau Königin, Ihr seid die schönste im Land."

Da hatte ihr neidisches Herz Ruhe, so gut ein neidisches Herz Ruhe haben kann.

Die Zwerglein, wie sie abends nach Haus kamen, fanden Sneewittchen auf der Erde liegen, und es ging kein Atem mehr aus seinem Mund, und es war tot. Sie hoben es auf, suchten, ob sie was Giftiges fänden, schnürten es auf, kämmten ihm die Haare, wuschen es mit Wasser und Wein, aber es half alles nichts; das liebe Kind war tot und blieb tot. Sie legten es auf eine Bahre und setzten sich alle siebene daran und beweinten es, und weinten drei Tage lang. Da wollten sie es begraben, aber es sah noch so frisch aus wie ein lebender Mensch und hatte noch seine schönen roten Backen. Sie sprachen: „Das können wir nicht in die schwarze Erde versenken", und ließen einen durchsichtigen Sarg von Glas machen, daß man es von allen Seiten sehen konnte, legten es hinein und schrieben mit goldenen Buchstaben seinen Namen darauf, und daß es eine Königstochter wäre. Dann setzten sie den Sarg hinaus auf den Berg, und einer von ihnen blieb immer dabei und bewachte ihn. Und die Tiere kamen auch und beweinten Sneewittchen, erst eine Eule, dann ein Rabe, zuletzt ein Täubchen.

Nun lag Sneewittchen lange, lange Zeit in dem Sarg und verweste nicht, sondern sah aus, als wenn es schliefe, denn es war noch so weiß als Schnee, so rot als Blut und so schwarzhaarig wie Ebenholz. Es geschah aber, daß ein Königssohn in den Wald geriet und zu dem Zwergenhaus kam, da zu übernachten. Er sah auf dem Berg den Sarg, und das schöne Sneewittchen darin, und las, was mit goldenen Buchstaben darauf geschrieben war. Da sprach er zu den Zwergen: „Laßt mir den Sarg, ich will euch geben, was ihr dafür haben wollt." Aber die Zwerge antworteten: „Wir geben ihn nicht um alles Gold in der Welt." Da sprach er: „So schenkt mir ihn, denn ich kann nicht leben, ohne Sneewittchen zu sehen, ich will es ehren und hochachten wie mein Liebstes." Wie er so sprach, empfanden die guten Zwerglein Mitleiden mit ihm und gaben ihm den Sarg. Der Königssohn ließ ihn nun von seinen Dienern auf den Schultern forttragen. Da geschah es, daß sie über einen Strauch stolperten, und von dem Schüttern fuhr der giftige Apfelgrütz, den Sneewittchen abgebissen hatte, aus dem Hals. Und nicht lange, so öffnete es die Augen, hob den Deckel vom Sarg in die Höhe und richtete sich auf, und war wieder lebendig. „Ach Gott, wo bin ich?" rief es. Der Königssohn sagte voll Freude: „Du bist bei mir", und erzählte, was sich zugetragen hatte, und sprach: „Ich habe dich lieber als alles auf der Welt; komm mit mir in meines Vaters Schloß, du sollst meine Gemahlin werden." Da war ihm Sneewittchen gut und ging mit ihm, und ihre Hochzeit ward mit großer Pracht und Herrlichkeit angeordnet.

Zu dem Fest wurde aber auch Sneewittchens gottlose Stiefmutter eingeladen. Wie sie sich nun mit schönen Kleidern angetan hatte, trat sie vor den Spiegel und sprach:

„Spieglein, Spieglein an der Wand,
    wer ist die schönste im ganzen Land?"

Der Spiegel antwortete:

„Frau Königin, Ihr seid die schönste hier,
    aber die junge Königin ist tausendmal schöner als Ihr."

Da stieß das böse Weib einen Fluch aus, und ward ihr so angst, so angst, daß sie sich nicht zu lassen wußte. Sie wollte zuerst gar nicht auf die Hochzeit kommen; doch ließ es ihr keine Ruhe, sie mußte fort und die junge Königin sehen. Und wie sie hineintrat, erkannte sie Sneewittchen, und vor Angst und Schrecken stand sie da und konnte sich nicht regen. Aber es waren schon eiserne Pantoffeln über Kohlenfeuer gestellt und wurden mit Zangen hereingetragen und vor sie hingestellt. Da mußte sie in die rotglühenden Schuhe treten und so lange tanzen, bis sie tot zur Erde fiel.

5. „Schneeweißchen" (1857, zuerst 1845)

Zitiert aus Walter Scherf (Hrsg.), *Ludwig Bechstein. Deutsches Märchenbuch. Ausgabe letzter Hand [1857]*. München: Winkler-Verlag, 1965, S. 231-241. Zweimal heißt es in den Versen „die Schönste" und sonst immer „die Schönst".

Es war einmal eine Königin, die hatte keine Kinder und wünschte sich eins, weil sie so ganz einsam war. Da sie nun eines Tages an einer Stickerei saß, und den Rahmen von schwarzem Ebenholz betrachtete, während es schneite und Schneeflocken vom Himmel fielen, war sie in so tiefen Gedanken, daß sie sich heftig in die Finger stach, so daß drei Blutstropfen auf den weißen Schnee fielen; und da mußte sie wieder daran denken, daß sie kein Kind hatte. „Ach!" seufzte die Königin, „hätte ich doch ein Kind, so rot wie Blut, so weiß wie Schnee, so schwarz wie Ebenholz!"

Und nach einer Zeit bekam diese Königin ein Kind, ein Mägdlein. Das war so weiß wie Schnee an seinem Leibe, und seine Wangen blüheten wie blutrote Röselein, und seine Haare waren so schwarz wie Ebenholz. Die Königin freute sich, nannte das Kind Schneeweißchen, und bald darauf starb sie. Da der König nun ein Witwer geworden war und kein Witwer bleiben wollte, so nahm er sich eine andre Gemahlin, das war ein stattliches Weib voll hoher Schönheit, aber auch voll unsäglichen Stolzes, und auch so eitel, daß sie sich für die schönste Frau in der ganzen Welt hielt. Dazu war sie zumal durch einen Zauberspiegel verleitet, der sagte ihr immer, wenn sie hineinsah und fragte:

„Spieglein, Spieglein an der Wand
Wer ist die Schönste im ganzen Land?"
„Ihr, Frau Königin, seid die Schönst im Land."

Und der Spiegel schmeichelte doch nicht, sondern sagte die Wahrheit wie jeder Spiegel.

Das kleine Schneeweißchen, der Königin Stieftochter, wuchs heran und wurde die schönste Prinzessin, die es nur geben konnte, und wurde noch viel schöner wie die schöne Königin. Diese fragte, als das Schneeweißchen sieben Jahre alt war, einmal wieder ihren treuen Spiegel:

„Spieglein, Spieglein an der Wand,
Wer ist die Schönst im ganzen Land?"

aber da antwortete der Spiegel nicht wie sonst, sondern er antwortete:

„Frau Königin, Ihr seid die Schönste hier,
Aber Schneeweißchen ist tausendmal schöner als Ihr."

Darüber erschrak die Königin zum Tode, und war ihr, als kehre sich ihr ein Messer im Busen um, und da kehrte sich auch ihr Herz um gegen das unschuldige Schneeweißchen, das nichts zu seiner übergroßen Schönheit konnte. Und weil sie weder Tag noch Nacht Ruhe hatte vor ihrem bösen neidischen Herzen, so berief sie ihren Jäger zu sich und sprach: „Dieses Kind, das Schneeweißchen, sollst du in den dichten Wald führen und es töten. Bringe mir Lunge und Leber zum Wahrzeichen, daß du mein Gebot vollzogen!"

Und da mußte das arme Schneeweißchen dem Jäger in den wilden Wald folgen, und im tiefsten Dickicht zog er seine Wehr und wollte das Kind durchstoßen. Das Schneeweißchen weinte jämmerlich und flehte, es doch leben zu lassen, es habe ja nichts verbrochen, und die Tränen und der Jammer des unschuldigen Kindes rührten den Jäger auf das innigste, so daß er bei sich dachte: Warum soll ich mein Gewissen beladen, und dies schöne unschuldige Kind ermorden? Nein, ich will es lieber laufen lassen! Fressen es die wilden Tiere, wie sie wohl tun werden, so mag das die Frau Königin vor Gott verantworten. Und da ließ er Schneeweißchen laufen, wohin es wollte, fing ein junges Wild, stach es ab, und weidete es aus, und brachte Lunge und Leber der bösen Königin. Die nahm beides und briet es in Salz und Schmalz und verzehrte es, und war froh, daß sie, wie sie vermeinte, nun wieder allein die Schönste sei im ganzen Lande.

Schneeweißchen im Walde wurde bald angst und bange, wie es so mutterseelenallein durch das Dickicht schritt, und wie es zum ersten Male die harten spitzen Steine fühlte, wie die Dornen ihm das Kleid zerrissen, und vollends, als es zum ersten Male wilde Tiere sah. Aber die wilden Tiere taten ihm gar nichts zu Leide; sie sahen Schneeweißchen an, und fuhren in die Büsche. Und das Mägdlein ging den ganzen Tag und ging über sieben Berge.

Des Abends kam Schneeweißchen an ein kleines Häuschen mitten im Walde, da ging es hinein, sich auszuruhen, denn es war sehr müde, war auch sehr hungrig und sehr durstig. Darinnen in dem kleinen kleinen Häuschen war alles gar zu niedlich und zierlich und dabei sehr sauber. Es stand ein kleines Tischlein in der Stube, das war schneeweiß gedeckt, und darauf standen und lagen sieben Tellerchen, auf jedem ein wenig Gemüse und Brot, sieben Löffelchen, sieben Paar Messerchen und Gäbelchen, sieben Becherchen. Und an der Wand standen sieben Bettchen, alle blütenweiß überzogen. Da aß nun das hungrige Schneeweißchen von den sieben Tellerchen, nur ein Kleinwenig von jedem, und trank aus jedem Becherchen ein Tröpflein Wein. Dann legte es sich in eins der sieben Bettchen, um zu ruhen, aber das Bettchen war zu klein, und sie mußte es in einem andern probieren, doch wollte keins recht passen, bis zuletzt das siebente, das paßte, da hinein schlüpfte Schneeweißchen, deckte sich zu, betete zu Gott und schlief ein, tief und fest wie fromme Kinder, die gebetet haben, schlafen.

Derweil wurde es Nacht, und da kamen die Häuschensherren, sieben kleine Bergmännerchen, jedes mit einem brennenden Grubenlichtchen vorn am Gürtel, und da sahen sie gleich, daß eins dagewesen war. Der erste fing an zu fragen: „Wer hat auf meinem Stühlchen gesessen?" Der zweite fragte: „Wer hat von meinem Tellerchen gegessen?" Der dritte fragte: „Wer hat von meinem Brötchen gebrochen?" Der vierte: „Wer hat von meinem Gemüslein geleckt?" Der fünfte: „Wer hat mit meinem Messerchen geschnitten?" Der sechste: „Wer hat mit meinem Gäbelchen gestochen?" und der siebente fragte: „Wer hat aus meinem Becherchen getrunken?" Wie die Zwerglein also gefragt hatten, sahen sie sich nach ihren Bettchen um, und fragten: „Wer hat in unsern Bettchen gelegen?" bis auf den siebenten, der fragte nicht so, sondern: „Wer liegt in meinem Bettchen?" denn da lag das Schneeweißchen darin. Da leuchteten die Bergmännerchen mit ihren Lämpchen alle hin, und sahen mit Staunen das schöne Kind, und störten es nicht, sondern sie ließen den siebenten in ihren Bettchen liegen, in jedem ein Stündchen, bis die Nacht herum war. Da nun der Morgen mit seinen frühen Strahlen in das kleine kleine Häuschen der Zwerglein schien, wachte Schneeweißchen auf und fürchtete sich vor den Zwergen. Die waren aber ganz gut und freundlich und sagten, es solle sich nicht fürchten, und fragten, wie es heiße? Da sagte und erzählte nun Schneeweißchen alles, wie es ihm ergangen sei. Darauf sagten die Zwergmännchen: „Du kannst bei uns in unserm Häuschen bleiben, Schneeweißchen, und kannst uns unsern Haushalt führen, kannst uns unser Essen kochen, unsre Wäsche waschen, und alles hübsch rein und sauber halten, auch unsre Bettchen machen." Das war Schneeweißchen recht, und es hielt den Zwergen Haus. Die taten am Tage ihre Arbeit in den Bergen, tief unter der Erde, wo sie Gold und Edelsteine suchten, und abends kamen sie und aßen, und legten sich in ihre sieben Bettchen.

Unterdessen war die böse Königin froh geworden in ihrem argen Herzen, daß sie nun wieder die Schönste war, wie sie meinte, und versuchte den Spiegel wieder und fragte ihn:

„Spieglein, Spieglein an der Wand,
Wer ist die Schönst im ganzen Land?"

Da antwortete ihr der Spiegel:

„Frau Königin! Ihr seid die Schönste hier,
Aber Schneeweißchen über den sieben Bergen,
Bei den sieben guten Zwergen
Das ist noch tausendmal schöner als Ihr!"

Das war wiederum ein Dolchstich in das eitle Herz der Frau Königin, und sie sann nun Tag und Nacht darauf, wie sie dem Schneeweißchen ans Leben käme, und endlich fiel ihr ein, sich verkleidet selbst zu Schneeweißchen aufzumachen, und sie verstellte ihr Gesicht, und zog geringe Kleider an, nahm auch einen Allerhandkram, und ging über die sieben Berge, bis sie an das kleine kleine Häuschen der Zwerge kam. Da klopfte sie an die Türe und rief: „Holla! Holla! Kauft schöne Waren!" Die Zwerge hatten aber dem Schneeweißchen gesagt, es solle sich vor fremden Leuten in acht nehmen, vornehmlich vor der bösen Königin. Deshalb sah das Mägdlein vorsichtig heraus, da sah sie den schönen Tand, den die Frau zu Markte trug, die schönen Halsketten und Schnüre und allerlei Putz. Da dachte Schneeweißchen nichts Arges und ließ die Krämerin herein und kaufte ihr eine Halsschnur ab, und die Frau wollte ihr zeigen, wie diese Schnur umgetan würde, und schnürte ihm von hinten den Hals so zu, daß Schneeweißchen gleich der Odem ausging, und es tot hinsank. „Da hast du den Lohn für deine übergroße Schönheit!" sprach die böse Königin, und hob sich von dannen.

Bald darauf kamen die sieben Zwerglein nach Hause, und da fanden sie ihr schönes liebes Schneeweißchen tot und sahen, daß es mit der Schnur erdrosselt war. Geschwinde schnitten sie die Schnur entzwei, und träufelten einige Tropfen von der Goldtinktur auf Schneeweißchens blasse Lippen, da begann es leise zu atmen und wurde allmählich wieder lebendig. Als es nun erzählen konnte, erzählte es, wie die alte Krämersfrau ihr den Hals böslich zugeschnürt und die Zwerge riefen: „Das war kein anderes Weib, als die falsche Königin! Hüte dich und lasse gar keine Seele in das kleine Häuschen, wenn wir nicht da sind."

Die Königin trat, als sie von ihrem schlimmen Gange wieder nach Hause kam, gleich vor ihren Spiegel und fragte ihn:

„Spieglein, Spieglein an der Wand,
Wer ist die Schönst im ganzen Land?"

und der Spiegel antwortete:

„Frau Königin! Ihr seid die Schönst allhier,
Aber Schneeweißchen über den sieben Bergen,
Bei den sieben guten Zwergen,
Das ist noch tausendmal schöner als Ihr."

Da schwoll der Königin das Herz vor Zorn, wie einer Kröte der Bauch, und sie sann wieder Tag und Nacht auf Schneeweißchens Verderben. Bald nahm sie wieder die falsche Gestalt einer andern Frau an, durch Verstellung ihres Gesichts und fremdländische Kleidung, machte einen vergifteten Kamm, den tat sie zu anderm Kram, und ging über die sieben Berge, an das kleine kleine Zwergenhäuslein. Dort klopfte sie wieder an die Türe, rief: „Holla! Holla!

Kauft schöne Waren! Holla!" Schneeweißchen sah zum Fenster heraus und sagte: „Ich darf niemand hereinlassen!" Das Kramweib aber rief: „Schade um die schönen Kämme!" Und dabei zeigte sie den giftigen, der ganz golden blitzte. Da wünschte sich Schneeweißchen von Herzen einen goldenen Kamm, dachte nichts Arges, öffnete die Türe und ließ die Krämerin herein, und kaufte den Kamm.

„Nun will ich dir auch zeigen, mein allerschönstes Kind, wie der Kamm durch die Haare gezogen und wie er gesteckt wird", sprach die falsche Krämerin, und strich dem Schneeweißchen damit durchs Haar; da wirkte gleich das Gift, daß das arme Kind umfiel und tot war. „So, nun wirst du wohl das Wiederaufstehen vergessen", sprach die böse Königin, und entfloh aus dem Häuschen.

Bald darauf – und das war ein Glück – wurde es Abend, und da kamen die sieben Zwerge wieder nach Hause, hielten das arme Schneeweißchen für tot, und fanden in seinem schönen Haar den giftigen Kamm. Diesen zogen sie geschwind aus dem Haar und da kam es wieder zu sich. Und die Zwerglein warnten es aufs neue gar sehr, doch ja niemand ins Häuschen zu lassen.

Daheim trat die böse Königin wieder vor ihren Spiegel und fragte ihn:

„Spieglein, Spieglein an der Wand,
Wer ist die Schönst im ganzen Land?"

Und der Spiegel antwortete:

„Frau Königin! Ihr seid die Schönst allhier,
Aber über den sieben Bergen,
Bei den sieben guten Zwergen
Ist Schneeweißchen – tausendmal schöner als Ihr."

Da wußte sich die Königin vor giftiger Wut darüber, daß alle ihre bösen Ränke gegen Schneeweißchen nichts fruchteten, gar nicht zu lassen und zu fassen und tat einen schweren Fluch, Schneeweißchen müsse sterben, und solle es ihr, der Königin, selbst das Leben kosten. Und darauf machte sie heimlich einen schönen Apfel giftig, aber nur auf einer Seite, wo er am schönsten war, nahm dazu noch einen Korb voll gewöhnlicher Äpfel, verstellte ihr Gesicht, kleidete sich wie eine Bäuerin, ging abermals über die sieben Berge und klopfte am Zwergenhäuslein an, indem sie rief: „Holla! Schöne Äpfel kauft! kauft!" Schneeweißchen sah zum Fenster heraus, und sagte: „Geht fort, Frau! Ich darf nicht öffnen und auch nichts kaufen!"

„Auch gut, liebes Kind!" sprach die falsche Bäuerin. „Ich werde auch ohne dich meine schönen Äpfel noch alle los! Da hast du einen umsonst!"

„Nein, ich danke schön, ich darf nichts annehmen!" rief Schneeweißchen. „Denkst wohl gar, der Apfel wäre vergiftet? Siehst du, da beiße ich selber hinein! Das schmeckt einmal gut! So hast du in deinem ganzen Leben keinen Apfel gegessen." Dabei biß das trügerische Weib in die Seite des Apfels, die nicht vergiftet war, und da wurde Schneeweißchen lüstern, und griff nach dem Apfel hinaus, und die Bäuerin reichte ihn hin und blieb stehen. Kaum hatte Schneeweißchen den Apfel auf der andern Seite angebissen, wo er ein schönes rotes Bäckchen hatte, so wurden Schneeweißchens rote Bäckchen ganz blaß, und es fiel um und war tot.

„Nun bist du aufgehoben, Ding!" sprach die Königin und ging fort, und zu Hause trat sie wieder vor den Spiegel und fragte wieder:

„Spieglein, Spieglein an der Wand,
Wer ist die Schönst im ganzen Land ?"

und der Spiegel antwortete dieses Mal:

„Ihr, Frau Königin, seid allein die Schönst im Land!"

Nun war das Herz der bösen Königin zufrieden, so weit ein Herz voll Bosheit und Tücke und Mordschuld zufrieden sein kann.

Aber wie erschraken die sieben guten Zwerge, als sie abends nach Hause kamen, und ihr Schneeweißchen ganz tot fanden. Vergebens suchten sie nach einer Ursache, und vergebens versuchten sie die Wunderkraft ihrer Goldtinktur, Schneeweißchen war und blieb jetzt tot.

Da legten die betrübten Zwerglein das liebe Kind auf eine Bahre, und setzten sich darum herum, und weinten drei Tage lang, hernach wollten sie es begraben. Aber da Schneeweißchen noch nicht wie tot aussah, sondern noch frisch wie ein Mägdlein, das schläft, so wollten sie es nicht allein in die Erde senken, sondern sie machten einen schönen Sarg von Glas, da hinein legten sie es, und schrieben darauf: *Schneeweißchen, eine Königstochter* – und setzten dann den Sarg auf einen von den sieben Bergen, und hielt immer einer von ihnen Wache bei dem Sarge. Da kamen auch die Tiere aus dem Walde und weinten über Schneeweißchen, die Eule, der Rabe und das Täubelein.

Und so lag Schneeweißchen lange Jahre in dem Sarge, ohne daß es verweste, vielmehr sah es noch so frisch und so weiß aus wie frischgefallener Schnee, und hatte wieder rote Wängelein, wie frische Blutröschen, und die schwarzen ebenholzfarbenen Haare. Da kam ein junger schöner Königssohn zu dem kleinen Zwergenhäuslein, der sich verirrt hatte in den sieben Bergen, und sah den gläsernen Sarg stehen und las die Schrift darauf: *Schneeweißchen, eine Königstochter* – und bat die Zwerge, ihm doch den Sarg mit Schneeweißchen zu überlassen, er wolle denselben ihnen abkaufen.

Die Zwerge aber sprachen: „Wir haben Goldes die Fülle, und brauchen deines nicht! Und um alles Gold in der Welt geben wir den Sarg nicht her." – „So schenkt ihn mir!" bat der Königssohn. „Ich kann nicht sein ohne Schneeweißchen, ich will es aufs höchste ehren und heilig halten, und es soll in meinem schönsten Zimmer stehen; ich bitte euch darum!"

Da wurden die Zwerglein von Mitleid bewegt, und schenkten ihm Schneeweißchen im gläsernen Sarge. Den gab er seinen Dienern, daß sie ihn vorsichtig forttrügen, und er folgte sinnend nach. Da stolperte der eine Diener über eine Baumwurzel, daß der Sarg schütterte, und hätten ihn beinahe fallen lassen, und durch das Schüttern fuhr das giftige Stückchen Apfel, das Schneeweißchen noch im Munde hatte (weil es umgefallen war, ehe es den Bissen verschluckt), heraus, und da war es mit einem Male wieder lebendig.

Geschwind ließ es der Königssohn niedersetzen, öffnete den Sarg und hob es mit seinen Armen heraus, und erzählte ihm alles, und gewann es nun erst recht lieb, und nahm es zu seiner Gemahlin, führte es auch gleich in seines Vaters Schloß, und wurde zur Hochzeit zugerüstet mit großer Pracht, auch viele hohe Gäste wurden geladen, darunter auch die böse Königin. Die putzte sich auf das allerschönste, trat vor ihren Spiegel, und fragte wieder:

„Spieglein, Spieglein an der Wand,
Wer ist die Schönst im ganzen Land ?"

darauf antwortete der Spiegel:

„Frau Königin, Ihr seid die Schönst allhier,
Aber die junge Königin ist noch tausendmal schöner als Ihr!"

Da wußte die Königin nicht, was sie vor Neid und Scheelsucht sagen und anfangen sollte, und es wurde ihr ganz bange ums Herz, und wollte erst gar nicht auf die Hochzeit gehen; dann wollte sie aber doch die sehen, die schöner sei als sie, und fuhr hin. Und wie sie in den Saal kam, trat ihr Schneeweißchen als die allerschönste Königsbraut entgegen, die es jemals gegeben, und da mochte sie vor Schrecken in die Erde sinken.

Schneeweißchen aber war nicht allein die allerschönste, sondern sie hatte auch ein *großes* edles Herz, das die Untaten, die die falsche Frau an ihr verübt, nicht selbst rächte. Es kam aber ein giftiger Wurm, der fraß der bösen Königin das Herz ab, und dieser Wurm war der Neid.

6. „Schneewittchen, die schöne Königstochter" (um 1890)

Zitiert aus Theodor Kohlmann (Hrsg.), *Neuruppiner Bilderbogen*. Berlin: Museum für deutsche Volkskunde, 1981, S. 109. Der stark verkürzte und veränderte sowie klein gedruckte Text folgt dieser Abbildung.

Vor langer Zeit lebte in einem fernen Lande eine Königin, welche einst ein schönes Töchterchen bekam, das sie Schneewittchen nannte, weil es weiß wie Schnee war, und so schöne rothe Backen hatte, daß es eine wahre Freude war, den guten artigen Engel anzuschauen.

Viele Jahre vergingen darauf und Schneewittchen war fast schon zur blühenden Jungfrau herangewachsen, da starb ihre Mutter; der Vater war auch schon lange todt, und so kam sie denn zu ihrer Tante, die ebenfalls eine Königin war und bei welcher sie es zuerst recht gut hatte.

Da die Königin aber bei Schneewittchen bemerkte, daß ihre Schönheit sich immer mehr entfaltete, so gewann der Haß in ihrem Herzen Platz und sie trat eines Tages vor ihren Zauberspiegel und fragte, ob sie nicht die Schönste sei? Der Spiegel sagte: Ihr seid schön, aber Schneewittchen ist noch schöner.

Darüber wurde sie böse und sann darauf, wie sie ihre Nichte für immer aus ihren Augen schaffen könnte. Endlich fand sie ein Mittel und befahl deshalb ihrem Jäger, Schneewittchen im Walde zu tödten und ihr Herz und Leber mit-zubringen zum Beweise, daß er ihrem Befehle genügt habe.

Der Jäger führte darauf Schneewittchen am folgenden Morgen in aller Frühe in den Wald und wollte sie, dem Befehle seiner strengen Herrin gehorchend, ermorden, denn schon hatte er den Dolch zum Todesstoße gehoben. Da fiel sie ihm zu Füßen und bat ihn, ihr junges Leben zu schonen.

Diese Worte jammerten den nicht so hartherzigen Jäger und er tödtete statt ih-rer ein junges wildes Schwein, welches zufällig in diesem Augenblicke sich ihm genähert hatte, und brachte Herz und Leber davon der Königin, welche jetzt in ihrem bösen Herzen zufrieden war.

Schneewittchen aber gab er den Rath, sich nicht mehr sehen zu lassen, denn sonst wäre es um ihn geschehen. Sie irrte lange Zeit im Walde umher und kam endlich an ein Haus, in welchem sieben Zwerge wohnten. Von Todesangst ganz abgemattet, ging sie, obgleich mit bangem Herzen, hinein.

Niemand war im ganzen Hause zu sehen. In einem Zimmer fand sie einen mit köstlichen Speisen besetzten Tisch, und nachdem sie gegessen und getrunken hatte, ging sie in das andere Zimmer und legte sich, weil sie sehr müde war, in das siebente von den kleinen Bettchen, was für sie paßte.

Sie betete noch zu Gott und schlief dann bald ein. Die Zwerge kamen erst spät nach Hause und fanden zu ihrem Erstaunen das schöne Mädchen im Bette. Höchst erfreut darüber, beschlossen sie, es bei sich zu behalten und sagten ihm am Morgen, als es erwachte: es solle Niemand ins Haus lassen.

Ihre Tante, die Königin, hatte es aber nach einiger Zeit doch erfahren, daß Schneewittchen am Leben sei und im Hause der sieben Zwerge wohne, weshalb sie sich als Bauerfrau verkleidete und ihr einen vergifteten Apfel ins Fenster reichte. Kaum hatte sie davon gegessen, so starb sie.

Zu derselben Zeit hatte sich ein Prinz auf der Jagd im Walde verirrt, kam auch in das Haus der sieben Zwerge, ein Obdach für die Nacht zu suchen, fand hier das schöne todte Mädchen und ließ es am andern Tage auf sein Schloß bringen, wo es wieder erwachte.

Der Prinz gewann Schneewittchen ihrer Schönheit und ihrer hohen Tugenden wegen mit jedem Tage lieber und beschloß endlich, sie zur Gemahlin zu nehmen. Die Zwerge und die Königin wurden zur Hochzeit eingeladen. Diese tanzte sich auf dem Balle zur Strafe todt.

7. „Snow White" (1987)

Dies ist eine neuere englische Übersetzung des „Schneewittchen"-Märchens aus der 7. Auflage der Brüder Grimm von 1857, die der amerikanische Märchenforscher Jack Zipes vorgelegt hat: *The Complete Fairy Tales of the Brothers Grimm.* New York: Bantam Books, 1987, S. 196-204.

Die Wiedergabe von „Mirror, mirror on the wall, who in this realm is the fairest of all?" weicht allerdings von der im Englischen volkstümlich gewordenen Version „Mirror, mirror on the wall, who is the fairest of them all?" ab.

Once upon a time, in the middle of winter, when snowflakes were falling like feathers from the sky, a queen was sitting and sewing at a window with a black ebony frame. And as she was sewing and looking out the window, she pricked her finger with the needle, and three drops of blood fell on the snow. The red looked so beautiful on the white snow that she thought to herself, If only I had a child as white as snow, as red as blood, and as black as the wood of the window frame! Soon after she gave birth to a little daughter who was as white as snow, as red as blood, and her hair as black as ebony. Accordingly, the child was called Snow White, and right after she was born, the queen died.

When a year had passed, the king married another woman, who was beautiful but proud and haughty, and she could not tolerate anyone else who might rival her beauty. She had a magic mirror and often she stood in front of it, looked at herself, and said:

„Mirror, mirror, on the wall,
who in this realm is the fairest of all?"

Then the mirror would answer:

„You, my queen, are the fairest of all."

That reply would make her content, for she knew the mirror always told the truth.

In the meantime, Snow White grew up and became more and more beautiful. By the time she was seven years old, she was as beautiful as the day is clear and more beautiful than the queen herself. One day when the queen asked her mirror:

„Mirror, mirror, on the wall,
who in this realm is the fairest of all?"

The mirror answered:

„You, my queen, may have a beauty quite rare,
but Snow White is a thousand times more fair."

The queen shuddered and became yellow and green with envy. From that hour on, her hate for the girl was so great that her heart throbbed and turned in her breast each time she saw Snow White. Like weeds, the envy and arrogance grew so dense in her heart that she no longer had any peace, day or night. Finally, she summoned a huntsman and said, „Take the child out into the forest. I never want to lay eyes on her again. You are to kill her and to bring me back her lungs and liver as proof of your deed."

The huntsman obeyed and led Snow White out into the forest, but when he drew his hunting knife and was about to stab Snow White's innocent heart, she began to weep and said, „Oh, dear huntsman, spare my life, and I'll run into the wild forest and never come home again."

Since she was so beautiful, the huntsman took pity on her and said, „You're free to go, my poor child!" Then he thought, The wild beasts will soon eat you up. Nevertheless, he felt as if a great weight had been lifted off his mind, because he did not have to kill her. Just then a young boar came dashing by, and the huntsman stabbed it to death. He took out the lungs and liver and brought them to the queen as proof that the child was dead. The cook was ordered to boil them in salt, and the wicked woman ate them and thought that she had eaten Snow White's lungs and liver.

Meanwhile, the poor child was all alone in the huge forest. When she looked at all the leaves on the trees, she was petrified and did not know what to do. Then she began to run, and she ran over sharp stones and through thorn-bushes. Wild beasts darted by her at times, but they did not harm her. She ran as long as her legs could carry her, and it was almost evening when she saw a little cottage and went inside to rest. Everything was tiny in the cottage and indescribably dainty and neat. There was a little table with a white tablecloth, and on it were seven little plates. Each plate had a tiny spoon next to it, and there were also seven tiny knives and forks and seven tiny cups. In a row against the wall stood seven little beds covered with sheets as white as snow. Since she was so hungry and thirsty, Snow White ate some vegetables and bread from each of the little plates and had a drop of wine to drink out of each of the tiny cups, for she did not want to take everything from just one place. After that she was tired and began trying out the beds, but none of them suited her at first: one was too long, another too short, but at last, she found that the seventh one was just right. So she stayed in that bed, said her prayers, and fell asleep.

When it was completely dark outside, the owners of the cottage returned.

They were seven dwarfs who searched in the mountains for minerals with their picks and shovels. They lit their seven little candles, and when it became light in the house, they saw that someone had been there, for none of their things was in the exact same spot in which it had been left.

„Who's been sitting in my chair?" said the first dwarf.

„Who's been eating off my plate?" said the second.

„Who's been eating my bread?" said the third.

„Who's been eating my vegetables?" said the fourth.

„Who's been using my fork?" said the fifth.

„Who's been cutting with my knife?" said the sixth.

„Who's been drinking from my cup?" said the seventh.

Then the first dwarf looked around and noticed that his bed had been wrinkled and said, „Who's been sleeping in my bed?" The others ran over to their beds and cried out, „Someone's been sleeping in my bed too!" But when the seventh dwarf looked at his bed, he saw Snow White lying there asleep. So he called the others over to him, and when they came, they were so astounded that they fetched their seven little candles to allow more light to shine on Snow White. „Oh, my Lord! Oh, my Lord!" they exclaimed. „What a beautiful child!" They were so delirious with joy that they did not wake her up. Instead, they let her sleep in the bed, while the seventh dwarf spent an hour in each one of his companions' beds until the night had passed.

In the morning Snow White awoke, and when she saw the seven dwarfs, she was frightened. But they were friendly and asked, „What's your name?" „My name's Snow White," she replied. „What's brought you to our house?" the dwarfs continued. She told them how her stepmother had ordered her to be killed, how the huntsman had spared her life, and how she had run all day until she had eventually discovered their cottage. Then the dwarfs said, „If you'll keep house for us, cook, make the beds, wash, sew, and knit, and if you'll keep everything neat and orderly, you can stay with us, and we'll provide you with everything you need." „Yes," agreed Snow White, „with all my heart." So she stayed with them and kept their house in order. In the morning they went to the mountains to search for minerals and gold. In the evening they returned, and their dinner had to be ready. During the day Snow White was alone, and the good dwarfs made sure to caution her. „Beware of your stepmother," they said. „She'll soon know that you're here. Don't let anybody in!"

Since the queen believed she had eaten Snow White's liver and lungs, she was totally convinced that she was again the most beautiful woman in the realm. And when she went to her mirror, she said:

„Mirror, mirror, on the wall,
who in this realm is the fairest of all?"

The mirror answered:

„You, my queen, may have a beauty quite rare,
but beyond the mountains, where the seven dwarfs dwell,
Snow White is thriving, and this I must tell:
Within this realm she's still a thousand times more fair."

The queen was horrified, for she knew that the mirror never lied, which meant that the huntsman had deceived her and Snow White was still alive. Once more she began plotting ways to kill her. As long as Snow White was the fairest in the realm, the queen's envy would leave her no peace. Finally, she thought up a plan. She painted her face and dressed as an old peddler woman so that nobody could recognize her. Then she crossed the seven mountains in this disguise and arrived at the cottage of the seven dwarfs, where she knocked at the door and cried out, „Pretty wares for sale! Pretty wares!" Snow White looked out of the window and called out, „Good day, dear woman, what do you have for sale?" „Nice and pretty things! Staylaces in all kinds of colors!" she replied and took out a lace woven from silk of many different colors. I can certainly let this honest woman inside, Snow White thought. She unbolted the door and bought the pretty lace.

„My goodness, child! What a sight you are!" said the old woman. „Come, I'll lace you up properly for once." Snow White did not suspect anything, so she stood in front of the old woman and let herself be laced with the new staylace. However, the old woman laced her so quickly and so tightly that Snow White lost her breath and fell down as if dead. „Well, you used to be the fairest in the realm, but not now!" the old woman said and rushed off.

Not long after, at dinnertime, the dwarfs came home, and when they saw their dear Snow White lying on the ground, they were horrified. She neither stirred nor moved and seemed to be dead. They lifted her up, and when they saw that she was laced too tightly, they cut the staylace in two. At once she began to breathe a little, and after a while she had fully revived. When the dwarfs heard what had happened, they said, „The old peddler woman was none other than the wicked queen! Beware, don't let anyone in when we're not with you!"

When the evil woman returned home, she went to her mirror and asked:

„Mirror, mirror, on the wall,
who in this realm is the fairest of all?"

Then the mirror answered as usual:

„You, my queen, may have a beauty quite rare,
but beyond the mountains, where the seven dwarfs dwell,
Snow White is thriving, and this I must tell:
Within this realm she's still a thousand times more fair."

When the queen heard that, she was so upset that all her blood rushed to her heart, for she realized that Snow White had recovered. „This time I'm going to think of something that will destroy her," she said, and by using all the witchcraft at her command, she made a poison comb. Then she again disguised herself as an old woman and crossed the seven mountains to the cottage of the seven dwarfs, where she knocked at the door and cried out, „Pretty wares for sale! Pretty wares!" Snow White looked out the window and said, „Go away! I'm not allowed to let anyone in." „But surely you're allowed to look," said the old woman, and she took out the poison comb and held it up in the air. The comb pleased the girl so much that she let herself be carried away and opened the door. After they agreed on the price, the old woman said, „Now I'll give your hair a proper combing for once." Poor Snow White did not give this a second thought and let the old woman do as she wished. But no sooner did the comb touch her hair than the poison began to take effect, and the maiden fell to the ground and lay there unconscious. „You paragon of beauty!" said the wicked woman. „Now you're finished!" And she went away.

Fortunately, it was nearly evening, the time when the seven dwarfs began heading home. And, when they arrived and saw Snow White lying on the ground as if she were dead, they immediately suspected the stepmother and began looking around. As soon as they found the poison comb, they took it out, and Snow White instantly regained consciousness. She told them what had happened, and they warned her again to be on her guard and not to open the door for anyone.

In the meantime, the queen returned home, went to the mirror, and said:

„Mirror, mirror, on the wall,
who in this realm is the fairest of all?"

Then the mirror answered as before:

„You, my queen, may have a beauty quite rare,
but beyond the mountains, where the seven dwarfs dwell,
Snow White is thriving, and this I must tell:
Within this realm she's still a thousand times more fair."

When she heard the mirror's words, she trembled and shook with rage. „Snow White shall die!" she exclaimed. „Even if it costs me my own life!" Then she went into a secret and solitary chamber where no one else ever went. Once inside she made a deadly poisonous apple. On the outside it looked beautiful – white with red cheeks. Anyone who saw it would be enticed, but whoever took a bite was bound to die. When the apple was ready, the queen painted her face and dressed herself up as a peasant woman and crossed the seven mountains to the cottage of the seven dwarfs. When she knocked at the door, Snow White stuck her head out of the window and said, „I'm not allowed to let anyone inside. The seven dwarfs have forbidden me." „That's all right with me," answered the peasant woman. „I'll surely get rid of my apples in time. But let me give you one as a gift." „No," said Snow White. „I'm not allowed to take anything." „Are you afraid that it might be poisoned?" said the old woman. „Look, I'll cut the apple in two. You eat the red part, and I'll eat the white." However, the apple had been made with such cunning that only the red part was poisoned. Snow White was eager to eat the beautiful apple, and when she saw the peasant woman eating her half, she could no longer resist, stretched out her hand, and took the poisoned half. No sooner did she take a bite than she fell to the ground dead. The queen stared at her with a cruel look, then burst out laughing and said, „White as snow, red as blood, black as ebony! This time the dwarfs won't be able to bring you back to life!" When she got home, she asked the mirror:

„Mirror, mirror, on the wall,
who in this realm is the fairest of all?"

Then the mirror finally answered,

„You, my queen, are now the fairest of all."

So her jealous heart was satisfied as much as a jealous heart can be satisfied.

When the dwarfs came home that evening, they found Snow White lying on the ground. There was no breath coming from her lips, and she was dead. They lifted her up and looked to see if they could find something poisonous. They unlaced her, combed her hair, washed her with water and wine, but it was to no avail. The dear child was dead and remained dead. They laid her on a bier, and all seven of them sat down beside it and mourned over her. They wept for three whole days, and then they intended to bury her, but she looked so alive and still had such pretty red cheeks that they said, „We can't possibly bury her in the dingy ground." Instead, they made a transparent glass coffin so that she could be seen from all sides. Then they put her in it, wrote her name on it in gold letters, and added that she was a princess. They carried the coffin to the top of the mountain, and from then on one of them always stayed beside it and guarded it. Some animals came also and wept for Snow White. There was an owl, then a raven, and finally a dove. Snow White lay in the coffin for many, many years and did not decay. Indeed, she seemed to be sleeping, for she was still as white as snow, as red as blood, and her hair as black as ebony.

Now it happened that a prince came to the forest one day, and when he arrived at the dwarfs' cottage, he decided to spend the night. Then he went to the mountain and saw the coffin with beautiful Snow White inside. After he read what was written on the coffin in gold letters, he said to the dwarfs, „Let me have the coffin, and I'll pay you whatever you want." But the dwarfs answered, „We won't give it up for all the gold in the world." „Then give it to me as a gift," he said, „for I can't go on living without being able to see Snow White. I'll honor her and cherish her as my dearly beloved." Since he spoke with such fervor, the good dwarfs took pity on him and gave him the coffin. The prince ordered his servants to carry the coffin on their shoulders, but they stumbled over some shrubs, and the jolt caused the poisoned piece of apple that Snow White had bitten off to be released from her throat. It was not long before she opened her eyes, lifted up the lid of the coffin, sat up, and was alive again. „Oh, Lord! Where am I?" she exclaimed. The prince rejoiced and said, „You're with me," and he told her what had happened. Then he added, „I love you more than anything else in the world. Come with me to my father's castle. I want you to be my wife." Snow White felt that he was sincere, so she went with him, and their wedding was celebrated with great pomp and splendor.

Now, Snow White's stepmother had also been invited to the wedding celebration, and after she had dressed herself in beautiful clothes, she went to the mirror and said:

> „Mirror, mirror, on the wall,
> who in this realm is the fairest of all?"

The mirror answered:

> „You, my queen, may have a beauty quite rare,
> but Snow White [the young queen] is a thousand times more fair."

The evil woman uttered a loud curse and became so terribly afraid that she did not know what to do. At first she did not want to go to the wedding celebration. But, she could not calm herself until she saw the young queen. When she entered the hall, she recognized Snow White. The evil queen was so petrified with fright that she could not budge. Iron slippers had already been heated over a fire, and they were brought over to her with tongs. Finally, she had to put on the red-hot slippers and dance until she fell down dead.

IV. Prosabearbeitungen des Märchens

Die Verbreitung der Märchen durch mündliches Erzählen oder durch wunderbar illustrierte Märchenbücher ist auch in der Moderne weiterhin zu beobachten, und es kommen natürlich Filme, Lieder und jegliche Art der Medien hinzu. So ist die Kulturmündigkeit, was die bekanntesten etwa zehn Grimm-Märchen betrifft, noch relativ hoch einzuschätzen. Das beweisen Prosatexte von Schriftstellern und Kulturkritikern, die auf Märchen zurückgreifen, um sie auf heutige Zustände – oft parodistisch oder satirisch – einzustimmen. Ein so bekanntes Märchen wie „Schneewittchen" fordert regelrecht zu innovativen Umformulierungen heraus, wobei die zuweilen grotesken Texte im Prinzip erst ihren Sinn bekommen, wenn sie dem traditionellen Märchentext gegenübergestellt werden.

Schon vor über dreißig Jahren habe ich eine Sammlung solcher Prosabearbeitungen von Märchen oder auch nur geläufigen Märchenmotiven zusammengestellt, worin sich die Autorinnen und Autoren mit der angeblichen Weisheit der Märchen auseinandersetzen: *Grimmige Märchen. Prosatexte von Ilse Aichinger bis Martin Walser* (Frankfurt am Main: Rita G. Fischer, 1986). Schon die Namen des Untertitels lassen erkennen, daß bedeutende Persönlichkeiten sich mit Märchen befaßt haben, wobei die eigentliche Titelformulierung „Grimmige Märchen" deutlich zum Ausdruck bringt, daß es in diesen Texten nicht märchenhaft schön zugeht. Manche der achtzehn Texte dieses Kapitels sind witzige oder zum Teil auch unsinnige Bearbeitungen, die das „Schneewittchen"-Märchen mehr oder weniger in einer modernen Umwelt nacherzählen. Aber da sind auch kürzere Belege, die lediglich auf das Märchen anspielen und gewisse Motive originell beleuchten. Selbst Reiner Kunze, Iring Fetscher, Franz Fühmann, Monika Maron und Wolfgang Funke konnten dem Symbolgehalt des Märchens nicht widerstehen und haben sich kritisch mit seiner Botschaft auseinandergesetzt,

So fragt Theodor Adorno in seinem knappen Prosatext, ob denn wirklich aus der Welt des Bösen einmal die Rettung kommen wird, ober ob alle Hoffnung nicht im Unterschied zu dem positiven Märchen vergeblich ist. Günter Kunert dagegen macht sich Gedanken darüber, ob das „Schneewittchen"-Märchen wirklich so „stubenrein" ist, oder ob die sieben Zwerge nicht doch sexuelles Interesse an dem schönen Mädchen hatten, wie dies in etlichen Gedichten und Karikaturen hervortritt. Das Kontinuum der philosophischen aber auch erotischen Reflexion über dieses Märchen nimmt kein Ende, denn es enthält allgemeine Lebensumstände. Doch all diese Texte ergeben eigentlich nur Sinn, wenn das Märchen geläufig bleibt. Man sollte wohl doch hin und wieder einmal ein Märchenbuch zur Hand nehmen!

1. Theodor Adorno (1903-1969)\

„Über den Bergen" (1951)

Theodor Adorno, *Minima Moralia*. Frankfurt am Main: Suhrkamp, 1951, S. 157.

Vollkommener als jedes Märchen drückt Schneewittchen die Wehmut aus. Ihr reines Bild ist die Königin, die durchs Fenster in den Schnee blickt und ihre Tochter sich wünscht nach der leblos lebendigen Schönheit der Flocken, der schwarzen Trauer des Fensterrahmens, dem Stich des Verblutens; und dann bei der Geburt stirbt. Davon aber nimmt auch das gute Ende nichts hinweg. Wie die Gewährung Tod heißt, bleibt die Rettung Schein. Denn die tiefere Wahrnehmung glaubt nicht, daß die erweckt war, die gleich einer Schlafenden im gläsernen Sarg liegt. Ist nicht der giftige Apfelgrütz, der von der Erschütterung der Reise ihr aus dem Hals fährt, viel eher als ein Mittel des Mordes der Rest des versäumten, verbannten Lebens, von dem sie nun erst wahrhaft genest, da keine trügenden Botinnen sie mehr locken? Und wie hinfällig klingt nicht das Glück: „Da war ihm Schneewittchen gut und ging mit ihm." Wie wird es nicht widerrufen von dem bösen Triumph über die Bosheit. So sagt uns eine Stimme, wenn wir auf Rettung hoffen, daß Hoffnung vergeblich sei, und doch ist es sie, die ohnmächtige, allein, die überhaupt uns erlaubt, einen Atemzug zu tun. Alle Kontemplation vermag nicht mehr, als die Zweideutigkeit der Wehmut in immer neuen Figuren und Ansätzen geduldig nachzuzeichnen. Die Wahrheit ist nicht zu scheiden von dem Wahn, daß aus den Figuren des Scheins einmal doch, scheinlos, die Rettung hervortrete.

2. Willy Pribil (geb. 1927)

„Schneewittchen – frei nach Sigmund Freud. (1961)

Zitiert aus G.H. Herzog und Erhardt Heinold (Hrsg.), *Scherz beiseite*. München: Scherz, 1966, S. 489-490.

Es war einmal eine Königstochter. Sie liebte ihren Vater sehr, denn sie hatte einen verdrängten Elektra-Komplex. Weil sie so schön war, befiel ihre mit einer starken sadistischen Triebkomponente versehene Stiefmutter der Sexualneid und sie befahl einem Jäger, Schneewittchen in den Wald und damit einem letalen Ausgang zuzuführen. Hier beging die Königin aber eine Fehlleistung, denn der Jäger war ein Fetischist und erstach statt des Mädchens nur ein Reh, indem er das Herz des Rehs als Symbol oder Fetisch für das Herz des Mädchens nahm. Schneewittchen aber kam zu den sieben Zwergen und legte sich der Reihe nach in ihre Betten. Der Symbolgehalt dieses Vorgangs braucht wohl nicht näher erläutert zu werden. Als die heimkehrenden Zwerge das schlafende Mädchen vorfanden, wurde ihre Libido stark gereizt, doch hatte jeder der Zwerge wegen seiner Kleinheit einen Minderwertigkeitskomplex und daher wagten sie Schneewittchen nur zum Aufräumen und Geschirrabwaschen zu benutzen. Im weiteren Verlauf der Handlung spürt die böse Königin Schneewittchen auf und vergiftet das Kind mit einem Apfel. Wir werden in der Annahme nicht fehlgehen, wenn wir sagen, daß dieser Apfel der Apfel der Erkenntnis ist. Durch den Schock dieser plötzlichen Aufklärung fällt das Mädchen in schwer hysterische Zustände, zuletzt in eine totenähnliche cerebrale Lähmung. Nun kommt die exhibitionistische Triebkomponente der Zwerge zum Durchbruch, denn sie stellen das tot scheinende Schneewittchen in einen gläsernen Sarg zur Schau. Schließlich kommt ein nekrophiler Prinz des Weges und küßt Schneewittchen, weil er es für eine Leiche hält. Durch diesen Kuß erfolgt aber im buchstäblichen Sinn die Erweckung des Mädchens, die beiden werden Mann und Frau, und wenn sie nicht gestorben sind, haben sie heute noch Komplexe.

3. Anonym

„Snow White and the Sincere Mirror" (1965)

Anonym, „Snow White and the Sincere Mirror." *Punch* (29. Dezember 1965), S. 959.

„Mirror, mirror on the wall, who is the fairest one of all?" the Queen asked her new mirror. The old one had smashed itself rather than give an opinion.

„I'll be honest with you," replied the mirror. „The fact is that there are no absolute standards. Among the Eskimos, for instance, your kind of beauty would cut very little ice. Ha ha! On the other hand, send you somewhere East of Suez where the best is like the worst, and they might go for you in a big way. Yes sir, a very big way. You look like Joan Crawford, actually. Except younger," the mirror added quickly.

„I asked a simple question," said the Queen. „Who is the fairest of them all? Yes or no."

„That's what I am saying," explained the mirror. "Tastes vary. The kind of mirror I am, with my socio-economic conditioning, personally I like somebody along the lines of Snow White – kind of a younger Natalie Wood."

„And of all the mirrors I could have had," the Queen complained, „I had to get a culturally deprived one with integrity."

4. Reiner Kunze (geb. 1933)

„Was ist aus Sneewittchens Stiefmutter geworden?" (1970)

Reiner Kunze, *Der Löwe Leopold. Fast Märchen, fast Geschichten.* Frankfurt am Main: S. Fischer, 1977, S. 75-83.

Sneewittchens Stiefmutter wäre auch dann nicht in die rotglühenden Schuhe getreten, wenn sie tatsächlich bereitgestanden hätten. Sie war doch eine Königin, und eine Königin hat Leibwächter, die sie rechtzeitig warnen, wenn sie eiserne Pantoffeln über Kohlenfeuer entdecken. Doch es hatten gar keine rotglühenden Schuhe bereitgestanden. Sneewittchen hätte es niemals erlaubt, daß man einen Menschen in rotglühende Schuhe treten läßt, und der Königssohn hatte Sneewittchen viel zu lieb, als daß er etwas befohlen hätte, was nicht im Sinne der jungen Königin gewesen wäre. Vielmehr hatte er sich geschworen, ihr nicht von der Seite zu weichen, um sie fortan vor der List der Stiefmutter bewahren zu können, und dieser Schwur war ihm leichtgefallen, denn Sneewittchen war so schön, daß er jede Minute für vertan hielt, die er schlief, weil er da die Augen schließen mußte. Nur im Märchen tanzt sich die Stiefmutter in rotglühenden Schuhen zu Tode, weil im Märchen das Gute immer belohnt und das Böse immer bestraft wird. In Wirklichkeit aber war das so:

Als die Königin erkannte, daß Sneewittchens Schönheit nicht aus der Welt zu schaffen war, richtete sich ihr ganzer Zorn gegen den Spiegel. Sie fragte noch einmal:

„Spieglein, Spieglein an der Wand,
wer ist die Schönste im ganzen Land?"

Der Spiegel antwortete:

„Frau Königin, Ihr seid die Schönste hier,
aber die junge Königin ist tausendmal schöner als Ihr."

Da zog die Königin ihr schweres goldenes Armband von der Hand und warf es gegen den Spiegel, so daß er in Scherben fiel. Dann ließ sie die Minister rufen, denn der König war aus Kummer über das Verschwinden Sneewittchens gestorben, und nun regierte sie das Königreich, und als die Minister versammelt waren, sprach sie zu ihnen: „Ich will, daß niemand mehr einen Spiegel hat!" Die Minister verneigten sich. „Eure Schönheit ist allmächtig", antworteten sie im Chor, verließen rücklings den Saal und berieten drei Tage und drei Nächte ein Gesetz, in dem verfügt wurde, daß jeder, der im Besitz eines Spiegels angetroffen wird, sein Leben verwirkt hat. Bald darauf konnte der Minister für Schminke, Schmuck und schöne Kleider, der von allen der höchste war, der Königin berichten, daß niemand mehr im ganzen Land einen Spiegel besaß.

Die Königin färbte sich das Gesicht und verkleidete sich in eine alte Krämerin, um nachzusehen, ob tatsächlich niemand mehr einen Spiegel hatte. Auf der Wiese am Fluß traf sie ein Mädchen, das Gänse hütete. Zu ihm sprach sie: „Wenn du weißt, wer die Schönste ist im ganzen Land, schenke ich dir ein seidenes Haarband." Das Mädchen hätte gern ein seidenes Haarband gehabt, und da man sich überall das Märchen von Sneewittchen erzählte, antwortete es: „Die Königin ist die Schönste im ganzen Land, aber Sneewittchen, die junge Königin, ist tausendmal schöner als sie." Die Königin erschrak bis ins Herz, doch ließ sie es sich nicht anmerken. Sie flocht dem Mädchen das Band ins Haar und sagte: „Nun blicke in dein Spieglein." Da kniete das Mädchen am Ufer nieder und beugte sich über den Fluß.

Als das die Königin sah, kehrte sie ins Schloß zurück und nahm ihre wahre Gestalt an. Dann ließ sie die Minister rufen, und als sie versammelt waren, sprach sie zu ihnen: „Ich will, daß auch der Fluß keinen Spiegel mehr hat!" Die Minister verneigten sich. „Eure Schönheit ist allmächtig", antworteten sie im Chor, verließen rücklings den Saal und berieten sechs Tage und sechs Nächte, wie dem Fluß der Spiegel genommen werden konnte. Sie ordneten an, die Quellen zu trüben. Um der Königin aber zu beweisen, daß sie alles taten, um den Ruhm ihrer Schönheit zu verbreiten, befahlen sie überdies, jedes Haus und jede Hütte mit einem Band von einer Elle Breite und sieben Ellen Länge zu schmücken, auf dem zu lesen war: „Unsere Königin ist die Schönste im ganzen Land." Bald darauf konnte der Minister für Schminke, Schmuck und schöne Kleider Ihrer Majestät berichten, daß auch der Fluß keinen Spiegel mehr hatte und daß das ganze Volk sie als die Schönste pries.

Die Königin färbte sich das Gesicht und verkleidete sich wieder in eine alte Krämerin, um nachzusehen, ob der Fluß tatsächlich keinen Spiegel mehr besaß. Doch als sie aus dem Schloß trat, blitzte der Fluß auf, daß er sie blendete. Der Frost hatte ihm über Nacht einen neuen Spiegel gegeben, der aus blankem Eis war. – Ich will sehen, ob es ein wunderbarer Spiegel ist, dachte die Königin. Am Ufer hockte ein Junge, der seine eingefrorene Angel zu lösen versuchte. Zu ihm sprach sie: „Wenn du weißt, wer die Schönste ist im ganzen Lande, schenke ich dir einen wollenen Schal." Der Junge hätte gern einen wollenen Schal gehabt und antwortete: „Die Königin ist die Schönste im ganzen Land, aber Sneewittchen, die junge Königin, ist tausendmal schöner als sie." Der Königin ging ein Stich durchs Herz, doch ließ sie es sich nicht anmerken. Sie schenkte dem Jungen den Schal und fragte: „Wer hat denn das gesagt?" Der Junge antwortete: „Der Spiegel", und er meinte den Spiegel der Königin, denn er kannte das Märchen vom Sneewittchen. Die Königin aber dachte, er meinte den Spiegel des Flusses.

Ergrimmt kehrte sie ins Schloß zurück, nahm ihre wahre Gestalt an und ließ die Minister rufen, und als sie versammelt waren, sprach sie zu ihnen: „Seht ihr nicht, daß der Fluß wieder einen Spiegel hat? Aus den Augen mit ihm, oder ihr seid nicht mehr meine Minister!" Die Minister waren bestürzt. „Eure Schönheit ist allmächtig", antworteten sie im Chor, verließen rücklings den Saal und berieten neun Tage und neun Nächte, wie der neue Spiegel des Flusses aus den königlichen Augen geschafft werden konnte, denn Minister wollten sie bleiben. Sie verboten jedermann zu ruhen, bis ein schwarzes Leinentuch so breit und so lang wie der Fluß gewebt war, mit dem der Spiegel zugedeckt werden sollte. Um der Königin aber zu beweisen, daß sie sich auf die Wachsamkeit ihrer Minister verlassen konnte, taten sie ein übriges. Sie stellten einen Maler vor Gericht, der auf dem Spruchband „Unsere Königin ist die Schönste im ganzen Land" das Wort „Schönste" mit kleinem Anfangsbuchstaben geschrieben hatte. Der Fehler war entstanden, weil der Maler nicht sicher war in Rechtschreibung, denn er hatte schon in der Schule lieber Bilder gemalt als Aufsätze geschrieben. Die Richter wollten ihm aber nicht glauben, sondern sagten, er wäre ein Feind der Königin, und als er auch auf der Folter nicht gestand, übergaben sie ihn dem Henker. An dem Morgen, an dem das schwarze Tuch für den Spiegel des Flusses fertiggewebt war, wurde der Maler vor versammeltem Volk enthauptet, und aus seiner Todeswunde schoß dreimal ein Blutstrahl in den Schnee. Danach ging der Minister für Schminke, Schmuck und schöne Kleider zur Königin und berichtete ihr, daß nirgends mehr ein Stück Spiegel zu sehen war und daß zur Abschreckung aller das Schwert gesprochen hatte.

Die Königin färbte sich das Gesicht und verkleidete sich abermals in eine alte Krämerin um nachzusehen, ob nun wirklich niemand mehr einen Spiegel besaß. Doch diesmal brauchte sie keine der Waren zu verschenken, die sie zum Schein bei sich trug, denn auf ihre Frage, wer die Schönste sei im ganzen Land, sagte jeder: „Die Königin", und dann gingen alle rasch ihres Weges, ohne sich umzublicken. Da konnte sich die Königin nicht satthören, und beim Anblick des großen schwarzen Spiegeltuchs und des Blutes im Schnee der Richtstätte triumphierte ihr neidisches Herz. Und weil das Rote im weißen Schnee aber so schön aussah, beschloß sie, ihrem Reich den Namen „Königreich der Schönheit" zu geben.

Sie kehrte ins Schloß zurück, nahm ihre wahre Gestalt an und ließ die Minister rufen, und als sie versammelt waren, tat sie ihnen ihren Willen kund. Da rüsteten sie zu einem prunkvollen Namensfest, und der Minister für Schminke, Schmuck und schöne Kleider erhielt den Orden „Weiß wie Schnee, rot wie Blut und schwarz wie Ebenholz". Ihr Kundschafter aber, der an Sneewittchens Tafel gespeist hatte, meldete der Königin, daß er dort nichts gesehen hatte, was ihr an Schönheit ebenbürtig war, und er log nicht, denn die Minister hatten ihm das Augenlicht abgekauft, und er war als Blinder ausgezogen. Doch die Königin glaubte nun selbst, daß sie die Schönste wäre unter den Sternen, und sie befahl, das Fest sieben Wochen dauern zu lassen.

Aber im Land feierte man nicht. Wie hätten sich die Menschen im Königreich der Schönheit ohne Spiegel schön machen sollen? Auch waren sie ärmer als je zuvor, denn sie hatten Tag und Nacht die Quellen trüben und das Leinen weben müssen. Und sie hatten Angst, denn wenn schon ein Fehler den Kopf kosten konnte, wie dann erst ein unbedachtes Wort! Und durften sie einander trauen? Mißtrauen aber ist das Bedrückendste. Es verursacht Herzenskälte, und wo sie herrscht, dort wird es nie Frühling. Da sagte eines Tages der Schneidersgeselle Hans zu seinem Meister: „Marie ist schöner als die Königin." Obwohl Marie des Meisters Tochter und Hans kein Lehrjunge mehr war, versetzte ihm der Meister vor Angst und Schrecken einen Schlag mit der Elle. Doch konnte er es sich nicht versagen, seiner Frau zu erzählen, was er soeben aus dem Mund des Gesellen gehört hatte. Sie aber erzählte es der Nachbarin, denn Vaterstolz und Mutterstolz lösen die Zunge gleichermaßen, und bald wußte jedermann im ganzen Land: Marie ist schöner als die Königin. Da wurde es Frühling, denn die Menschen hatten einander ein Geheimnis anvertraut, und das schwarze Tuch, das den Spiegel des Flusses verdeckt hatte, sank auf den Grund, wo man es noch heute liegen sehen kann. Zuerst erschraken die Menschen, und es war ihnen leid um das Leinen, aber dann glaubten sie, im Verschwinden des Tuchs ein Zeichen des Himmels erblicken zu können, und sie faßten Mut und machten sich auf den Weg zum Schloß, um der Königin zu sagen, daß sie alle lieber ihre Häuser und Hütten verlassen und in ein anderes Königreich ziehen wollten, als Spiegeltuch für den Fluß zu weben oder die Quellen zu trüben oder ohne Spiegel zu leben. Und der Schneidergeselle Hans sollte ihr Wortführer sein.

Die Minister hatten aber schon erfahren, was sich im Lande tat, und die Königin erfuhr es von den Ministern. Als der Minister für Schminke, Schmuck und schöne Kleider jedoch sagte, der Schneidergeselle Hans hätte behauptet, Marie sei schöner als Ihre Majestät, sprang sie vom Thron auf, fragte: „Marie? Wer ist Marie?!" und fiel tot zur Erde, denn ihr Herz hatte einen Riß bekommen. Nun packte die Minister das Entsetzen, und als sie den Zug der vielen Menschen sahen, der sich wie eine riesige schwarze Schlange auf das Schloß zubewegte, flohen sie halsüberkopf

flußab und über das Meer

auf die Insel Nimmerwiederkehr.

Da ernannte das Volk den Schneidergesellen Hans zum König, und Marie wurde Königin. Und weil die Wahrheit das Zepter führte und die Schönheit ihr zur Seite saß, wurde das Volk eines der glücklichsten.

Im Märchen jedenfalls müßte es so sein. Oder so ähnlich.

Was aber ist wirklich aus dem Schneidergesellen geworden, als er gesagt hatte, Marie sei schöner als die Königin?

5. Iring Fetscher (1922-2014)

„Das Ur-Schneewittchen" (1972)

Iring Fetscher, *Wer hat Dornröschen wachgeküßt. Das Märchen-Verwirrbuch.* Frankfurt am Main: Fischer Taschenbuch Verlag, 1974, S. 53-56.

Ernst Bloch schrieb 1930: „Das Märchen erzählt eine Wunscherfüllung, die nicht nur an seine Zeit und das Kostüm ihrer Inhalte gebunden ist …" Nimmt man das als heuristisches Prinzip, so wird man zum Beispiel leicht herausfinden, daß der von den Brüdern Grimm überlieferten Fassung des „Schneewittchen" ein anderslautender Ur-Text zugrunde gelegen haben muß. Es scheint mir – gerade im Lichte der jüngsten Zeit – nicht allzuschwer, dieses Ur-Schneewittchen zu rekonstruieren. Auch die Motive der späteren – verharmlosenden – Bearbeiter lassen sich leicht erraten.

Es war einmal, so muß es im Ur-Schneewittchen geheißen haben, ein bildschönes junges Mädchen, das auf dem Schloß seiner königlichen Eltern in Glanz und Reichtum aufwuchs. Sein Haar war schwarz wie Ebenholz, seine Wangen weiß wie Schnee und die Lippen so rot wie Blut, aber im tiefsten Herzen war es unglücklich, weil es bereits ahnte, daß all[1] der Glanz und Reichtum des Hofes auf der Armut und der Ausbeutung der Bevölkerung beruhte.

Eines Tages traf es auf seinem Ritt durch den Wald einen wild aussehenden, bärtigen Jüngling. Es sprach ihn freundlich an und erfuhr, daß er zu den Partisanen gehörte, die sich die Befreiung des Volkes von Tyrannei und Ausbeutung zum Ziele gesetzt hatten. Zum Abschied schenkte ihr der Partisan ein kleines rotes Buch und bat, nur heimlich darin zu lesen und es niemandem sonst am Hofe zu zeigen.

Als Schneewittchen, so hieß unsere junge Prinzessin, sieben Nächte in diesem Buch gelesen hatte, kannte sie es so gut wie auswendig und war von der Gerechtigkeit der Sache der Partisanen überzeugt. Als sie das nächste Mal in den Wald ritt, nahm sie heimlich eine Anzahl guter Waffen mit und ritt über die sieben Berge[2], bis sie zum Lager der Partisanen kam, die sie begeistert aufnahmen, zumal sie nützliche Waffen mitbrachte. Die Kunde vom Übertritt der schönen Königstochter ins Lager der Partisanen verbreitete sich wie ein Steppenbrand im ganzen Königreich und führte den Freiheitskämpfern viele neue Anhänger zu.

Schließlich – nachdem mannigfaltige hinterlistige Anschläge der königlichen Truppen abgeschlagen worden waren – stürmten die Partisanen das Schloß, stürzten die königliche Regierung und setzten eine revolutionäre Volksregierung ein, der Schneewittchen angehörte. Die böse Königin wurde wegen heimtückischer Anschläge auf die Volksarmee hingerichtet, der abgedankte

König aber durfte noch viele Jahre in bescheidener Stellung seinem Volke dienen, um wenigstens etwas von dem wiedergutzumachen, was es ihm angetan hatte (ähnlich wie der letzte Kaiser von Mandschukuo in unseren Tagen). In der revolutionären Volksregierung aber trat Schneewittchen für die Befreiung der Frau ein, und alle im Lande liebten und bewunderten es, und wenn es nicht gestorben ist, so lebt es heute noch.

So muß – auf die wesentlichen Züge reduziert – das Ur-Schneewittchen etwa ausgesehen haben. Die ängstlichen Bearbeiter aus dem kleinbürgerlichen oder kleinbäuerlichen Milieu, denen wir die von den Grimms notierte Fassung verdankten, haben alles getan, um diese Urform unkenntlich zu machen: Aus dem freiwilligen, politisch motivierten Entschluß Schneewittchens machten sie die Folge des privaten Racheaktes der eifersüchtigen Stiefmutter, die zu einer erbarmungslosen Schönheitskonkurrenz gegen Schneewittchen antritt.

Aus den mutigen Partisanen hinter den sieben Bergen werden die „sieben Zwerge", eine Modifikation, der man deutlich die Verharmlosungs- und Ridikülisierungs-Absicht anmerkt. Statt mit dem Partisanen-Kollektiv zu kämpfen, wird Schneewittchen die Rolle einer Hausgehilfin bei den zwergenhaften Junggesellen angedichtet. Von den harten Klassenkämpfen bleiben als einzige Spuren die heimtückischen Vergiftungsversuche der verkleideten Stiefmutter übrig. Wiederum wird also das politische Geschehen ins Private umgedeutet.

Den Gipfel der Entstellung aber bildet das Happy-End mit dem plötzlich auftauchenden standesgemäßen Bräutigam. Daß es sich dabei um eine glatte Fälschung handelt, wird an der sichtlichen Verlegenheit der Zwerge und ihrer wenig glaubhaften Bereitschaft, sich von Schneewittchens Sarg zu trennen, offenbar.

An einigen Stellen schimmert freilich noch immer das Ur-Schneewittchen durch: Unverfälscht ist die Solidarität der Rebellen („Zwerge") untereinander und mit der jungen Partisanin und ihre Wachsamkeit gegenüber den Anschlägen des Klassenfeindes (der „Stiefmutter"). Auch ist begreiflich, daß Schneewittchen den Klassenfeind in der proletarischen Verkleidung (die als Kleinhändlerin und Apfelfrau verkleidete Königin) nicht erkennen konnte, weil ihm der sichere Klasseninstinkt fehlte, der die anderen Partisanen zweifellos zur Entlarvung der verkleideten Königin befähigt hätte.

Geschickt nützt die heimtückische Reaktion (Königin) gerade die ethisch motivierte Liebe Schneewittchens zum einfachen Volk (Proletariat) aus, um es zu täuschen. Auch die Tatsache, daß sich die königliche Macht bei ihrem Kampf gegen die Partisanen heimtückischer Mittel (Verkleidung, vergiftete Kämme und Nahrungsmittel usw.) bedient, dürfte als realistischer Zug dem Ur-Schneewittchen entnommen sein.

Das „Spieglein an der Wand" endlich, das so zuverlässig über alles Auskunft geben kann, was im Königreich passiert, könnte eine märchenhafte Allegorie der königlichen Geheimpolizei sein, die an allen Ecken und Enden ihre Späher und Spitzel unterhält. In diesem Falle ist die privatistische Umbiegung durch die Assoziation von Spiegel und „Unbestechlichkeit" besonders naheliegend und raffiniert. Die führende Rolle der Königin bei der Verfolgung der Partisanen dürfte übrigens durchaus der Realität entsprechen, hat es doch noch in unseren Tagen (Madame Nhu!) ähnliche Verhaltensweisen gegeben.

Mir scheint, in diesem Fall darf man den Brüdern Grimm jedenfalls nicht allein die Schuld an der Umarbeitung geben. Sie haben das Märchen vermutlich schon in ängstlich deformierter Gestalt vorgefunden und es lediglich weiter harmonisiert und geglättet. So wurde aus dem Bericht über einen heroischen Volksaufstand eine banale Schnulze, die bereits nach dem bekannten Hollywood- Rezept der dreißiger Jahre arbeitet: „girl (or man) getting into trouble and out again".

Warum sollte das Volk eine solch banale Geschichte überliefert haben? Allenfalls um sich einen handfesteren Trost zu verschaffen, als ihm die Religion zu bieten vermochte. Wo jene nur mit der ausgleichenden Gerechtigkeit im Jenseits winkt, da verspricht das Märchen schon hier der bösen Stiefmutter die verdiente Strafe und dem arglosen Schneewittchen das verdiente Glück. Das Märchen als Opium des Volkes? In seiner Urfassung war es sicher das Gegenteil!

Anmerkungen

[1]   Natürlich erscheint jedem kritischen Leser seit 1871 und noch mehr seit 1918 die Tatsache, daß Schneewittchens Schönheit mit den Farben Schwarz-Weiß-Rot assoziiert wird, als eine höchst fragwürdige nationalistische, ja reaktionäre Anspielung. Die verbürgte Entstehungszeit des Märchens verbietet es allerdings, den Erzählern oder Überlieferern das als Absicht zu unterstellen. Immerhin könnte man sich fragen, ob man nicht aus politisch-erzieherischen Gründen *heute* andere Farben wählen müßte. Erfreulich bleibt andererseits, daß schwarze, nicht – wie bei dem norddeutschen Ursprung der Erzählung und der Teutomanie der Märchensammler naheliegend – blonde Haare als besonders schön bezeichnet werden.

[2]   Auch wenn es denkbar ist, daß mit den „sieben Bergen" seinerzeit das bei Bonn gelegene *Siebengebirge* gemeint gewesen sein sollte, besteht doch kein Grund zu der (in der Bundeshauptstadt kursierenden) Vermutung, dort hielten sich auch heutzutage wieder Guerilleros auf.

6. Wolfram Siebeck (1928-2016)

„Die sieben Zwerge" (1973)

Wolfram Siebeck, *Wolfram Siebecks beste Geschichten*. Frankfurt am Main: Fischer, 1979, S. 286-287.

Es waren einmal sieben Zwerge, die hatten ein Eigenheim im Wald, darinnen sie friedlich lebten, tagein, tagaus. Etwas zu friedlich, wie sie selber fanden. Denn es fehlte ihnen ein Mädchen. („Eigentlich fehlten hier sieben Weiber", sagte der jüngste Zwerg, der gerade aus der Bundeswehr entlassen war. Aber für sieben Mädchen war das Haus zu klein; denn es war ja ein Zwergenhaus.)

Eines Tages kam ein Mädchen mit einem Reh aus dem Wald und blickte vorsichtig zum Fenster hinein. Da grölten die Zwerge vor Begeisterung und wollten sofort eine Party geben. Das Mädchen mit dem Reh hatte ihre Disco-Phase schon hinter sich und war jetzt auf der Suche nach einem Meditations-Zentrum. Deshalb machte sie schleunigst kehrt und verschwand, wie sie gekommen war.

„Weil ihr euch so dreckig benommen habt", warf der älteste Zwerg seinen Kollegen vor. Als bald darauf eine Königstochter an die Haustür kam, saßen sie alle brav am Boden und rauchten still vor sich hin. „Ach, ihr guten Männer", sagte Dornröschen (denn so hieß die Königstochter), „habt ihr vielleicht eine Spritze im Haus, mit der ich fixen kann?"

Aber die Zwerge hatten nur Haschisch. Da ging Dornröschen eilig weiter; denn sie hatte noch einen hundertjährigen Trip vor sich.

Da waren die Zwerge verständlicherweise ziemlich sauer, und sie berieten sich, wie sie es anstellen sollten, daß endlich einmal ein Mädchen bei ihnen bliebe.

„Frauen sind anspruchsvoll!" sagte der älteste Zwerg, der schon dreimal verheiratet gewesen war, „und wir brauchen ein paar Dinge für einen gepflegten Haushalt, ohne die eine Frau einfach nicht leben kann."

Also gingen die Zwerge hin und besorgten sich einen Klein-Kredit, damit kauften sie einen kleinen Fernsehapparat und ein kleines Kaffee-Service für sieben kleine Personen.

Eines Tages kamen dann Hänsel und Gretel vorbei. Die waren von zu Hause ausgerissen, weil die Eltern so mies zu ihnen waren, und jetzt hatten sie kein Kleingeld für die Reise nach Kuala Lampur. Und da die Zwerge gerade nicht zu Hause waren, packten Hänsel und Gretel den Fernsehapparat, das feine Porzellan und den anderen Kleinkram in ihren Kleinwagen und verscherbelten alles an den nächsten Trödler.

Da waren die Zwerge ganz schön bedient, und sie aßen von Papptellern und tranken aus zerbeulten Bechern wie zuvor. Aber dem Schneewittchen, das bald darauf in ihre Bude kam, war das ganz egal. Sie war schon fünfzehn und richtig emanzipiert, und wie man weiß, lag sie bald bei dem siebten Zwerg im Bett.

Die Zwerge aber nannten sich fortan Kommune 7 und lebten glücklich und in Freuden.

Moral: Geduld, liebe Freunde, keiner bleibt ewig allein.

7. Jürgen Becker (geb. 1932)

„Schneewittchen in New York" (1974)

Jochen Jung (Hrsg.), *Bilderbogengeschichten. Märchen, Sagen, Abenteuer. Neu erzählt von Autoren unserer Zeit.* München: Deutscher Taschenbuch Verlag, 1976, S. 29-32.

Warum wir ihm die Sechserpackung Miller High Life Bier mitbrachten, das wußte Donald sofort. Es war eine solcher handlichen Packungen Dosenbier, von denen Donald im ‚New Yorker' erzählt hatte, daß sie Bill durch die Frontscheibe eines blauen Volkswagens geschmissen hatte, und zwar um zwei Typen wissen zu lassen, daß sie nicht ungestraft einst in seiner Pfadfinderzeit ihm das Trauma mit dem Schwarzen Pferd eingebrockt hatten. Bill hatte darunter gelitten und wurde ein Versager und später gehenkt, von seinen sechs Kumpels aus der Gebäudereiniger-Kolonne, mit denen er zusammen lebte und deren Führer er war, bis Hogo auftauchte mit seinen blitzenden Motorradketten. In dieser wilden Stadt war das alles vorstellbar.

Es war im Village im unteren Teil von Manhattan, und Donald war der Dichter Donald Barthelme, der da mit seiner Tochter lebte und Geschichten schrieb. Schrieb er für die Tochter Geschichten mit einem altdeutschen Inhalt? Er hatte für die Tochter eine Kindergeschichte geschrieben, ja, und jetzt nun die Märchensache im ‚New Yorker', dem fabelhaften Stadt-Magazin. Wir tranken Wodka und wollten wissen, was, wie das mit Schneewittchen war.

Zweiundzwanzig Jahre alt. Mit Schönheitsflecken verstreut über dem Schnee ihrer Haut, und schwarz wie Ebenholz das Haar, und sie kämmte das Haar immer aus dem Fenster hinaus, so daß die ganze Männerwelt vor dem Gebäude stehen blieb und hochstarrend an die Wirklichkeit der Männerträume zu glauben begann. Keine Reklame. Kein kaufbares Modell. Unter der Dusche schien sie allen zu gehören.

Bill, Kevin, Edward, Hubert, Henry, Clem und Dan. Diese sieben Jungens also, alles gute Amerikaner, um die sich der Präsident ebenso viele Sorgen machte wie um die anderen Millionen Amerikaner. Sie reinigten Gebäude, und sie hatten einen Nebenjob, indem sie einen Kessel unterhielten, den sie für das Kochen von Kindernahrung benutzten, Säuglingskost von der chinesischen Art. Alles nach den buchstäblichen Worten von Donald, der seine Phantasie durch Manhattan schweifen ließ, um eine glaubwürdige Gegenwart zu finden für das Mädchen und die kleinen Männer aus dem alten deutschen Wald.

Der Transport, die Umsiedlung, die Immigration, was auch immer, Schneewittchens war komplett gelungen und geglückt; ein vollkommener Fremdkörper im Gemisch der Fremdkörper der immer komplizierter werdenden Stadt.

Bewaffnete Banden schweiften umher, und wir gingen mit Messern bewaffnet. Dampf stieg aus den Straßenschluchten auf, und durch die Hotelwände hörten wir das Schluchzen und Jubeln der Paare. Wir waren sehr glücklich und kämpften um jeden Tag, den wir zu bezahlen hatten. Donald zeigte uns die Village-Straßen, durch die er ging. Freundliche, kontinentale Straßen mit Bäumen vor den bunten Häusern und Hunden in den Fenstern, in die wir hineinschauten, um pornographische Geheimnisse zu entdecken. Schneewittchen aber schrieb ein Gedicht, ein so langes Gedicht, daß ihre sieben Freunde beunruhigt waren und nicht mehr glaubten, sie käme zurück in ihre verständnislose Welt.

Und Schneewittchen war Amerikanerin, die das alles studierte, alles über die Geschichte der Frau, die Klassische Gitarre, die Grundlagen der Psychologie, die Englischen Dichter der Romantik, Persönlichkeitsbildung, Ölmalerei, den Italienischen Roman und das alles. Empfindsam wie sie war, klagte sie wörtlich: Gibt es denn gar keine Worte in dieser Welt, die nicht die Worte sind, die ich immer höre? Und ihre Freunde suchten neue Worte, und die sie fanden, boten sie der Unbefriedigten an, aber es war mit den Worten wie mit all den anderen Sachen, die sie anboten und die Schneewittchen unbefriedigt ließen, ja, es war eine Qual mit Schneewittchen, die für Unglück sorgte, unter denen, die alle nur für ihr Glück auszogen, täglich, und arbeiteten, täglich, umsonst.

Was hatten die Emigranten, ehe sie Amerikaner wurden, mitgebracht aus den alten Ländern Europas? Warum haben die Vereinigten Staaten Heimweh? Warum sehen so viele Mädchen aus den Colleges mit ihren Mittelscheiteln ganz wie Madonnen aus? Warum blühen so viele Psychosen in den Verstecken der Seelen nicht nur der reichen oberen Klassen? Schneewittchen, im Dröhnen der Subway, im Gelächter der Late-Late-Show, zwischen Bloomington und Tiffany, auf den Felsen der Cloisters und in der Schlucht der Wall Street, erinnert sich und kann nicht lassen die Erinnerung an den Jäger, den Wald, den Apfel, den Kamm und das dampfende Messer. Und erst die Illusionen, die Hoffnung! Nicht nur Schneewittchen ist eingestellt auf Empfang, wenn die Botschaften aus der Madison Avenue unterwegs zu ihrem Medium sind; und es sind nicht alleine Schneewittchens Erwartungen, die hinüberschweifen westwärts zu den glitzernden Hügeln von Hollywood. Träumende sind die Amerikaner, auf allen Kanälen, und keine Sendestation wird rentabel sein ohne all die Geräusche, die Bilder der wünschenswerten Zeit. Schneewittchen ist nur ein Beispiel, vielleicht ein Beispiel für Minderheiten, aber ein Beispiel, auf psychologische Besonderheiten programmiert, wenn sie, nach sieben kleinen Männern nachts, für sich das Eine denkt: Einmal wird er kommen, mein Prinz. Und morgens beim Zähneputzen: Welcher, aber welcher Prinz?

Jane lebte mit Hogo, dem ledernen Rocker, und einst waren die Männer meilenweit gekommen, um von ihr unterworfen, mit Gewalt genommen zu werden. Erst Hogo hatte sie gemeistert und sie zu dem gemacht, was sie sein

Betthäschen nannte, jetzt, in der beginnenden Krise ihrer reifen Jahre, in der sie begonnen hatte zu spüren, was es heißt, nicht mehr die einzig Begehrte, die einzig Unterwerfende zu sein. So flackerte denn der Haß in ihr auf, wenn sie die kommenden jungen Geschöpfe sah, in den Spiegeln der weiten Hotel-Hallen, im Rückspiegel ihres kobragrünen Pontiac. Noch war es ihre Cello-Figur, die Hogos Hände Virtuoses leisten ließ, aber woran dachte Hogo, wenn er dachte; was entstand da auf den beschlagenen Fenstern an Form einer Viola da Gamba? Jane blickte auf die schmelzenden Eiswürfel in ihrem Glas. Donald killte eine weitere Flasche Gibson-Wodka.

Diese amerikanischen Magazin-Poeten sind verteufelt clever. Mitten in ihre Geschichten packen sie gleich die Meinungsforschung über ihre Geschichten hinein. Donald wollte von uns, seinen Lesern, wissen: Gefällt Ihnen die Geschichte bis hierher? Ja oder Nein. Ähnelt Schneewittchen dem Schneewittchen, das Sie kennen? Ja oder Nein. Ist Ihnen bereits klar geworden, daß Paul den Prinzen verkörpert? Ja oder Nein. Daß Jane die böse Stiefmutter verkörpert? Ja oder Nein. Richtig, was ist uns klar geworden über Paul?

Mit Paul hatten wir Schwierigkeiten, weil wir nie wußten, woran wir mit ihm waren. Paul, der in der Badewanne sitzt. Paul, dem die Jungens die Schreibmaschine klauten. Paul der Hard-Edge-Maler, der Mönch, der Voyeur, der Frosch. Oder war Paul nur eine Projektion der Langeweile, der Sehnsucht, der Hoffnungen Schneewittchens? Wir fragten mit Schneewittchen selbst. Aber es gab ihn doch, unter dem abendlichen Baum, unter dem er hervorlugte, um die weiße Nacktheit des Mädchens zu erspähen. Und es gab ihn weiter noch, bis zu seinem bitteren Ende. Mit seinem blauen Prinzenblut aus dem Blutstrom des alten abgesetzten europäischen Adels mußte Paul in der Geschichte seine Rolle spielen, dies war vor allem Schneewittchen klar, und daß er versagte, daß er vor Hogo, dem wahren Häuptling, zurückwich, daß er seine Rolle nicht zu spielen vermochte und in einem Kloster verschwand, es machte Schneewittchen nicht glücklicher in einem Zustand, in dem sie wartend dasaß, ganz auf einen Prinzen programmiert. In einer wahren Demokratie hätte zwar Hogo, der Aufsteiger, nun seine Chance haben müssen, aber Schneewittchen, dieses konservative Mädchen, gab ihm seine Chance nicht; mehr als ein Flirt war nicht drin, in einem Verhältnis, das an der Klassenfrage zerbrach. Daß Jane vor Eifersucht kochte, versteht sich am Rande. Und diese Sache mit dem vergifteten Wodka Gibson on the Rocks erklärte sich vollkommen aus ihrer umständebedingten Natur. Arme Jane, alternd und alles verlierend, selbst ihr Opfer verfehlte sie.

Donald nämlich hatte an diesem Punkt der Geschichte eine Wendung gegeben, die uns überraschte und verwirrte. Warum ließest Du Paul den vergifteten Wodka trinken, den Jane doch hatte gemixt für Schneewittchen? Wir fragten und fragten Donald, der eine weitere Flasche Wodka killte und uns anstarrte, als zweifelte er an unserem Verständnis für seine Collage-Technik, unserem Sinn für seine Ironie. Wir resignierten und erinnerten uns an die Parties, die wir in Manhattan mitgemacht hatten, und wir dachten, ja, so geht es zu auf euren Parties, wo alles drüber und drunter geht und wo jeder alles durcheinander trinkt.

Verklärt verschwand Schneewittchen auf einem anderen Stern, um die Jungens der Suche nach einem anderen Prinzip zu überlassen, nach welchem sie geschuftet und gelitten hatten. Sie waren härter geworden, seit Hogo die Führung übernommen hatte, direkter und aktiv. Gut so, die Jungens wurden gebraucht. Donald blickte düster auf sein freies Land. Seine Wette, daß der Präsident nach neunzig Tagen sein Amt würde räumen, freiwillig oder nicht, verlor er vollkommen. Er schrieb dann andere Geschichten über das Leben in der Stadt, Geschichten, wie sie das Stadt-Leben schrieb. Eine fing so an: Elsa und Ramona betraten die schwierige Stadt. Wir verließen die Stadt und nahmen zur Erinnerung eine leere Miller High Life Dose mit, die wir zwischen Büchern aufbewahren und hüten wie ein altes Exemplar.

8. Franz Fühmann (1922-1984)

„Schneewittchen: ein paar Gedanken" (1976)

Klaus Wagenbach (Hrsg.), *Tintenfisch. Jahrbuch für Literatur.* Berlin: Verlag Klaus Wagenbach, 1977, S. 43-45.

Das liebe deutsche Märchen vom Schneewittchen, wem wäre nicht vertraut, wie es anhebt:

„Es war einmal mitten im Winter und die Schneeflocken fielen wie Federn vom Himmel herab, da saß eine Königin an einem Fenster, das einen Rahmen von schwarzem Ebenholz hatte, und nähte. Und wie sie so nähte und nach dem Schnee aufblickte, stach sie sich mit der Nadel in den Finger und es fielen drei Tropfen Blut in den Schnee. Und weil das Rote im weißen Schnee so schön aussah, dachte sie bei sich: ,Hätt ich ein Kind so weiß wie Schnee, so rot wie Blut und so schwarz wie das Holz an dem Rahmen.' Bald darauf bekam sie ein Töchterlein, das war so weiß wie Schnee, so rot wie Blut und so schwarzhaarig wie Ebenholz, und ward darum das Sneewittchen genannt. Und wie das Kind geboren war, starb die Königin."

Und wer wüßte nicht, wie es weitergeht: Da nun die gute Königin tot war, nahm der König die böse Stiefmutter ins Haus, und die ertrug nicht, daß ihr Spiegel sagte, Sneewittchen sei tausendmal schöner als sie: Ihr Jäger bekam den Befehl, Sneewittchen zu töten.

Ein altes Märchen, nur: Die Märe, die Jacob Grimm aufgezeichnet hat, wurde, wie die erhaltene Urfassung der „Kinder- und Hausmärchen", die Oelendorfer Handschrift ausweist, ihm von seiner Gewährsfrau, vielleicht der alten Frau Viehmann, in einem Punkt entscheidend anders erzählt. Sie wußte es so:

„Es war einmal Winter und schneite vom Himmel herunter, da saß eine Königin am Fenster von Ebenholz und nähte, die hätte gar zu gerne ein Kind gehabt. Und während sie darüber dachte, stach sie sich ungefähr mit der Nadel in den Finger, so daß drei Tropfen Blut in den Schnee fielen. Da wünschte sie und sprach: ,ach, hätte ich doch ein Kind, so weiß wie diesen Schnee, so rothbackigt wie dies rothe Blut und so schwarzäugig wie diesen Fensterrahm!'

Bald darnach bekam sie ein wunderschönes Töchterlein, so weiß wie Schnee, so roth wie Blut, so schwarz wie Eben, und das Töchterlein wurde Schneeweißchen genannt. Die Frau Königin war die allerschönste Frau im Land, aber Schneeweißchen war noch hunderttausendmal schöner, und als die Frau Königin ihren Spiegel fragte:

,Spieglein, Spieglein an der Wand,
wer ist die schönste Frau in ganz Engelland?'

so antwortete das Spiegelein: ,Die Frau Königin ist die schönste, aber Schneeweißchen ist noch hunderttausendmal viel schöner.' Darüber konnte es die Frau Königin nicht mehr leiden, weil sie die schöneste im Reich wollte seyn …"

Die Märe ist dem Mythos noch nahe: Die gute Mutter und die böse Stiefmutter (und auch der exekutierende Jäger) sind hier *eine* Person. – Du wünscht, daß dein Kind schöner sei als du, aber du sollst die Schönste bleiben. – Der umgekehrte Ödipus. – Wilhelm, der Redakteur der gemeinsamen Sammlung, mochte diese Kraßheit nicht ertragen haben, und entgegen seiner erklärten Absicht: „diese Märchen, so rein als möglich war, aufzufassen", hat er, „daß ein eigentliches Erziehungsbuch daraus werde", den Widerspruch auseinanderdrieselt: die gute Mutter hier; die böse Stiefmutter dort. Dieses Gegensatzpaar erlaubt bestimmte didaktische Demonstrationen; der Mythos aber trifft ins Herz. Darf ich auf einen Zug von Märchen wie Märe aufmerksam machen, der mir bedeutsam erscheint? Germanisten mag aufgefallen sein, daß gegen die Grammatik verstoßen wurde: Ein Superlativ wurde übersteigert, was ja bekanntlich nicht zulässig ist. Die Königin wird im Spiegel „die schönste" genannt; gleichzeitig aber sei, laut derselben Aussage, Sneewittchen/Schneeweißchen tausendund hunderttausendmal schöner als sie. Man könnte dies als Diplomatie des Spiegels auslegen und zweifellos träfe dies Wesentliches. Die Wahrheit ist im Kronsaal schwierig zu sagen, wieviel mehr erst im Boudoir, aber ich glaube ebenso, daß der Spiegel mit diesem verkappten Elativ auf das Andersartige von Sneewittchens Schönheit, auf das Inkommensurable der Generationen hinweist. Die Königin soll die Schönste in ganz Engelland bleiben. – Schneewittchen ist anders schön als sie.

So rot wie Blut: Wir wollen unsre Jugend klug und kenntnisreich, doch wenn sie uns dann Fragen stellt, die uns unbequem sind, ertragen wirs schwer, und wenn wir um Antwort verlegen sind, werfen wir ihr Undankbarkeit vor.

So weiß wie Schnee: Wir wollen unsre Jugend voll edler Gefühle, doch wenn sie sich da empfindsam zeigt, wo wir abgestumpft sind, ertragen wirs schwer, und ehe wir uns zu schämen beginnen, werfen wir ihr Überheblichkeit vor.

So schwarz wie Ebenholz: Wir wollen unsre Jugend charakterfest, doch wenn sie auf dem beharrt, was sie zu wissen und tun zu müssen glaubt, ertragen wirs schwer, und wenn sie uns dann widerspricht, werfen wir ihr falsches Bewußtsein vor.

Wer den Fortschritt als Prinzip der Geschichte ansieht, müßte erwarten und wünschen, daß die nächste Generation die seine überflügle. – Wir wollen die Jugend besser als uns und verstehen schlecht, daß dies Besser-Sein ein Anders-Sein fordert. Wir wollen, im Grund genommen, die nächste Generation also so etwas wie unsre Miniaturausgabe; wir sehen in ihnen nur uns selbst, die wir noch einmal anfangen könnten. – Wir gestehen *uns* dann zu, besser zu sein. – Wir gestehen, wenn die Nachfolgenden dann so wären (und mache sinds ja, und manche auch musterhaft) wie wir, ihnen gerne etwas mangelnde Reife zu, etwas Überschwang, etwas über die Stränge, auch ein bißchen mehr Lust und gern sehr viel mehr Glück. Wir sehn ihnen auch ein wenig Leid nach und gestatten, in Maßen, etwas Trauer zur Mitternacht, ja wir konzedieren sogar ein klein wenig rückkehrbereiten und sichtbar als rückkehrbereit angelegten Irrtum und Umweg, wir sind ja nicht so! Nur eben: alles in unsrem Rahmen und nach unsrem Maß, und wenn über die Stränge, dann über unsre, und die setzen unser Geschirr voraus. – Es ist ehrliche Sorge, die uns da leitet: Wir hatten Fragen und fanden Antworten, die sind uns kostbar, und da wir sie einmal haben, wär es doch gut, wenn die Jungen die gleichen Fragen stellten, auf daß unsre paraten Antworten passen. – Wir sollten ertragen lernen, daß sie Andres fragen und anders fragen. – Wir haben auf unsren Wegen Erfahrung gesammelt, bittre, beglückende, jedesmal schwierige, und nun müssen wir auch die Erkenntnis bewältigen lernen, daß jede und jede Generation ihre eigenen Erfahrungen machen muß. Wir können ihr da nichts abnehmen, so gern wirs auch täten. – Wir haben ein sehr weites Herz für die Jugend und werden rasch böse, wenn sie da nicht einzieht. – Wir werfen ihr dann nicht nur Pietätlosigkeit vor. Wir werfen ihr Unproduktivität vor, wenn sie unbetretene Pfade zu gehn wünscht: Man kommt dort langsamer voran, und überhaupt: was heißt voran? In der bestimmenden Tendenz dieses Jahrhunderts hält unser Mühn seine eigene Richtung zu unbestreitbaren Erfolgen, da möchten wir auch die Art unsres Schrittesetzens gern als die richtige allgemeinverbindlich, und hier werden wir besonders unwirsch, wenn sich dazu nicht Hingabe zeigt.

9. Johann Friedrich Konrad (1932-2015)

„Schneewittchens Mutter erzählt" (1981)

Johann Friedrich Konrad, *Hexen-Memoiren. Märchen, entwirrt und neu erzählt.* Frankfurt am Main: Eichborn, 1981, S. 33-36.

„Wie man's nimmt. Ich war selbst mit schuld daran. Ich war sehr schön und wollte auch ein besonders schönes Kind haben: Haut zart und weiß wie Schnee, Lippen und Wangen rot wie Blut und Haar schwarz wie Ebenholz. Ich bekam's auch – aber ich hatte ja nicht gewußt …" „Was hattest du nicht gewußt?" „Das war so: die ersten Jahre war ich die schönste Frau – jedenfalls für meinen Mann. Er sagte es mir immer wieder mit Worten, mit Blicken: Du bist die Schönste im ganzen Land! Er strahlte meine Schönheit wider. Das Spieglein an der Wand brauchte ich gar nicht – nur zur Kontrolle ab und zu.

Als Schneewittchen dann heranwuchs, sah mein Mann immer mehr sie, immer mehr sie und schließlich immer nur sie. Ich weiß noch, wie es mir durchs Herz ging, als er aussprach, was seine Augen lange schon verraten hatten: „Ist sie nicht eigentlich noch schöner als du?" „Eigentlich" und „noch" hätte er sich sparen können. Es schien ihm wohl besser, einige Emotionsdämpfer einzubauen. Aber es saß, und es saß tief.

Das Spieglein an der Wand sagte mir: Du bist halt jetzt nicht mehr so schön. Schau: die Fältchen hier und die Fältchen da; das Haar fällt ja noch gut, aber ganz so voll und ganz so lang ist es auch nicht mehr. Schneewittchens Haare hingegen wuchsen, ihr hübsches Gesicht bekam frauliche Züge, und dann noch ihre Figur …

Schiffsreisen machte mein Mann nur noch mit Schneewittchen. „Du wirst ja doch immer gleich seekrank", schob er mich ab. Ich gönnte dem Kind ja alles, aber ich hatte den Eindruck, er verwöhnt die Göre zu sehr, die muß mal aus dem Haus, die muß mal arbeiten lernen, sonst wird nichts aus ihr. Aber mein Mann hielt sie noch für zu jung und zu zart: „Laß sie noch eine Zeit bei uns; sie wird uns noch früh genug verlassen. Das arme Geschöpf allein in fremder Welt", jammerte er.

Als Schneewittchen unsere Meinungsverschiedenheit bemerkte, machte sie Front gegen mich. Mit ungeahnter Raffinesse spielte und trickste sie mich aus und litt vor den besorgten Augen ihres Vaters. Oh – wie sie vor ihm unter mir leiden konnte! So legte sie den Grundstein für das Märchen von dem braven Schneewittchen und ihrer bösen, mörderisch bösen Mutter.

Wenn sie mit mir allein war, warf sie mir die gemeinsten Dinge an den Kopf; wenn ich mich wehrte und mir die häßlichen Reden verbat, bekam sie einen Erstickungsanfall und wurde ohnmächtig. Den günstigsten Zeitpunkt dazu hatte sie gut raus. Ich weiß bis heute nicht, wie sie das machte: sie brach meist zusammen, kurz bevor mein Mann dazu kam. „Du bringst mir das Kind noch um", fuhr er mich an, hob sein zartes Schneewittchen vom Teppich, trug es behutsam durch das Zimmer, legte es sacht und sanft aufs weiche Sofa und holte Fruchtsaft mit Cognac. Da kam sie wieder zu sich. Ihre großen, blauen Augen hingen traurig an Vaters Blick.

Vater streichelte ihr Stirn und Haar.

Wenn sie dann zu mir blickte: ein einziger Triumph, höhnische Verachtung für ihre Mutter. Ich wandte mich ab – und sah im Spiegel, wie sie grinsend ihren Kopf über mich schüttelte.

Das Kind muß weg, schwor ich mir, sonst geh' ich kaputt. Schneewittchen oder ich – eine muß weg!"

„Natürlich das Kind!" johlen die zwei anderen Hexen dazwischen. „Das Kind muß weg! Das Kind muß weg! Nieder mit Schneewittchen!" Da lachen alle drei. Sie lachen, was sie lachen können. Hexen können über alles lachen, was einmal war, auch wenn es noch so bitter war, eben weil es war und nicht mehr ist.

„Die mußte weg", erklärt Irene, als sie zu lachen aufhören, „denn durch ihr Verhalten hat die dich ja zu einer solchen Hexe gemacht, wie man sie sich damals vorstellte."

„Genau! Alles, was ich nun sagte und tat, wurde mir als böse ausgelegt. Ich gebe zu: ich habe sie außer Hauses gebracht, als mein Mann mal im Ausland war. Ich gab sie als Haushaltshilfe in den Knabenhort einer Bergwerksschule hinter dem Siebengebirge. Sie mußte ja mal was lernen und sich bewähren. Schönsein allein genügt nicht!"

„Da hast du recht!" stimmen die beiden anderen zu. „Damals war es so – heute können wir's uns leisten, nur schön zu sein! Als Hexen brauchen wir nichts anderes als schön zu sein, schön und glücklich!"

„Dennoch hatte ich Kontakt mit ihr gehalten. Schließlich war sie ja mein Kind. Ich besuchte sie zuweilen und brachte ihr Kleidung, Toilettenartikel und was Schönes zu essen. Es war das alte Lied: solange sie mit mir allein war, sagte sie mir häßliche Worte, hörte sie dann die Knaben kommen, fiel sie in Ohnmacht. Wie ihr Vater, haben mir auch diese unerfahrenen Jungens das als Mordversuche angekreidet. Und selbst zwergenhafte Verleumdungen können riesenhafte Folgen haben!"

Schließlich hatte sie sich auch einen Kerl angelacht, der sich als Märchenprinz ausgab. Das Ganze kam mir gleich wie ein Komplott vor. Jedenfalls kam das Pärchen schon mit fertigem Gerichtsurteil zur Hochzeit nach Hause: Wegen mehrfachen Mordversuches Tod in glühenden Schuhen. Ich tanzte nur einen Samba, dann war ich verglüht und – frei!"

„Frei", rufen die drei Hexen vor Freude, schnappen sich jede ihre Zaunlatte und sausen hinauf in die Wolken, über den Dächern des nächsten Dorfes ziehen sie einige großzügige Achten und landen wieder auf der Tanne.

„Du bist dran, Irene" sagt Agathe; „erzähl', wie sie dich zur Hexe gemacht haben!"

10. Monika Maron (geb. 1941)

„[Schneewittchen]" (1981)

Monika Maron, *Flugasche*. *Roman*. Frankfurt am Main: Fischer Taschenbuch Verlag, 1995 (1. Aufl. 1981), S. 15-16.

[...]
    Ich sollte es nutzen, daß ich zu Hause bin. Das Telefon steht griffbereit vor mir auf dem Tisch. Ich nehme den Hörer ab, um zu kontrollieren, ob das künstliche Herz unserer Kommunikation auch schlägt. Aber offenbar will niemand mit mir sprechen. Ich drehe den Filter meiner Zigarette zwischen Zeigefinger und Daumen, betrachte die Struktur der Fasern, schnippe die Asche ab, die nicht da ist.
    Diese dreimal verfluchte Warterei. Worauf denn?
    Auf den berühmten Märchenprinzen, der klingelt: Guten Tag, schöne Frau. Sie fahren morgen nach B. und fürchten sich vor der Einsamkeit? Bitte erweisen Sie mir die Huld und verfügen Sie über mich.
    Bleibt der Ausweg der Trostlosen. Ich hole mein Bett aus der Truhe, beziehe es frisch, stelle eine Vase mit einer welken Rose daneben, ziehe mein schönstes und längstes Nachthemd an – ein sinniges Geburtstagsgeschenk der Frau Mama für ihre dreißigjährige Tochter. Für eine Leidende sehe ich zu frisch aus. Ich schminke mir eine angemessene Blässe auf die Haut, die Lider etwas dunkler, verbrauche den Rest meines besten Parfüms und betrachte mich im Spiegel, wohlgefällig, mißtrauisch, voller Schadenfreude gegen Märchenprinzen und andere. Das haben sie davon. Eines Tages ist das vorbei, und sie haben es nicht gesehen. Ich gieße ein Glas Rotwein ein, stelle es wie einen Gifttrunk behutsam neben die Rose und lege mich ins Bett wie Schneewittchen in den Sarg.

11. Uta Claus (geb. 1949)

„Schneewittchen" (1984)

Uta Claus und Rolf Kutschera (Illustrator), *Total tote Hose. 12 bockstarke Märchen.* Frankfurt am Main: Eichborn, 1984, S. 39-43.

Die ganze Story fing damit an, daß Whitys schwerreicher Alter es nicht ohne Weib aushalten konnte und sone geile Alte in die Bude brachte. Das war ne unheimliche Chaotin, nur Schminke und Klamotten in der Birne. Und wenn sie ein anderes Weib sah, was dufter aussah als sie selber, dann wurde die rattendoll. Die Whity sah wahnsinnig scharf aus, deswegen wollte die Alte sie um die Ecke bringen. Selber hatte sie aber Schiß, deswegen kaufte sie nen Typ. Der strich dann die Dollars ein, ließ Whity aber laufen. Die – schwer clever wie se is – setzte sich dann zu 7 Mackern ab, die irgendwo im Wald sone Art Kommune aufgemacht hatten. Als die da einlief, waren die gerade aber auf Achse. Whity mußte sich wohl unbedingt was zu beißen zwischen die Malmer schieben und einen kippen, und dann hatse sich hingehauen, weil sie knallmüde war.

Als die Jungs nach Hause kamen, waren die ziemlich von den Socken und ließen so Sprüche los wie: wer hat von meiner Pizza gemampft, wer hat von meinem Kalterersee geschlürft, wer hat von meinem Haschpfeiflein genuckelt? Dann sahn sie die Whity in der Poofe liegen und haben erstmal mit den Ohren geschlackert. Aber dann blickten sie echt voll durch und beschlossen, daß sie bleiben konnte.

Die beknackte Alte muß irgendwie geschnallt haben, daß Whity doch noch lebt und will sie jetzt selber über den Jordan bringen. Erst macht se auf „fliegende Boutique" und dreht ihr nen Gürtel an, zurrt den dann so säuisch zu, daß der Whity die Puste wegbleibt und se hinknallt. Aber die Jungs kriegen sie wieder hin.

Beim nächsten Mal geht die Alte als sone Art Avon-Beraterin und steckt der Whity einen vergifteten Haarkamm in die Minipli. Den machen die Jungs locker wieder raus. Aber dann beim dritten Stoß muß die Whity dran glauben. Da kommt die beknackte Ziege als Bäuerin mit ungespritzten Äpfeln. Aber alles Mache: reine Arsenbomben waren das! Weil se gerade auf nem alternativen Trip ist, beißt Whity gleich voll rein und geht hopps. Die Jungs schnallen total ab, aber auf soner bürgerlichen Buddelei stehen die überhaupt nich, deshalb stellen se se in nem Glaskasten in den Wald und verpissen sich. Der Witz ist: die Leiche vergammelt überhaupt nicht, weil sie nicht ordentlich tot ist, und muß noch richtig knackig ausgesehen haben. Jedenfalls kam dann ein Sproß aus ner ganz noblen Family vorbei, fand die Leiche baumstark und schleppt sie sofort zu sich nach Hause ab. Unterwegs kam er ins Stolpern. dabei hust die Leiche den Apfelmatsch wieder raus und wachte auf. Sie war auch sofort wieder topfit, und riß sich den Macker gleich unter den Nagel. Und die beknackte Alte haut der Schlag oder sowas aus den Latschen, als sie spannt, daß Whity wieder durch die Gegend stiefelt und dazu noch ne irre Schnappe gemacht hat.

12. Ulrich Kaiser (geb. 1963)

„Schneewittchen und die sieben Zwerginnen
oder
Wenn der Sohn besser Tennis spielt" (1984)

Ulrich Kaiser, *Die miesen Tennis-Tricks von Hänsel und Gretel.* Bad Homburg:
Limpert, 1984, S. 104-109.

Es war einmal ein König, der war ein ganz gewaltiger Tennismeister, und man
lobte ihn landauf landab wegen seiner gewaltigen Schläge, denen kein anderer
gewachsen war. Aber dieser Tennis-König war auch ein recht eitler Herr, der
sich seinen Gegenübern überhaupt nicht nett zeigte. Bei jedem Spiel stöhnte er,
daß er sich wieder mit diesen Nichtskönnern herumprügeln müsse, er stritt mit
den Schiedsrichtern und wehe, es putzte sich unter den Zuschauern einer seine
Nase – dann behauptete er einfach, daß bei diesem Krach kein Mensch spielen kann und ging davon. Deshalb war dieser Tennis-König nicht besonders
beliebt. Von diesem Mann muß man außerdem noch wissen, daß er einen wunderbaren Spiegel besaß. Vor diesem Spiegel stellte er sich jeden Tag mindestens
einmal in Positur und fragte:

„Spieglein, Spieglein an der Wand,
wer ist der Beste im ganzen Land?"

Und weil Spiegel nicht lügen, sagte der Spiegel:

„Herr König – Ihr seid der Beste im ganzen Land!"

Dann war der Tennis-König sehr zufrieden.
Nun hatte es sich ergeben, daß der König eine reiche Witwe heiratete, die
brachte einen sehr schönen Sohn in die Ehe. Dieser Sohn schaute seinem Stiefvater eine Zeitlang zu, wenn der Tennis spielte, und eines Tages fragte er ihn,
ob er nicht auch einmal mittun dürfe. Der König hatte einen gnädigen Tag und
schlug mit seinem Stiefsohn einige Bälle. Aber dann sagte er: „Warum soll ich
mich mit Dir abgeben? Du kannst genauso gut mit meinem Tennislehrer spielen – außerdem lernst Du das sowieso nie richtig!" Aber der Junge entwickelte
sich sehr gut, und als eines Tages seine Mutter ums Leben kam – die geheimnis-
vollen Umstände des Todes wurden nie ganz geklärt – spielte er noch öfter. Er
lehnte es aber ab, irgendwelche bunten Hemden, Hosen oder Socken zu tragen,
sondern kleidete sich immer in strahlendes Weiß. So kam es, daß man ihn unter den anderen Tennisspielern bald nur noch ‚Schneewitt' nannte, wogegen er

auch nichts hatte, denn schließlich handelte es sich um den weißen Sport. Der Tennis-König, der sein Stiefvater war, merkte lange Zeit nichts davon. Erst als er eines Tages wieder vor dem Spiegel stand und fragte, wer denn der Beste im ganzen Land wäre, antwortete der Spiegel, der ja immer die Wahrheit sagt:

„Herr König – Ihr seid der Beste hier.
Aber Schneewitt ist tausendmal besser als Ihr!"

Da wurde der Tennis-König gelb und grün vor Neid und ganz schön sauer über seinen Stiefsohn. Bei der nächsten Gelegenheit warf er ihn einfach hinaus: „Wenn Du glaubst, Du kannst hier den ganzen Tag herumhängen und Tennis spielen, hast Du Dich getäuscht! Ich will Dich hier nicht mehr sehen!" Insgeheim hoffte er, daß der Schneewitt nun richtig arbeiten müsse und darüber keine Zeit zum Tennisspielen finden würde.

Aber Schneewitt packte seine Schläger und zog über sieben Berge, bis er ein blitzblankes hübsches Häuschen fand. In dem Haus war alles ein wenig klein: Auf dem Tischlein standen sieben Tellerlein mit sieben Löffellein und sieben Messerlein und sieben Gäbelein und sieben Becherlein, im nächsten Zimmer fand Schneewitt sieben Bettelein. Dort legte er sich nieder nach dem langen Marsch, nachdem er von jedem Tellerlein und von jedem Becherlein ein wenig gekostet hatte.

Als er nun so da lag und schlief, kamen sieben Zwerginnen vom Turntraining, denn ihnen gehörte das Haus, und sie waren Weltmeister im Turnen für Zwerginnen. Die merkten natürlich gleich, daß da einiges in Unordnung geraten war und daß da jemand von ihren Tellerlein gegessen und aus ihren Becherlein getrunken hatte – die Riegenführerin, eine resolute Zwergin mit einem großen Busen, meinte sogleich: „Ich rieche Männerfleisch! Das fehlt uns gerade noch, daß wir hier einen Kerl auf die Bude bekommen!" Dann öffnete die eine von den Zwerginnen die Tür zum Schlafzimmer und sah den Schneewitt da schlafen – da war natürlich einiges los, das könnt ihr euch sicherlich vorstellen.

Darüber wurde der Schneewitt natürlich wach und erzählte den Zwerginnen seine Geschichte, worauf sie alle sehr mitleidig waren und ihm sagten, er könne hier wohnen bleiben, bis er etwas anderes gefunden hätte. Und er dürfe selbstverständlich auch Tennis spielen, obgleich die Zwerginnen als Partner alle ein bißchen klein seien. Außerdem sollte der Schneewitt den Hausmann spielen, aufräumen, kochen und was der Dinge mehr sind. Die Zwerginnen mußten ja meistens von morgens bis abends trainieren, weil sie ja Weltmeister waren. Schneewitt fand das alles wunderbar. Nur als man abends ins Bett gehen wollte, gab es noch eine Schwierigkeit, denn es waren ja nur sieben Bettelein vorhanden. Aber die resolute Riegenführerin entschied, daß Schneewitt jede Nacht in einem anderen Bett schlafen sollte – das würde schon gehen, weil Zwerginnen ja bekanntlich nicht so viel Platz wegnehmen und trotzdem schön warm sind. Schneewitt fügte sich drein und die sieben Zwerginnen fanden das auch gut so.

Der Tennis-König glaubte nun, er sei wieder der beste Spieler weit und breit – eines Tages fragte er wieder den Spiegel und der log nicht, als er sagte:

„Herr König – Ihr seid der Beste hier.
Aber Schneewitt hinter den sieben Bergen
bei den sieben Zwerginnen
ist noch tausendmal besser als Ihr!"

Da war der Tennis-König wieder ganz schön sauer und überlegte sich, wie er seinen Stiefsohn loswerden könnte. Er verkleidete sich als Kaufmann, stieg in seinen Wagen und fuhr den ganzen Tag, bis er hinter den sieben Bergen war, wo er auch alsbald das Haus fand, das den sieben Turn-Zwerginnen gehörte. Er klopfte, und als Schneewitt öffnete, sagte er: „Ich habe hier einen wunderbaren Tennisschläger zu verkaufen – der ist so wunderbar, daß man damit keinen Ball verpassen kann und jeder Schlag auf das Vortrefflichste gelingt!"

Schneewitt war davon sehr angetan und kaufte den Schläger, obgleich der böse Tennis-König ihn natürlich verhext hatte: In Wirklichkeit war es so, daß mit diesem Schläger kein Schlag richtig gelingen konnte und alle Bälle landeten im Netz oder weit im Aus. Der Schneewitt nahm den Schläger mit auf ein Turnier und verlor auch ganz schnell den ersten Satz, aber dann nahm er wieder einen von seinen alten Schlägern und kam so noch ganz knapp eine Runde weiter.

Zu Hause erzählte er die Geschichte den Zwerginnen und die meinten, daß das bestimmt der böse Tennis-König gewesen sei, der ihm einen verhexten Schläger verkauft habe – und er solle in Zukunft ein wenig vorsichtiger sein. Der Tennis-König ging unterdessen wieder vor den Spiegel und befragte ihn, wer denn der Beste im Lande sei. Der Spiegel antwortete:

„Herr König – Ihr seid der Beste hier.
Aber Schneewitt über den Bergen
bei den sieben Zwerginnen
ist noch tausendmal besser als Ihr!"

Da wurde der Tennis-König wieder grün und gelb im Gesicht vor Wut und überlegte sich, wie er den Schneewitt dieses Mal loswerden könne. Er verkleidete sich als Naturfreund, setzte sich in seinen Wagen und fuhr bis hinter die sieben Berge, wo er an dem Haus der sieben Zwerginnen klopfte. Der Schneewitt, der gerade mit dem Staubsauger das Geschirr säuberte (er war als Hausmann noch nicht so perfekt), rief: „Ich darf nicht öffnen – die Zwerginnen haben es mir verboten!" Aber der Tennis-König sagte mit verstellter Stimme: „Hier ist der Naturschutz – ich habe hier ein amtliches Schreiben, in dem steht, daß Sie hier nicht Tennis spielen dürfen, weil sonst die Blätter von den Bäumen fallen! Sie müssen den Brief persönlich in Empfang nehmen!" Da öffnete der Schneewitt die Tür einen kleinen Spalt, nahm den Brief entgegen und verfiel sogleich in allertiefste Traurigkeit, weil er ja nun nicht mehr Tennis spielen durfte. So fanden ihn am Abend die sieben Zwerginnen, die vom Training kamen, wo sie sich auf die nächste Turnweltmeisterschaft für Zwerginnen vorbereiteten. Der Schneewitt erzählte und zeigte den Brief vor, aber die eine von den Zwerginnen kannte sich mit dem Naturschutz aus und sagte, daß vom Tennis keine Blätter von den Bäumen fallen – sicherlich sei es wieder der böse Tennis-König gewesen, der seinen Stiefsohn Schneewitt loswerden wollte. Da waren wieder alle sehr froh – vor allem aber die Zwergin, die sich im Naturschutz auskannte, denn ausgerechnet in dieser Nacht sollte der Schneewitt in ihrem Bettelein schlafen.

Als der Tennis-König nun erneut den Spiegel fragte:

„Spieglein, Spieglein an der Wand,
wer ist der Beste im ganzen Land?"

antwortete der Spiegel, der ja nie lügt:

„Herr König – Ihr seid der Beste hier.
Aber Schneewitt hinter den sieben Bergen
bei den sieben Zwerginnen
ist tausendmal besser als Ihr!"

Da ärgerte sich der Tennis-König wieder – und dieses Mal hegte er ganz besonders böse Gedanken seinem Stiefsohn gegenüber. Er dachte: ‚Wenn ich Dich nicht auf gütliche Weise loswerde, dann muß ich eben andere Saiten aufziehen!' Weil das aber mit den Saiten am Schläger nicht klappte, baute er in einen Tennisball eine kleine Bombe, die sofort explodieren sollte, wenn der Ball mit dem Schläger geschlagen wird. Der Tennis-König fuhr noch einmal mit dem Wagen bis hinter die sieben Berge, schlich sich auf den Tennisplatz hinter dem Haus und legte dort den Ball hin – so daß es aussah, als sei er gestern vergessen worden.

Nachdem Schneewitt am nächsten Vormittag mit der Hausarbeit fertig war und seinen Aufschlag üben wollte, sah er den Ball da liegen, sammelte ihn auf und warf ihn zu den anderen Bällen auf die andere Seite des Netzes. Dadurch explodierte der Ball erst, als er drüben aufprallte – aber die Explosion war so stark, daß Schneewitt glatt ohnmächtig zu Boden sank. Dort fanden ihn die

Zwerginnen am späten Nachmittag bei ihrer Heimkehr und glaubten, er sei mausetot. Da hob natürlich ein großes Wehklagen an, denn es war recht bequem gewesen, einen Hausmann zu haben und jede siebente Nacht einen, der im Bett für wonnige Wärme sorgte. Die Riegenführerin der Zwergenturnerinnen schließlich hatte die Idee, daß alle ihr Geld zusammenlegen sollten, damit man eine große Kühltruhe kaufen könnte, wo man den Schneewitt wenigstens hin und wieder betrachten könnte. Denn begraben wollten sie den jungen Mann nicht, obgleich er ja wie tot da lag und keinen Mucks machte – dazu waren die Erinnerungen an ihn zu freundlich.

Der Tennis-König indessen war wieder heimgekehrt und fragte erneut den Spiegel, wer denn nun der Beste im ganzen Lande sei. Und der Spiegel antwortete:

„Herr König – Ihr seid der Beste hier im Land!"

Da war der Tennis-König endlich zufrieden, zog herum und gewann viele wichtige Tennisturniere.

Die Zwerginnen lebten aber recht traurig vor sich hin. Sie schauten immer wieder in der Tiefkühltruhe ihren Schneewitt an, der dort wie tot und ganz steif da lag, wie sie ihn nie erlebt hatten. Sie vernachlässigten vor lauter Trauer sogar das Training und wurden deshalb bei der nächsten Weltmeisterschaft im Turnen für Zwerginnen nur Zweite, was die Trauer noch erhöhte.

Eines Tages aber hantierte die resolute Riegenführerin hinter der Kühltruhe herum und dabei zog sie unbemerkt den elektrischen Stecker heraus, so daß die Truhe gar nicht mehr tiefgekühlt war und immer wärmer wurde. Da schlug Schneewitt auf einmal die Augen auf und bekam erst einen schrecklichen Schreck, weil man so eine Truhe von innen ja nicht öffnen kann. Aber als die Zwerginnen vom Training heimkamen und abends noch einen Blick auf Schneewitt werfen wollten, bemerkten sie, daß er wieder ziemlich lebendig war. Und damit er noch lebendiger wurde, legten sie ihn in eines der sieben Bettelein und wärmten ihn mit ihren sieben Körperlein, bis er wieder ganz warm war. Da herrschte eitel Freude, und am nächsten Morgen gingen sie alle sieben sehr fröhlich zum Training und auch der Schneewitt übte wieder seine Aufschläge, obgleich er sich ein wenig müde fühlte.

Nach einiger Zeit aber spielte der Schneewitt wieder so gut wie zuvor und meldete sich sogar für eine Meisterschaft. Da wollte es der Zufall, daß er in der ersten Runde der Meisterschaft ausgerechnet auf den Tennis-König treffen sollte. Als dieser auf den Platz kam und dort seinen Stiefsohn stehen sah, glaubte er einen Geist vor sich zu sehen und fiel sofort tot um. Dadurch erreichte der Schneewitt nicht nur die zweite Runde des Turniers kampflos, sondern wurde von der entsprechenden Behörde auch als Erbe seines Stiefvaters anerkannt, so daß er als neuer Tennis-König in das Schloß ziehen konnte.

Eine Zeitlang besuchte er noch die Turnriege der Zwerginnen hinter den sieben Bergen, aber dann wurde es ihm zu anstrengend. Er heiratete eine reiche Witwe, die einen Sohn aus erster Ehe mitbrachte, der sich übrigens im Lauf der Jahre ebenfalls als recht guter Tennisspieler entwickelte, was dem neuen Tennis-König gar nicht paßte. Als die Witwe eines Tages starb – aus Gründen, die nie ganz aufgeklärt wurden – schickte er den Jungen fort, der sich sogleich auf die Wanderung hinter die sieben Berge aufmachte.

13. Burckhard Garbe (geb. 1941) und Gisela Garbe (?)

„Schneewitt" (1985)

Burckhard und Gisela Garbe, *Der ungestiefelte Kater. Grimms Märchen umerzählt.*
Göttingen: sage & schreibe, 1985, S. 182-194.

Es war einmal mitten im Winter, und die Schneeflocken fielen wie Federn vom
Himmel herab, da saß eine Königin an einem Fenster, das einen Rahmen von
schwarzem Ebenholz hatte, und nähte. Und wie Sie so nähte und nach dem
Schnee aufblickte, stach sie sich mit der Nadel in den Finger, und es fielen drei
Tropfen Blut in den Schnee. Und weil das Rote im weißen Schnee so schön
aussah, dachte sie bei sich: Hätt ich ein Kind so weiß wie Schnee, so rot wie
Blut und so schwarz wie das Holz an dem Rahmen! Bald darauf bekam sie ein
Töchterlein, das hatte eine Haut so weiß wie Schnee, Lippen so rot wie Blut und
Haare so schwarz wie Ebenholz und ward darum das Schneewittchen genannt.
Und wie das Kind geboren war, starb die Königin.

Über ein Jahr nahm sich der König eine andere Gemahlin. Das war eine
kluge Frau, aber sie war stolz und übermütig und konnte nicht leiden, daß sie
an Klugheit von jemand sollte übertroffen werden. Sie hatte ein wunderbares
Buch; wenn sie das aufschlug und hineinschaute und sprach:

„Büchlein, Büchlein in der Hand,
wer ist die Klügste im ganzen Land?",

so antwortete das Buch:

„Frau Königin, Ihr seid die Klügste im Land."

Da war sie zufrieden; denn sie wußte, daß das Buch die Wahrheit sagte.

Schneewittchen aber wuchs heran, wurde klug und immer klüger, daß man
sie hinfort nur noch Schneewitt benannte, und als sie sieben Jahre alt war, da
war sie so klug wie alle Weisen im Lande zusammengenommen und war klüger
als die Königin selbst. Als diese einmal wieder ihr Buch befragte:

„Büchlein, Büchlein in der Hand,
wer ist die Klügste im ganzen Land?",

so antwortete es:

„Frau Königin, Ihr seid die Klügste hier,
aber Schneewitt ist tausendmal klüger als Ihr."

Da erschrak die Königin und ward gelb und grün vor Neid; denn sie wußte, daß das Buch die Wahrheit sagte. Von Stund an, wenn sie Schneewitt erblickte, kehrte sich ihr das Herz im Leibe herum, so sehr haßte sie das Mädchen. Und Neid und Hochmut wuchsen wie ein Unkraut in ihrem Herzen immer höher, daß sie Tag und Nacht keine Ruhe mehr hatte. Da rief sie einen Jäger und sprach: „Bring das Kind hinaus in den Wald, ich wills nicht mehr vor meinen Augen sehen. Du sollst es töten und mir Lunge und Leber zum Wahrzeichen mitbringen." Der Jäger gehorchte und führte sie hinaus; wie sie aber mitten im Wald angekommen waren, zog er seinen Hirschfänger nicht, sondern sagte: „Ich kann keinen Menschen töten, schon gar keinen unschuldigen. So lauf hin, du armes Kind." Damit gab er dem Mädchen etwas Wegzehrung und ein paar gute Ratschläge, denn sie war zuvor nicht im Walde gewesen, und ließ sie frei. Daß nur die wilden Tiere ihr nichts antun! dachte er noch. Und als gerade ein junger Frischling dahergesprungen kam, stach er ihn ab, nahm Lunge und Leber heraus und brachte sie als Wahrzeichen der Königin mit. Der Koch mußte sie in Salz kochen, und das boshafte Weib aß sie auf und meinte, sie hätte Schneewitts Lunge und Leber gegessen. Der Jäger aber kündigte nach kurzer Zeit seinen Dienst auf und ging fort; denn er fürchtete um sein Leben, wenn der Betrug aufkäme.

Nun war das arme Kind in dem großen Wald mutterseelenallein und wußte nicht, wie sie sich helfen sollte. Da fing sie an zu laufen und lief über die spitzen Steine und durch die Dornen, und die wilden Tiere sprangen an ihr vorbei, aber sie taten ihr nichts. Sie lief, solange nur die Füße noch fort konnten, bis es bald Abend werden wollte; da sah sie ein kleines Häuschen und ging hinein, sich zu ruhen. In dem Häuschen war alles klein, aber so zierlich, daß es nicht zu sagen ist. Da stand ein weißgedecktes Tischlein mit sieben kleinen Tellern, jedes Tellerlein mit seinem Löffelein, ferner sieben Messerlein und Gäblein und sieben Becherlein. An der Wand waren sieben Bettlein nebeneinander aufgestellt und schneeweiße Laken darübergedeckt. Schneewitt, weil sie so hungrig und durstig war, aß von jedem Tellerlein ein wenig Gemüs und Brot und trank aus jedem Becherlein einen Tropfen Wein; denn sie wollte nicht einem allein alles wegnehmen. Hernach, weil sie so müde war, legte sie sich in ein Bettchen, aber keins paßte; das eine war zu lang, das andere zu kurz, bis endlich das siebente recht war. Und darin blieb sie liegen und schlief ein.

Als es ganz dunkel geworden war, kamen die Besitzer von dem Häuslein. Das waren die sieben Zwerge, die in den Bergen nach Erz hackten und gruben. Sie zündeten ihre sieben Lichtlein an, und wie es nun hell im Häuslein ward, sahen sie, daß jemand darin gewesen war; denn es stand nicht alles so in der Ordnung, wie sie es verlassen hatten. Der erste sprach: „Wer hat auf meinem Stühlchen gesessen?" Der zweite: „Wer hat von meinem Tellerchen gegessen?" Der dritte: „Wer hat von meinem Brötchen genommen?" Der vierte: „Wer hat von meinem Gemüschen gegessen?" Der fünfte: „Wer hat mit meinem Gäbelchen gestochen?" Der sechste: „Wer hat mit meinem Messerchen geschnitten?" Der siebente: „Wer hat aus meinem Becherlein getrunken?" Dann sah sich der erste um und sah, daß auf seinem Bett eine kleine Delle war; da sprach er: „Wer hat in mein Bettchen getreten?" Die andern kamen gelaufen und riefen: „In meinem hat auch jemand gelegen." Der siebente aber, als er in sein Bett sah, erblickte Schneewitt, die lag darin und schlief. Nun rief er die andern, die kamen herbeigelaufen und schrien vor Verwunderung, holten ihre sieben Lichtlein und beleuchteten Schneewitt. „Ei, du mein Gott!" riefen sie. „Was ist das Kind gar niedlich!" und hatten so große Freude, daß sie sie nicht aufweckten, sondern im Bettlein fortschlafen ließen. Und der siebente Zwerg legte sich auch so behutsam und vorsichtig neben sie, daß sie davon nichts merkte.

Als es Morgen war, erwachte Schneewitt, und wie sie die sieben Zwerge sah, erschrak sie. Sie waren aber freundlich und fragten: „Wie heißest du?" – „Ich heiße Schneewitt", antwortete sie. „Wie bist du in unser Haus gekommen?" sprachen weiter die Zwerge. Da erzählte sie ihnen, daß ihre Stiefmutter sie hätte wollen umbringen lassen, der Jäger hätte ihr aber das Leben geschenkt, und da wär sie gelaufen den ganzen Tag, bis sie endlich ihr Häuslein gefunden hätte. Die Zwerge sprachen: „Willst du unsern Haushalt versehen, kochen, betten, waschen, nähen und stricken, und willst du alles ordentlich und reinlich halten, so kannst du bei uns bleiben, und es soll dir an nichts fehlen."

„Nein", sagte Schneewitt, „viel lieber möchte ich euch helfen im Berge. Mir kommen da oft recht nützliche Gedanken, so wird mir bestimmt etwas einfallen, wie ihr eure Arbeit erleichtern könnt." Die Zwerge waren erstaunt und wollten zuerst nicht recht, aber da sie sich wirklich als klug erwies, da vertrauten sie ihr und taten nach ihrem Vorschlag: So blieb immer einer von ihnen am Morgen zu Haus, am ersten Tag war es der erste Zwerg, am zweiten Tage der zweite, am dritten der dritte, und so immer fort bis zum siebenten Tag, da blieb der siebente Zwerg zu Haus und versah die Pflichten im Hause; am achten Tag aber blieb Schneewitt daheim und konnte sich von der schweren Arbeit im Berg etwas ausruhen.

Sie erfand, wie sie vorausgesagt hatte, dann wirklich allerlei Neues und Gutes in den Stollen des Berges, daß sie schon bald viel mehr Erz zu Tage förderten als zuvor; auch zeigte sie selbst sich kräftig und fleißig, so daß die Zwerge oft mitten in der Arbeit für ein Weilchen innehielten, dabei ihre bärtigen Köpfe schüttelten und ein über das andere Mal sagten: „Nein! solch ein Mädchen ist uns noch nicht vorgekommen." Und es dauerte nicht lange, da hatten sie das Mädchen lieber als sich selbst und wollten nicht dulden, daß ihr ein Leid geschehe; darum sprachen sie immer am achten Tage zu ihr: „Hüte dich vor deiner Stiefmutter, die wird bald wissen, daß du hier bei uns bist, Schneewitt. Darum raten wir dir: laß ja niemand herein!"

Die Königin aber, nachdem sie Schneewitts Lunge und Leber glaubte gegessen zu haben, dachte nicht anders, als daß sie wieder die Erste und Allerklügste wäre, und nahm nach einiger Zeit ihr gelehrtes Buch und sprach:

"Büchlein, Büchlein in der Hand,
wer ist die Klügste im ganzen Land?"

Da antwortete das Buch:

"Frau Königin, Ihr seid die Klügste hier,
aber Schneewitt über den Bergen.
bei den sieben Zwergen
ist noch tausendmal klüger als Ihr."

Da erschrak sie; denn sie wußte, daß das Buch keine Unwahrheit sprach, und merkte, daß der Jäger sie betrogen hatte und Schneewitt noch am Leben war. Da sann und sann sie aufs neue, wie sie sie umbringen könnte; denn, solange sie nicht die Klügste war im ganzen Land, ließ ihr der Neid keine und keine Ruhe. Und als sie sich endlich etwas ausgedacht hatte, färbte sie sich das Gesicht und kleidete sich wie eine alte Krämerin und war ganz unkenntlich.

In dieser Gestalt ging sie über die sieben Berge zu den sieben Zwergen, klopfte an die Türe und rief: "Schöne Ware feil! Schöne Ware feil!" Da das kluge Buch ihr alles gesagt hatte, war die Königin richtig an einem achten Tage gekommen, so daß Schneewitt zu Haus war. Sie guckte auch gleich zum Fenster heraus und rief: "Guten Tag, liebe Frau, was habt Ihr zu verkaufen?" – "Gute Ware, schöne Ware", antwortete sie, "Schnürriemen in allen Farben", und holte einen hervor, der war aus bunter Seide geflochten. Schneewitt, die tausendmal klüger war, wußte das alles im Voraus, aber ließ sich nichts merken, sondern riegelte die Türe auf und besah sich die hübschen Schnürriemen genau. "Kind", sprach die Krämerin, "wie du aussiehst! Komm, ich will dir dein Mieder einmal ordentlich schnüren." Schneewitt aber wußte, was kommen sollte, ließ sich aber immer nichts anmerken, stellte sich vor sie und ließ sich mit dem Schnürriemen schnüren. Die Alte wollte sie so fest schnüren, daß ihr der Atem verginge; Schneewitt aber holte zu rechter Zeit tief Luft und strengte all ihre Kräfte an, da zerriß der Riemen in tausend Stücke. Die Alte, die damit nicht gerechnet hatte, versuchte einen andern und einen dritten und vierten, sie alle flogen in tausend Stücke, auch dem letzten ging es nicht anders. Da mußte die Königin wieder fort und hatte nichts ausrichten können. Darob ward sie so zornig, daß sie auf dem Heimweg zum Schloß alle Pilze im Walde zertrat, die sie sah, die guten wie die giftigen durcheinander; einen besonders giftigen aber nahm sie sich mit auf ihr Schloß.

Nicht lange darauf, zur Abendzeit, kamen die sieben Zwerge nach Haus und waren froh und glücklich, ihr Schneewitt gesund und lebendig wiederzusehen; denn sie hatten böse Vorahnungen gehabt. Schneewitt mußte ihnen alles haarklein erzählen, was vorgegangen war; zum Schluß aber lachten sie alle und freuten sich, daß der Anschlag der bösen, neidischen Königin so fehlgeschlagen war. Schneewitt aber mußte ihnen versprechen, beim nächsten Mal noch mehr auf der Hut zu sein; denn es hätte sie ja ihr Leben kosten können.

Das böse Weib aber, als es nach Haus gekommen war, ging zu dem weisen Buch und fragte:

„Büchlein, Büchlein in der Hand,
wer ist die Klügste im ganzen Land?"

Da antwortete es wie sonst:

„Frau Königin, Ihr seid die Klügste hier,
aber Schneewitt über den Bergen
bei den sieben Zwergen
ist noch tausendmal klüger als Ihr."

Als sie das hörte, lief ihr alles Blut zum Herzen, so sehr ärgerte sie sich; denn sie wußte wohl, daß das Buch die Wahrheit sprach. „Nun aber", sagte sie sich, „will ich etwas aussinnen, das dich zugrunde richten soll", und mit Hilfe des giftigen Pilzes aus dem Wald machte sie einen ganz giftigen Kamm. Dann verkleidete sie sich und nahm die Gestalt eines andern alten Weibes an.

So ging sie, wieder am achten Tag, über die sieben Berge, klopfte am Zwergenhaus an und rief: „Gute Ware feil! Gute Ware feil!" Schneewitt, die längst wieder von allem im Voraus wußte, schaute zum Fenster heraus und sprach: „Geht nur weiter, ich darf niemand hereinlassen." – „Das Ansehen wird dir doch erlaubt sein", sprach die Alte, zog den bunten, giftigen Kamm heraus und hielt ihn in die Höhe. Da stellte sich Schneewitt so, als gefiele er ihr so gut, daß sie sich betören ließe und darum die Tür öffnete; sie besah sich auch den Kamm von allen Seiten, aber als die Alte sprach: „Nun will ich dich einmal ordentlich kämmen", da sagte Schneewitt: „Nein, kämme du dich zuerst damit, die Bäume des Waldes haben mit ihren Ästen und Zweigen ganz wild in deinen Haaren gezaust; ich will mich gedulden, bis du fertig bist, hernach ist es noch früh genug." Der Königin gefiel das nun gar nicht, aber sie mochte reden und reden, Schneewitt wollte es gar nicht anders zulassen. Und da sich die Königin nicht selbst mit dem giftigen Kamm kämmen wollte, mußte sie zuletzt unverrichteter Dinge wieder abziehen. Und als sie durch den Wald nach Haus ging, trat sie wieder vor Wut und Zorn alle Pilze in Grund und Boden, die giftigen und die guten alle durcheinander; einen besonders giftigen aber nahm sie sich wieder mit auf ihr Schloß.

Nicht lange darauf ward es Abend, wo die sieben Zwerglein nach Haus kamen, da freuten sie sich über die Maßen, daß ihrem Schneewitt kein Leides geschehen war; denn sie hatten manch böse Ahnung gehabt. Schneewitt mußte ihnen alles haarklein erzählen; zum Schluß aber waren sie alle miteinander froh, daß auch dieser Anschlag der neidischen Königin fehlgeschlagen war. Aber dennoch mußte Schneewitt ihnen versprechen, beim nächsten Male noch vorsichtiger zu sein; denn die Königin wollte ihr ja ans Leben.

Die Königin aber setzte sich daheim vor ihr Buch, schlug es auf und sprach:

„Büchlein, Büchlein in der Hand,
wer ist die Klügste im ganzen Land?"

Da antwortete es wie zuvor:

„Frau Königin, Ihr seid die Klügste hier,
aber Schneewitt über den Bergen
bei den sieben Zwergen
ist doch noch tausendmal klüger als Ihr."

Als sie das Buch so reden hörte, erzitterte sie und bebte vor Zorn. „Schneewitt soll sterben!" rief sie, „und wenn es mein eigenes Leben kostet." Darauf ging sie in eine ganz verborgene einsame Kammer, wo niemand hinkam, und mit Hilfe des giftigen Pilzes aus dem Walde machte sie da einen, giftigen, giftigen Apfel. Von außen sah er schön aus, weiß mit roten Backen, daß jeder, der ihn erblickte, Lust danach bekam. Aber wer ein Stückchen von der roten Backe aß, der mußte unweigerlich sterben.

Als der Apfel fertig war, wartete sie bis zum achten Tag, färbte sich dann das Gesicht und verkleidete sich in eine Bauersfrau, und so ging sie über die sieben Berge zu den sieben Zwergen. Sie klopfte an; Schneewitt, die schon wieder alles im Voraus wußte, streckte den Kopf zum Fenster hinaus und sprach: „Ich darf keinen Menschen einlassen, die sieben Zwerge haben es mir verboten." – „Mir auch recht", antwortete die Bäuerin, „meine Äpfel will ich schon loswerden. Da, einen will ich dir schenken." – „Nein", sprach Schneewitt, „ich darf nichts annehmen." – „Fürchtest du dich vor Gift?" sprach die Alte. „Siehst du, da schneide ich den Apfel in zwei Teile; die rote Backe darfst du haben, ich will die weiße essen." – „Ach, nein", sprach Schneewitt, „die rote Farbe, die liebe ich nicht", und indem sie das sagte, griff sie schon nach der weißen Hälfte und biß davon ab. Nun mochte die Bäuerin sagen, was sie wollte, für diesmal ließ Schneewitt sie nicht wieder los: die Alte mußte, so sehr sie sich sträubte, doch in die rote Apfelhälfte beißen. Sie nahm nur ein ganz kleines Stück, aber kaum hatte sie dieses im Mund, so fiel sie tot zur Erde nieder. Da betrachtete Schneewitt die leblose Königin und sprach: „Das hast du nun von all deinem Neid und Zorn auf mich; du bist gewiß nicht die Klügste im Lande gewesen."

Die Zwerglein, wie sie abends nach Hause kamen, fanden die Königin auf der Erde liegen, und es ging kein Atem mehr aus ihrem Mund, und sie war tot. Schneewitt aber erzählte ihnen alles, was dieses Mal vorgefallen war, und wie sie selbst mit der roten Hälfte des Apfels sollte vergiftet werden, und war ganz traurig, daß sie nun einen Menschen umgebracht hätte. „Das nimm dir nicht so zu Herzen, Schneewitt", sagten die Zwerge und trösteten sie, „die Königin hat dir vielmal nach dem Leben getrachtet; sie hat es nicht anders verdient." – „Und doch wäre es besser gewesen", sagte Schneewitt, „wenn ich sie nicht getötet hätte. Vielleicht wäre ja doch mit ihr zu reden gewesen, und sie hätte es eingesehen, wie dumm ihr Haß auf mich war." Dann hoben sie alle miteinander die Königin auf, rüttelten sie, schüttelten sie, als ob sie davon hätte wieder lebendig werden können, schnürten ihr Mieder auf, doch sie atmete nicht, kämmten ihr die Haare, wuschen sie mit Wasser und Wein, aber es half alles nicht: die Königin war und blieb tot.

So legten sie sie auf eine Bahre, und immer einer mußte aufpassen, ob sie nicht doch erwachte; aber am siebenten Tag, als sie sie begraben wollten, da sah sie noch so frisch aus wie ein lebender Mensch und hatte noch ihre roten Backen. Sie sprachen: „Das können wir nicht in die schwarze Erde versenken", und ließen einen durchsichtigen Sarg von Glas machen, daß man sie von allen Seiten sehen konnte, legten sie hinein und schrieben mit goldenen Buchstaben ihren Namen darauf und daß sie eine Königin wäre. Dann setzten sie den Sarg hinaus auf den Berg, und einer von ihnen blieb immer dabei und bewachte ihn.

Nun lag die Königin lange lange Zeit in dem Sarg und verweste nicht, sondern sah aus, als wenn sie nur schliefe, und hatte all ihre Farbe noch im Gesicht. Es geschah aber, daß der König, ihr Mann und Schneewitts Vater, zu dem Zwergenhaus kam; der hatte seine Gemahlin überall in der Welt suchen lassen, doch all seine Boten waren unverrichteter Dinge zu ihm zurück gekommen. Zuletzt hatte ihm einer von dem gläsernen Sarg erzählt, der war nun seine einzige Hoffnung. Sie geleiteten ihn hin, und er erkannte seine Gemahlin und erstaunte über ihr blühendes Aussehen; denn sie war nun schon viele Wochen tot. Da sprach er traurig zu Schneewitt und den Zwergen: „Laßt mir den Sarg, ich will euch geben, was ihr dafür haben wollt." Aber die Zwerge antworteten: „Sie ist hier gestorben; wie könnten wir da Geld und Gold von dir nehmen?" Da sprach er: „So schenkt ihn mir; denn sie war meine liebe Gemahlin und war mir treu und gut, ich kann nicht leben, ohne sie zu sehen. Freilich, daß sie Schneewitt hatte töten wollen, das hat sie zu Recht gebüßt. Nun aber laßt mir und meinem Schmerz die tote Gemahlin." Wie er so sprach, da empfanden die guten Zwerglein und auch Schneewitt Mitleiden mit ihm und gaben ihm den Sarg.

Der König ließ ihn nun von seinen Dienern auf den Schultern forttragen. Da geschah es, daß sie über einen Strauch stolperten, und von dem Schüttern fuhr der giftige Apfelgrütz, den die Königin abgebissen hatte, ihr aus dem Hals. Und nicht lange, so öffnete sie die Augen, hob den Deckel vom Sarg in die Höhe und richtete sich auf und war wieder lebendig. „Ach Gott, wo bin ich?" rief sie. Der König aber sagte voll Freude: „Bei mir bist du", und erzählte, was sich zugetragen hatte. Da erinnerte sie sich ihrer schändlichen Taten, weinte und bat Schneewitt um Vergebung. „Ich weiß jetzt", sprach sie, „wie töricht es ist, die Klügste im Lande sein zu wollen, oder die Schönste oder Frömmste oder dergleichen". Da verzieh ihr Schneewitt und sagte: „Siehst du, jetzt bist du doch aus dem Schaden noch richtig klug geworden", und der König sprach zu ihr: „Nun habe ich dich wieder sehr lieb und lieber als alles auf der Welt; komm mit mir in unser Schloß, du sollst meine liebe Gemahlin bleiben."

So fuhren der König und die Königin zurück auf ihr Schloß, aber Schneewitt und die sieben Zwerge wollten nicht mit; denn sie liebten den Wald zu sehr. Der König ließ ihnen ein neues Haus setzen mit einem Blumengarten und einem See dabei. Da kamen die Kinder des ganzen Landes und spielten mit den Zwergen und mit Schneewitt und lernten von ihnen und ihrer Klugheit. Schneewitt aber wurde von vielen geliebt und lebte noch lange, lange Jahre, wer weiß? vielleicht lebt sie noch heute.

(Grimm-Originaltitel 1857: Sneewittchen, davor 1812: Sneewittchen (Schneeweißchen), davor Hs. 1810: Schneeweißchen)

14. Urs Widmer (1938-2014)

„Schneewittchen und die neunzehn Zwerge" (1986)

Urs Widmer, *Auf auf, ihr Hirten! Die Kuh haut ab! Kolumnen.* Zürich: Diogenes, 1988, S. 116-118.

In der Regel hat jeder von uns *ein* Märchen, das ihn wirklich etwas angeht: die Geheimnisse des eigenen Lebens offenlegt und gnädig verschleiert. Bei mir war (und ist) es jene Geschichte vom kleinen Mädchen, das, weil seine Mutter das so will, getötet werden soll, und das vom lieben machtlosen Jäger in den Wald hineinbegleitet wird und dort seine sieben Zwerge findet.

Ich war Schneewittchen, natürlich, noch mehr aber war ich die sieben Zwerge. Als Schneewittchen war ich gerettet vor der Bedrohung, umzukommen in meiner kindlichen Hilflosigkeit. Als Zwerg hatte ich gleichgesinnte Brüder und konnte in ewiger Bärtigkeit ein Kleiner bleiben.

Dann (Zufall oder Notwendigkeit?) bekam ich von meiner Mama einen Gummizwerg geschenkt, einen von jenen, die in Walt Disneys Film auftreten. Auf der Stelle wollte ich zu Geburtstagen und Weihnachten nur noch Zwerge kriegen, und sehr bald hatte ich neunzehn dieser Gummignome, in sechs verschiedenen Modellen. Sie hatten Namen wie Dunkelblöe oder Bös oder Grünsepp – es würde zu weit führen, wollte ich hier erklären, warum. Dunkelblöe hatte zwar ein dunkelblaues Wams, aber Bös war nicht bös, und Grünsepp trug ein gelbes Jöppchen. – Jedenfalls, die Zwerge taten, was ich gern tat, und noch weit mehr all jenes, was ich gern getan hätte. Hüpfen, tanzen, lachen, springen. Grünsepp etwa war ein Spitzensportler. Gewann, wenn ich mich recht erinnere, zweimal die *Tour de Kinderzimmer*, das bedeutendste Velorennen der Zwergenwelt.

Ein Rätsel aber blieb und verfolgte mich bis ins hohe Alter: es mußte doch einen siebenten Zwerg geben, wie im Film – es war ausgeschlossen, daß die ferne Gummifirma einen vergessen hatte! Nur, wo war er? – Einmal, inzwischen ein Großer geworden, ging ich arglos durch eine Straße und sah plötzlich (ein Blitzschlag ins Herz) in einem Schaufenster mein Schneewittchen stehen, zwischen meinen sechs vertrauten Zwergen, *und einem fremden*: der grinste verlegen und hielt die Hände so wie einer, der eben seine Hosentasche umgedreht hat und sagen will, daß er keinen roten Rappen mehr hat. Ich kaufte ihn.

Ende der Sechzigerjahre, als einige die Welt nochmals retten wollten, schrieben ein paar besonders Eifrige auch die alten Märchen neu. Alles Böse und Gemeine in ihnen wurde gut und aufbauend. Schneewittchens Stiefmutter etwa war echt betroffen, als sie merkte, was sie angerichtet hatte, und schickte ihrer Tochter einen Korb voll Äpfel ganz ohne Gift, aus biologischem Anbau. Oder so ähnlich. Natürlich waren das lächerliche Bemühungen. Märchen *müssen* grausam sein. Mit ihrer Hilfe üben wir, mit unseren Ängsten zu leben: an ihnen eben *nicht* zu sterben.

Ich muß aber zugeben, daß sich *mein* Märchen in meinem Kopf im Lauf der Jahre auch erheblich verändert hat. Der schreckliche Anfang ist verblaßt, der mörderische Schluß verschwunden. Die Zwerge und ihre freundliche Solidarität haben alles verdrängt. Keine Hexe mehr! Der Prinz wird zwar möglicherweise für eine Nacht beherbergt (Schneewittchen ist eine Frau geworden), aber am Morgen, wenn sie ihn dasitzen sieht in seinen Flanellunterhosen, sagt sie, danke, das genügt. – Einzig der Jäger, dieser vom originalen Märchen so diskret behandelte Papa, sucht und sucht im schwarzen Wald. Sucht, schluchzend. Vielleicht findet er eines Abends tatsächlich die Lichtung und stürzt seinem Kind in die Arme. Wird ein Zwerg wie die andern.

15. Róisín Sheerin (?)

„Snow White" (1991)

Zitiert aus Zoë Fairbairns (ed.), *Cinderella on the Ball. Fairytales for Feminists.*
Dublin: Attic Press, 1991, S. 48-51.

When I married Max, it was like a dream come true. I was in love with him.
He was, still is, a fabulously wealthy man and we live in a vast and gorgeous
house in a part of the country I adore. My life as a bank clerk before I met him
was unpromising but I regret to say the new life hasn't really lived up to all my
expectations. Material wealth isn't all it's cracked up to be. I hardly ever see my
husband. He always seems to be away on business trips. I run the house and
estate as best I can, having to live with the legacy of how capable his dead wife
was. But worst of all I have to try and make Snow White, my sullen, suspicious
step-daughter, happy.

Perhaps I am being unkind. She has had a tough time of it. Her adored
mother died when Snow White was seven. For the last nine years she has been
her father's favourite and now she has me to contend with as a rival (at least
she would if her father was ever here). She has no friends. Her every whim
is catered for. She is frustrated, lonely and spoilt. She has a lively imagination
though and reads a lot. She has read that all step-mothers are evil, cruel and
generally nasty.

Snow White has a lovely figure. I bought her a present of an Azzedine Alaia
dress a short time ago to show it off – trying to buy her affection to a certain
extent. She said she was too fat for it. I persuaded her to try it on. She said it
was far too tight. Then she couldn't get the damn thing off and accused me of
trying to asphyxiate her. Since then she has been eating hardly anything and I'm
worried about her. She will eat only fruit and vegetables that she herself has
prepared. I've been nagging her a little about it which has only increased her
resentment towards me.

I offered her an apple the other day, a rather beautiful, red, rosy apple with
a lovely bouquet that I had picked in the orchard specially for her. She said she
would choke on it, that anything I touched turned to poison. Then she flounced
off. I began to eat the apple myself. I reached the core after a few bites and
found there was a worm in it. I threw the rest away.

. . . . . .

Snow White has decided to move out of home. Her father is away and there
is nothing I can do about it. She's joining some sort of commune deep in the

forest. She wants to be as close to nature and as far away from me as possible. I tried to reason with her. She called me an evil witch who had driven her father away and turned him against her. I began to help her pack.

I feel very isolated. I have lost touch with all the people I used to know, all the people at the bank. I have started talking to the furniture but it's like talking to a block of wood. I get the most satisfaction out of my mirror even though it just reflects my own opinions. I consulted it about Snow White, told it how I had decided to wash my hands of her, had resolved to have nothing more to do with her. I asked the mirror if it thought I was being too harsh. I was reminded that I too had been awkward and rebellious when I was young, that Snow White was ill-prepared for the real world after living in the rarified atmosphere of her palatial home, and that we were both alone and were really each other's only allies. So I asked the woodchopper, a nice young man who often goes into the forest, if he could keep an eye on her for me. He said it would be an honour and a privilege. I think he might have a bit of a soft spot for her.

. . . . . .

I've been experimenting with apples, making cider. It's rather good. Seán, the woodsman, has been taking it down to the village for me and selling it. I've come up with my own unique recipe; the worms in the apples seem to enhance the flavour! Whenever we meet, Seán gives me bulletins on Snow White's progress. Apparently she has been getting a little fed up with her new lifestyle. She is being used as a skivvy by the other members of the commune who take advantage of her guilt about her privileged background. Also the tiny cottage is very cramped and overrun with wildlife who leave droppings everywhere that she has to clean up.

Some prince who is interested in photography has been hanging around taking pictures of her, telling her that she should be a model and there are rumours of romance in the air. I won't try to influence her either way but I know where romances with royalty can lead to if you're the right sort of girl and I think she is far too young for marriage. Still, I know she wouldn't listen to anything I might have to say on the subject.

. . . . . .

Snow White is home again. She married the prince. She left the prince. She says he was only interested in her as an object or photographic image. She has made some new friends through her royal connections – Cinderella and Rosebud (or the Sleeping Beauty as she is popularly known, a bit of a dozey girl really). Of the two Snow White is closer to Cinderella. They have so much in common.

They both married into royalty, have husbands who treat them like clothes horses, and of course they both have wicked stepmothers. Cinders says she just can't take the strain anymore. Everytime she goes to a ball or social occasion she is expected to wear a gown more fabulous than the last.

The three princesses have formed a society called the SPVF, the Society for the Protection of Victims of Fantasy. Their first recruit has been a nervous little girl called Red Riding Hood who drives everywhere in a taxi. She always seems to be passing personal remarks about people's appearances, like „her nose is too long," or „he has such pale skin."

Snow White and I are getting along better now. We've reached a truce, but this lady-of-the-manor-with-absentee-lord routine doesn't really suit me. Also I actually have been a little wicked lately. Remember Seán the woodsman whom I thought had a soft spot for Snow White? Well, it turned out I got it slightly wrong and we've been getting along like a house on fire. Little Red Riding Hood isn't the only scarlet woman around here.

16. Klaus Peter Schreiner (1930-2017)

„Schneewittchen" (1993)

Klaus Peter Schreiner, *Null Bock und die sieben Geißlein. Deutsche Haus- und Hofmärchen ausgegraben und neu eingekleidet.* Lahr: Moritz Schauenburg, 1993, S. 55-57.

Es war einmal eine wunderhübsche, aber eiskalte Schönheitskönigin, die noch dazu über alle Maßen eitel war, und so besaß sie auch einen sprechenden Personal-Computer, den sie jeden Morgen fragte:

> „PC, PC, sag' mir galant:
> Wer ist die Schönste im ganzen Land?"

Und der Computer antwortete:

> „Miss Königin, Ihr seid die Schönste im Land!"

Nun werden aber auch Schönheitsköniginnen einmal älter und faltiger, und so geschah es eines Morgens, daß der Computer antwortete:

> „Miss Königin, Ihr seid die Schönste schier,
> aber Schneewittchen ist noch tausendmal schöner als Ihr!"

Da erschrak die Schönheitskönigin bis ins Mark, denn wenn es eine Schönere gab als sie, müßte sie große finanzielle Einbußen in Kauf nehmen, weil sich die Fotografen bald nicht mehr um sie reißen würden und ihr hübsches Gesicht allmählich von den Titelseiten der Illustrierten und der Modezeitschriften zu verschwinden drohte.

So sann sie heimlich darauf, die lästige Konkurrentin loszuwerden, und in ihrer Verzweiflung kam ihr die Idee, einen Killer zu dingen, der das schöne Schneewittchen gegen reichlichen Lohn um die Ecke bringen sollte. Aber als der das liebliche Kind sah, erbarmte es ihn doch und er beschloß, es am Leben zu lassen und lieber die Nacht mit ihm zu verbringen. Dabei offenbarte er ihm den finsteren Plan seiner bösen Widersacherin, woraufhin Schneewittchen es mit der Angst bekam und in seiner Panik einfach davonlief, bis es hinter den Bergen in einen tiefen Wald kam, in dem es sich rettungslos verirrte. Da war es denn heilfroh, als es sich plötzlich vor einem kleinen Häuschen fand, in dem es sich zur Ruhe legen konnte, worauf es auch gleich in einen tiefen Schlummer sank. In dem Häuschen aber hausten sieben Zwerge, die sich zu einer Wohngemeinschaft zusammengefunden hatten und sehr heimlich tun mußten, weil sie nichts Besseres zu tun hatten, als die freiheitlich-demokratische Grundordnung zu untergraben.

Wie sie nun des Abends von ihrer harten Arbeit unter Tage heimkehrten, fanden sie das schlafende Schneewittchen, und weil es ihnen ausnehmend gut gefiel, boten sie ihm eine Stellung als Haushälterin an, worin Schneewittchen aus Furcht vor seiner bösen Rivalin freudig einwilligte.

Die aber fragte am nächsten Morgen erwartungsvoll ihren Computer:

„PC, PC, sag' mir galant:
Wer ist die Schönste im ganzen Land?"

Und der Computer antwortete:

„Miss Königin – Ihr seid die Schönste hier,
aber Schneewittchen hinter den Bergen,
bei den sieben Zwergen,
ist tausendmal schöner als Ihr!"

Da kriegte sie einen Wutanfall, weil sie Schneewittchen ja für tot gehalten hatte, und beschloß nun, die Sache selbst in die Hand zu nehmen.

Von einem Maskenbildner ließ sie sich in eine alte Frau verwandeln, reiste mit einem Korb voller Äpfel zu dem Zwergenhäuschen und bot dort das Obst als einwandfreie biologische Ware feil. Da griff Schneewittchen freudig zu, aber kaum hatte es in den ersten Apfel gebissen, da fiel es um und blieb wie tot liegen, denn der Apfel war voller Insektengifte gewesen, und genau damit hatte die eitle Schönheitskönigin gerechnet.

Die sieben Zwerge trauerten sehr, als sie das leblose Schneewittchen fanden, aber zum Glück kam ein naturheilkundiger Prinz des Wegs, der es wieder zum Leben erweckte und es sogar auf der Stelle zu seiner Frau machte. Als die alte abgetakelte Schönheitskönigin davon hörte, fraß sie ihren Zorn in sich hinein, wurde davon dick und rund und fand hinfort nur noch als Model für Übergrößen in einem Versandhauskatalog Verwendung.

Die sieben Zwerge aber wurden von Schneewittchen und ihrem Prinzen in Dienst genommen, gaben ihre subversive Untergrundtätigkeit auf und bewährten sich fortan eher staatstragend als Gartenzwerge.

17. Wolfgang Funke (1937-2009)

„Die Wahrheit über Schneewittchen" (1996)

Wolfgang Funke, *Heitere Verse und Vortragstexte. Sprüche, Nonsens und Gedichte.*
Niedernhausen/Taunus: Möller Verlag, 1996, S. 44-45. „IM" in diesem Text
steht für „Inoffizieller Mitarbeiter" beim Staatssicherheitsdienst der DDR.

Irrtümlicherweise galt bis in die jüngste Zeit die Biographie Schneewittchens
nachgerade als Paradestück für belohnte unschuldige Lauterkeit, wurde da
doch, für jeden sichtbar, ein lebenslang unschuldiges Opfer am Ende durch
eine höhere Gewalt gerechterweise entschädigt. Nachdem nun aber die Per-
sonalakten aller handelnden Personen offengelegt worden sind, bedarf dieses
Bild einiger nicht unerheblicher Retuschen. Zunächst einmal ist festzustellen,
daß die Gebrüder Grimm eine ordinäre Geheimdienststory in ein sentimenta-
les Volksmärchen umfunktioniert haben. Dazu waren sie weder befugt noch
verpflichtet, und es ist durchaus zu fragen, welche Privilegien sie dadurch er-
langt haben könnten. Die Ermittlungen der Staatsanwaltschaft laufen noch.
Dagegen aber sind die Vorgänge um Schneewittchen selbst weitestgehend
aufgeklärt. Außerordentlich hilfreich war dabei der Spiegel, der noch immer
existiert und folglich befragt werden konnte. Dem Spiegel zufolge lief die An-
gelegenheit wie folgt ab: Ein Mann, Deckname König, bringt, nachdem sie
ihm eine Tochter, Deckname Schneewittchen, geboren hat, seine Frau um und
verbindet sich mit einer Komplizin, Deckname Königin, um sich vermittels einer langfristig geplanten teuflischen Strategie den gesamten immobilen Besitz
seines Nachbarn Königssohn anzueignen. Das geschieht, indem der Offizier
im besonderen Einsatz Jäger IM Schneewittchen in die zentrale konspirative
Ausbildungsstätte, Deckname Sieben Zwerge, bringt, wo sie unter härtesten
Bedingungen auf ihre Aufgabe vorbereitet wird. Sie muß in einem Bett schlafen, das ihr zu eng ist, erhält nur kleine Mahlzeiten, wird im Umgang mit vergifteten Gegenständen geschult, damit sie diese später gegen Königssohn ein-
setzen kann, kurzum, sie wird hart gemacht und ist schließlich ihrer Aufgabe
vollständig gewachsen. Davon hat sich Königin bei drei verdeckten Besuchen
persönlich überzeugt. Dann gelingt es eines Tages tatsächlich, Königssohn zu
übertölpeln. Man gibt IM Schneewittchen mit derem Einverständnis ein Mittel, das sie scheintot macht, legt sie in einen gläsernen Behälter, damit sie auf
keinen Fall von Königssohn übersehen werden kann, und als er herbeigelockt
worden ist und angebissen hat, gibt ihr einer der Mitarbeiter von Sieben Zwergen heimlich das Gegenmittel. Sie wacht planmäßig auf, und das scheinbare
Happyend nimmt seinen Lauf.
    An dieser Stelle beenden die Grimms ihren Bericht. Der Spiegel aber hat

nun die volle Aufklärung gebracht: Königssohns Heirat mit IM Schneewittchen allein nützte König noch gar nichts. Solange Königssohn nicht tot war,
wäre König an die Immobilien nicht herangekommen. Daher mußte er sterben.
Und das besorgte IM Schneewittchen zuverlässig. Zugegeben, dieses Ende ist
für alle Anhänger Schneewittchens schockierend, aber es ist dennoch gut, daß
wir den Spiegel haben. Er bewahrt uns davor, weiterhin gräßlichen Irrtümern
anzuhängen.

18. Günter Kunert (geb. 1928)

[„Märchen"] (2018)

Günter Kunert, *Ohne Umkehr*. Göttingen: Wallstein Verlag, 2018, S. 8-9.

Märchen haben mich nur dort bewegt, wo sie unheimlich wurden, ungeheuer, auch drohend und gefährlich. Selbst Zwerg Nase erschien mir äußerst bedenklich. Er diente, wie wir wissen, der Hexe lange Zeit, aber wir erfahren nicht, worin die Dienste, außer Fegen und Feudeln, denn bestanden. Existierte zwischen ihm und seiner Herrin nicht eine verdächtige Beziehung? Das Märchen, sehr diskret, schweigt sich über zu Vermutendes aus, wie es in allen Märchen geschieht. Sie sind sozusagen „stubenrein", was sie vermutlich in ihren Ursprüngen nicht waren. Ich lasse mir nicht einreden, die sieben Zwerge wären aus rein humanen Absichten derart freundlich mit ihrer Prinzessin umgegangen. Gerade Zwerge sind sexuell besonders aktive Personen, und jene Weiblichkeit in ihrem Bettchen konnte nicht ohne Auswirkungen auf ihr Geschlecht gewesen sein. Oder der Prinz, der Dornröschen, die im Koma Darniederliegende, küsste – ein Nekrophiler? [Walter] Benjamin hatte schon bei dem „bucklicht Männlein" Vermutungen angestellt, um den naiven Schleier von den verdächtigen Geschehnissen wegzuziehen.

Und „Rumpelstilzchen"? Erweist es sich nicht als Geheimdienstler, der mit Recht sagen kann: Ach wie gut, dass niemand weiß, dass ich soundso heiß … Märchen auf andere Weise zu lesen würde sich lohnen, da ihre Substanz aus den Abgründen der Realität stammt, ohne dass wir ihrer gewahr werden.

V. „Schneewittchen"-Gedichte

Bei der großen Bekanntheit Grimmscher Märchen wie etwa „Aschenput-tel", „Dornröschen", „Froschkönig", „Hänsel und Gretel", „Rapunzel", „Rotkäppchen" und natürlich auch „Schneewittchen" mit all ihren unvergeß-lichen Motiven und Symbolen, kann es eigentlich nicht überraschen, daß sie Dichterinnen und Dichter immer wieder zu recht unterschiedlichen Gedichten angeregt haben. Seit fast fünfzig Jahren habe ich solche poetischen Reminis-zenzen in deutscher und englischer Sprache gesammelt, und vor rund fünfund-dreißig Jahren zwei diesbezügliche Anthologien herausgegeben: *Mädchen, pfeif auf den Prinzen. Märchengedichte von Günter Grass bis Sarah Kirsch* (Köln: Eugen Diederichs, 1983) und *Disenchantments. An Anthology of Modern Fairy Tale Poetry* (Hanover, New Hampshire: University Press of New England, 1985). Viele Gedichte sind inzwischen dazu gekommen, und so besteht die Auswahl von modernen „Schneewittchen"-Gedichten in diesem Kapitel aus 37 deutsch- und 12 englischsprachigen Texten.

Rose Ausländer, Wolf Biermann, Elisabeth Borchers, Erich Fried, Dieter Höss, Heinz Kahlau, Peter Maiwald, Lutz Rathenow, Kurt Sigel, Martin Walser und andere mehr sind mit lyrischen Märchenreminiszenzen vertreten. Engli-sche Gedichte von Robert Gillespie, Sarah Henderson Hay, Sue Owen, Ann Sexton und anderen schließen sich an, und sie alle befassen sich in zum Teil recht langen Gedichten und dann auch wieder in Kurzgedichten mehr oder weniger mit Schneewittchen, den sieben Zwergen, der bösen Stiefmutter, der Apfelszene, dem Glassarg usw. Einige Belege erzählen das Märchen in einem neuen Gewande, während andere zum Beispiel aus feministischer Sicht kritisie-ren, daß das passive Schneewittchen kochen, putzen und waschen muß und wie tot auf ihren Prinzen zu warten hat.

Erwartungsgemäß tritt die bekannte Frage „Spieglein, Spieglein an der Wand …" beziehungsweise „Mirror, mirror on the wall …" wiederholt auf. Interessant ist dabei, wie unterschiedlich sie vervollständigt wird, denn es geht nicht immer um Schönheit. So schreibt Max Hermann-Neiße während des Zweiten Weltkriegs „… wann kommt der Friede diesem Land?" Die deutsch-amerikanische Lyrikerin Lisa Kahn fragt warnend: „wer ist der Schlimmste im ganzen Land?" und Erich Fried will mit dem zu mächtigen Spiegel überhaupt nichts mehr zu tun haben: „Spiegel, Spiegel, / Spieglein an der Wand / lass mich los / bring mich nicht um den Verstand." Schließlich befreit sich Christa Ko̜zik als emanzipierte Frau ganz und gar von dem Zauberspiegel: „den Spiegel zerschlag ich / wie sehr ich lebe."

1. Reinhard Volker (1863-1922)

„Bei den sieben Zwergen" (1914)

Fliegende Blätter, 144 (27. November 1914), ohne Seitenangabe.

Fräulein Else, ein höheres Töchterlein
– Gebildet (sie redet sogar Latein) –
Mit Humpelröckchen, pikant frisiert,
Eines Tags im Walde herumspaziert.

Der ist so heimlich und märchentraut.
Rote Pilze leuchten im Heidekraut,
Ein Mäuslein huscht ihr über den Schuh,
Das Eichhorn knappert und nickt ihr zu,

Und sieh', es wirbelt ein blauer Rauch:
Da steht zwischen Brombeer' und Haselstrauch
Das Zwergenhäuschen mit Tisch und Bank,
Mit Messerlein, Gabeln und Bechern blank!

Alle sieben Brüder sind heute zu Haus.
Denn Sonntag ist: Da gibt's einen Schmaus,
Da gibt's was Gutes für Leib und Seel'!
Alle sieben Brüder sind kreuzfidel.

Fräulein Else denkt: „Was kichern sie nur?"
Fräulein Else stellt sich in Positur:
„Schaut her und staunt und bewundert mich!
War wohl Schneewittchen schicker als ich?"

Da lachen sie: „Ei, du schnurrig' Gewächs!
Du bist keine Elfe, bist keine Hex',
Scheinest ein Menschenkindlein von Gesicht,
Scheinest ein Dirnlein, und bist es doch nicht!

Bist nur ein Püppchen aus Flittern und Stroh,
Ein Vogelscheuchlein von irgendwo,
Ein Säckchen, ein Tütchen, ein Kreisel zum Dreh'n –
Spaßiger ha'n wir nie 'was geseh'n!"

Spricht Fräulein Else von oben herab:
„Man sieht, euer Zwergenverstand ist knapp!
Zieht ab, euer Weizen gedeiht nicht mehr,
Kein Mensch hegt fürder nach euch Begehr'!“

Da lachen die Alten: „Närrisches Ding!
Solang' noch flattert der Schmetterling,
Solang' die Föhre noch golden blüht,
Solange der Quell noch Silber versprüht,

Solange die Tanne im Wald noch rauscht,
Ein Kind noch selig dem Mütterchen lauscht,
Solang' noch dämmert der Mondenschein –
Werden wie sieben unsterblich sein!“

2. Max Hermann-Neiße (1886-1941)

„Der Spiegel" (ca. 1940)

Max Hermann-Neiße, *Um uns die Fremde. Gedichte 2.* Hrsg. von Klaus Völker.
Frankfurt am Main: Zweitausendeins, 1986, S. 737.

Vernichtung ließ und Weltenbrand
den Spiegel an der Trümmerwand,
die der Zerstörung widerstand,
in dem sich nun der Mond besieht,
eh ihn die Wolke zu sich zieht
und mit ihm in das Dunkel flieht.

Fremd hängt der Spiegel ganz allein,
nichts Eitles blickt in ihn hinein,
bis jäh darin der Widerschein
der frevelhaften Flammenschrift,
wenn wieder Mord die Nacht durchschifft,
mit Gottes Glanz zusammentrifft.

Denn ist verwüstet auch sein Haus
und gingen alle Lichter aus,
verkroch im Dunst sich Mensch und Maus:
ein Stern tritt aus dem Nebelflor
doch immer wieder hell hervor,
wenn schon das Herz den Mut verlor.

Und schützt uns, bis der Morgen glüht
und sich der Tag von neuem müht
und aus Ruinen Frühling blüht
und, wer den Schrecken überstand,
die Zauberkräfte wiederfand
des Spiegels an der Trümmerwand.

„Spieglein, Spieglein, an der Wand,
wann kommt der Friede diesem Land?"

3. Tony Burghart (?)

„Chor der Zwerge" (1960)
Zitiert aus *Simplicissimus*, 50 (10. Dezember 1960), ohne Seitenangabe.

Weil einer von uns allein
viel zu klein
wäre, darum sind wir sieben.

Schön wär' Schneewittchen, eins pro Wicht!
Doch siebteln wollen wir sie nicht.
Wer kann ein Siebtel lieben?
Drum sind wir so verblieben:

Weil einer von uns allein
viel zu klein
wäre, darum sind wir sieben.

4. Helmut Preißler (1925-2010)

„Hinter den Bergen" (ca. 1960)

Helmut Preißler, *Gedichte 1957/1972*. Berlin: Verlag Neues Leben, 1973, ohne Seitenangabe.

Hinter den Bergen
bin ich gewesen
und habe
Schneewittchen gefunden.

Weit war der Weg,
und manch eine Prüfung
mußt ich bestehen.
Mit Aschenputtel
habe ich Linsen gelesen.
Das Gretel
hab ich getröstet,
als Hänsel im Käfig war.
Durch Breiberge
aß ich mich durch,
weil Dornröschen
geweckt werden wollte.

Viele Jahre weit war der Weg,
aber immer
fand sich ein Lager für mich.
Schneeweißchen und Rosenrot
haben das Fell mir gekrault.
Die Goldmarie hat mir
das weicheste Bett ausgeschüttelt.
Das Haar der Rapunzel
trug mich zum Turmzimmer hoch
und deckte mich warm.

So bin ich glücklich
bis hinter
die sieben Berge gekommen.
Dort trugen die Zwerge
Schneewittchen

im gläsernen Sarge
und ließen sie fallen,
als sie mich sahen.

Da lag nun Schneewittchen
im Grase vor mir
und bei ihr
zwei Äpfelchen,
gar nicht vergiftet und schöner
als die der Königin.

5. Günter Seuren (1932-2003)

„Die Fragen der sieben Zwerge" (1964)

Zitiert aus Günter Bruno Fuchs (Hrsg.), *Die Meisengeige. Zeitgenössische Non-sensverse.* München: Carl Hanser, 1964, S. 81.

Sie hat den schönsten Glassarg
im ganzen Land.

Aber wer soll uns jetzt Himmel und Erde kochen,
in der Lieblingsschüssel servieren
und durchsichtigen Pudding in allen Farben
zum Nachtisch auftragen?
Manche wackeln so schön unanständig.

Nichts merken lassen,
damit Märchen Märchen bleibt?

Wer soll jetzt den Wecker aufziehen,
soll die Flanell-Pyjamas elektrisieren?
Und von wem sollen wir uns
zudecken lassen, gekitzelt bis zum Kinn?

Wer singt uns
das Schlafeinlied
Siebenmal Feierabend?

6. Martin Walser (geb. 1927)

„Professoren-Liedchen" (1964)

Zitiert aus Günter Bruno Fuchs (Hrsg.), *Die Meisengeige. Zeitgenössische Non-sensverse.* München: Carl Hanser, 1964, S. 29.

Büchlein Büchlein an der Wand
wer ist der Klügste im ganzen Land?
Der Doktor Doll, der Daktor Dall
der Diktor Dill, der Duktor Dull
das ist der Klügste im Land.
Büchlein, Büchlein
das sollst Du mir büßen.

7. Gerald Locklin (geb. 1941)

„The Dwarf" (1966)

Western Humanities Review, 20 (1966), S. 220.

She went away from us upon a snow-white
steed, the forest virgin scented with
the rain of evergreen, to while the mythic
hours in a prince's castle. Was it right

of her to take away her apple
innocence from seven dappled
dwarfs, arbitrarily
absent us from felicity?

She went away to share a snow-white bed
with some tall aqua velva future king
who'll never know the pleasure wrested
from a woman willing yet unwilling,

nor how bigly bad a simple tree
appears to a tiny man, nor will they ever
either of them know the human thing
is not to be snow-white but to be ugly.

8. Robert M. Chute (geb. 1926)

„Snow White“ (1967)

Quest, 2 (1967), S. 148.

You say your fine, flatchested stepmother
bought a fattening funhouse mirror for her
wall? Crying „who's the bustiest of all?“
Then tried to feed your well fruited sister
a loaded pomme de terre? Now sister won't
undress while her husband's there? Always
holds her arms folded across her empty
maternity dress? I guess fairy tales

have gone to hell along with all fiction.
We used to think life real, stories, novels,
were conceits, toyful inventions. Now we
find each fiction is unfinished, twisted,
but none-the-less a mirror for a life
that is less substantial than reflection.

9. Heinz Kahlau (1931-2012)

„Schneewittchen" (1970)

Heinz Kahlau, *Flugbrett für Engel. Gedichte.* Berlin: AufbauVerlag, 1974, S. 94.

Ich weiß nicht, wo,
aber auch du hast
von dem giftigen Apfel
Mehrwert gegessen.
Wie sonst
wärst du wie Milch und Blut
und so tot.
Dein moderner Glassarg
Ford 69
ist gut gefedert.
Wie sehr
mußt du geschüttelt werden?
Warum
spuckst du
den giftigen Bissen
nicht aus?

Ein Diamant muß sein,
wer da hindurchkommen will.
Ich ritze
in den Glassarg
deiner Selbstsucht
ein Herz.

10. Robert Gillespie (geb. 1938)

„Snow White" (1971)

Zitiert aus David Allan Evans (Hrsg.), *New Voices in American Poetry. An Anthology*. Cambridge, Massachusetts: Winthrop Publishers, 1973, S. 94-96.

She found herself 7 no less
dwarfs!
Such Disney images – where did they come from, the yellow pages? –
grumpy sleepy sneezy happy dopey doc
Doc?
So why didn't she ever have any little dwarfs?
She was afraid of her father's handlebar moustache?
Who does she think she is, no hostility like the rest of us
toward stepmother? Her mother for dying?
What is really going on out there in that house in the woods?
Do they really know?
Does it ever get dirty and dull
fishy-stale in her innocent linens?
What are their little penises like, Snow White?
Does one finger
one lap another hump?
Does one sneeze? Unnatural
this absence of the natural. This division.
7 safe little men to father Mommy.
Why are they stay at homes?
Does she do the wash and cook casseroles or just be beautiful?
What was she doing out there in the wilderness in the first place,
looking for dwarfs?
Who made Snow White her big bed and cookies
letting her sit there and eat?
Home from their gold mine the swarthy dwarfs she inspires bring
bacon and mayonnaise. With love. They make spring
look like a dwarf.
Oh that lovely garden of a girl,
they stay because she takes their seed, because a garden stays.
They grow. Get roots down. Better man for it.
(And the apple woman and her uxorious
sidekick, what the fuck what a drag why not be the most beautiful
move on freak out kick free,

kicked out)
nibble nibble pick pick at the core of civilization
arch-fear proto-hate ur-guilt
their balls fall off like ripe peaches
pussy snow
beautiful sweet and kind and good.
Everybody agrees.
You soak me up, I'll cut you down;
because they soak her up. Because
they like it. Like looking up the blood-red and ebony snow
white they wish they came from.
Save us from our littleness
our ugliness without and beautiful touches
oh lift us up.
Now she is home, a king's son's wife, she is fairy tail
she eats roast beef with crackers
listening to the birds chirp
watching the snow melt
wondering where the brave woodcutter
where the men on white horse

11. Anne Sexton (1928-1974)

„Snow White and the Seven Dwarfs" (1971)

Anne Sexton, *Transformations*. Boston: Houghton Mifflin, 1971, S. 3-9.

No matter what life you lead
the virgin is a lovely number:
cheeks as fragile as cigarette paper,
arms and legs made of Limoges,
lips like Vin Du Rhône,
rolling her china-blue doll eyes
open and shut.
Open to say,
Good Day Mama,
and shut for the thrust
of the unicorn.
She is unsoiled.
She is as white as bonefish.

Once there was a lovely virgin
called Snow White.
Say she was thirteen.
Her stepmother,
a beauty in her own right,
though eaten, of course, by age,
would hear of no beauty surpassing her own.
Beauty is a simple passion,
but, oh my friends, in the end
you will dance the fire dance in iron shoes.
The stepmother had a mirror to which she referred –
something like the weather forecast –
a mirror that proclaimed
the one beauty of the land.
She would ask,
Looking glass upon the wall,
who is the fairest of us all?
And the mirror would reply,
You are fairest of us all.
Pride pumped in her like poison.

Suddenly one day the mirror replied,
Queen, you are full fair, 'tis true,
but Snow White is fairer than you.
Until that moment Snow White
had been no more important
than a dust mouse under the bed.
But now the queen saw brown spots on her hand
and four whiskers over her lip
so she condemned Snow White
to be hacked to death.
Bring me her heart, she said to the hunter,
and I will salt it and eat it.
The hunter, however, let his prisoner go
and brought a boar's heart back to the castle.
The queen chewed it up like a cube steak.
Now I am fairest, she said,
lapping her slim white fingers.

Snow White walked in the wildwood
for weeks and weeks.
At each turn there were twenty doorways
and at each stood a hungry wolf,
his tongue lolling out like a worm.
The birds called out lewdly,
talking like pink parrots,
and the snakes hung down in loops,
each a noose for her sweet white neck.
On the seventh week
she came to the seventh mountain
and there she found the dwarf house.
It was as droll as a honeymoon cottage
and completely equipped with
seven beds, seven chairs, seven forks
and seven chamber pots.
Snow White ate seven chicken livers
and lay down, at last, to sleep.

The dwarfs, those little hot dogs,
walked three times around Snow White,
the sleeping virgin. They were wise
and wattled like small czars.

Yes. It's a good omen,
they said, and will bring us luck.
They stood on tiptoes to watch
Snow White wake up. She told them
about the mirror and the killer-queen
and they asked her to stay and keep house.
Beware of your stepmother,
they said.
Soon she will know you are here.
While we are away in the mines
during the day, you must not
open the door.

Looking glass upon the wall ...
The mirror told
and so the queen dressed herself in rags
and went out like a peddler to trap Snow White.
She went across seven mountains.
She came to the dwarf house
and Snow White opened the door
and bought a bit of lacing.
The queen fastened it tightly
around her bodice,
as tight as an Ace bandage,
so tight that Snow White swooned.
She lay on the floor, a plucked daisy.
When the dwarfs came home they undid the lace
and she revived miraculously.
She was full of life as soda pop.
Beware of your stepmother,
they said.
She will try once more.

Looking glass upon the wall ...
Once more the mirror told
and once more the queen dressed in rags
and once more Snow White opened the door.
This time she brought a poison comb,
a curved eight-inch scorpion,
and put it in her hair and swooned again.
The dwarfs returned and took out the comb

and she revived miraculously.
She opened her eyes as wide as Orphan Annie.
Beware, beware, they said,
but the mirror told,
the queen came,
Snow White, the dumb bunny,
opened the door
and she bit into a poison apple
and fell down for the final time.
When the dwarfs returned
they undid her bodice,
they looked for a comb,
but it did no good.
Though they washed her with wine
and rubbed her with butter
it was to no avail.
She lay as still as a gold piece.

The seven dwarfs could not bring themselves
to bury her in the black ground
so they made a glass coffin
and set it upon the seventh mountain
so that all who passed by
could peek in upon her beauty.
A prince came one June day
and would not budge.
He stayed so long his hair turned green
and still he would not leave.
The dwarfs took pity upon him
and gave him the glass Snow White –
its doll's eyes shut forever –
to keep in his far-off castle.
As the prince's men carried the coffin
they stumbled and dropped it
and the chunk of apple flew out
of her throat and she woke up miraculously.

And thus Snow White became the prince's bride.
The wicked queen was invited to the wedding feast
and when she arrived there were
red-hot iron shoes,

in the manner of red-hot roller skates,
clamped upon her feet.
First your toes will smoke
and then your heels will turn black
and you will fry upward like a frog,
she was told.
And she danced until she was dead,
a subterranean figure,
her tongue flicking in and out
like a gas jet.
Meanwhile Snow White held court,
rolling her china-blue doll eyes open and shut
and sometimes referring to her mirror
as women do.

12. David F. Petteys (?)

„Snow White" (1972)

Antaeus, Nr. 7 (Herbst 1972), S. 84.

Taking turns – assaulted seriatim seven times
by each of them – she switches
to fresh combinations, permutations
of three's and four's
at a time,
makes her way to the very bottom
of the heap of her
humping dwarfs – drains
them dry
and shrieks for more, turns again
to the roses (red ones
and white
ones),
whickering with joy
leaps
to their thorns . ...

13. Lisa Kahn (1927-2013)

„Spieglein, Spieglein" (1975)

Lisa Kahn, *Klopfet an, so wird euch nicht aufgetan, Gedichte*. Darmstadt: J.G. Bläschke, 1975, S. 38.

Spieglein Spieglein an der Wand
Wer ist der Schlimmste im ganzen Land?
Du?
Oder du?
Oder du?
Womöglich ich?
Spieglein ist
Blind von Lüge
Verrostet von Blut
Tränen
Hat sein Gedächtnis
Bei der Hirnwäsche verloren
Kann vor lauter Wäldern
Den Baum nicht mehr sehen
Ward auch taub
Und stumm
Und dumm
Ach wie gut daß es nicht weiß
Daß ich
Stehler
Hehler
Lügner
Mörder
Heiß

14. Wolfgang Knape (geb. 1947)

„Schneewittchen" (1975)

Zitiert aus Wulf Kirsten und Wolfgang Trampe (Hrsg.), *Don Juan überm Sund. Liebesgedichte*. Berlin: Aufbau-Verlag, 1975, S. 68-69.

ach hör mir bloß auf
mit dieser geschichte
von schneewittchen
und den sieben zwergen
sag mir bloß nicht
man kann mit sieben männern
freundschaft halten
und keinen lieben
hör mir auf damit
ich kanns nicht mehr ertragen
daß sie dir sieben gedichte schreiben
daß du auf sieben stühlen gesessen hast
daß du sieben nächte nicht bei mir warst
und in sieben betten gelegen hast
hör mir auf damit
hör auf und geh

aber nun da der abend kommt
stelle ich eine kerze auf unseren tisch
und braue punsch
viel zu viel für das eine glas
in der hand dreh ich den apfel
weiß nicht ob ich dich in die rote
oder die gelbe hälfte beißen lasse
zähle die stühle
warte bis sieben

da kommst du
sagst
guten abend mein prinz
und
du siehst müde aus
redest weiter
lange
mit geschlossnem mund

endgültig vorbei sei es nun
mit den sieben
du hast sie eingesperrt
aus der tasche nimmst du
einen schlüssel
das ist der beweis

beschämt rollt der apfel davon
du siehst ihm nach
sagst
recht so mein prinz
gehst quer durchs zimmer
zeigst auf den bücherschrank
hier werden sie stehen
die kinderbettchen
sieben

15. Michael Kumpe (geb. 1946)

„Schneewittchen" (1975)

Zitiert aus Hans-Joachim Gelberg (Hrsg.), *Neues vom Rumpelstilzchen und andere Märchen von 43 Autoren.* Weinheim: Beltz & Gelberg, 1976, S. 174-175.

Ein Mädel, das Schneewittchen war,
das hat von Mai bis Januar
für sieben Tröpfe
gescheuert Töpfe,
gerieben Zwiebeln,
gelesen Bibeln,
gekocht die Schwarten,
gepflegt den Garten,
gewickelt Kinder,
gemolken Rinder,
geschrubbt die Schränke,
geholt Getränke.
Dann hat's (die Zwerge war'n empört)
gestreikt (mit Arbeit aufgehört),
weil es gemerkt hat: Solche Sachen
sind leicht von Zwergen selbst zu machen.
Die Zwerge wollten sie draufhin
mit Hilf' der bösen Königin
durch Gift ums Leben bringen –
das sollte nicht gelingen:
Der junge Prinz nahm sie ins Haus
und sagte: „Hier kennst du dich aus,
wasch Wäsche und koch Suppen
und spiele lieb mit Puppen!"
Sie sprach: „Das ist mir über.
Ich gehe jetzt, mein Lieber.
Vor Prinzen und vor Zwergen
will ich mich nun verbergen.
Es gibt auch beßre Leute!"
Vielleicht gibt es die heute?

16. Rolf Krenzer (1936-2007)

„Schneewittchen" (1976)

Zitiert aus Hans-Joachim Gelberg (Hrsg.), *Neues vom Rumpelstilzchen und andere Märchen von 43 Autoren*. Weinheim: Beltz & Gelberg, 1976, S. 138.

Mini-Haus mit sieben Zwergen
hinter sieben hohen Bergen.
Königstochter, jung und fein.
Trautes Heim, Glück allein.
Denkste! Böse Königin
hält den giftigen Apfel hin.
„Schau her, wie herrlich, saftig, rot!"
Schneewittchen beißt. Schon ist es tot.
Ein Prinz, ein Tollpatsch ist der Mann,
hebt ungeschickt den Glassarg an,
worauf die Tote unsanft ruckte
und gleich das Apfelstück ausspuckte.
Schneewittchen lebt. Der Prinz lacht laut:
„So kommt man schnell zu einer Braut!"
Moral:
Auch einem Tollpatsch dann und wann
ein großer Wurf gelingen kann.

17. Wolf Biermann (geb. 1936)

„Lied vom Roten Stein der Weisen" (1978)

Wolf Biermann, *Preußischer Ikarus*. Köln: Kiepenheuer und Witsch, 1978, S. 99-100.

Den Roten Stein der Weisen, gib zu!
Den gibt's doch nicht. Genosse, auch du
Den gibt es doch nicht, Genosse, auch du
du hast ihn nicht gefunden.

Wir haben wie blödes Federvieh
Mit rotem Kamm und Kikerikii
Zum Gaudi für die Bourgeoisie
uns oft genug zerschunden.

Der Kampf ist hart, und unser Feind
Ist schlau und hat sich längst vereint
Ist schlauer als wir! und hat sich vereint
und will uns einzeln schlagen.

Genossen! fragt nicht penetrant
Wie in dem Märchen hirnverbrannt:
Wer ist der Linkste im ganzen Land?
– das kann kein Spiegel sagen.

18. Robert Kahn (1923-1970)

„märchen-ton" (1978)

Robert Kahn, *Tonlose Lieder*. Darmstadt: Bläschke, 1978, S. 54.

spieglein
spieglein
an dem wandl
wer hat
denn das
blutigst handl
im ganzen
landl?

herr landtagsabgeordneter
(staatssekretär etc)
und ehemaliger
parteigenosse
kieken se mal
jefälligst
auf ihre
eigene flosse.

19. Rose Ausländer (1901-1988)

„Auf Wiedersehn" (1979)

Rose Ausländer, *Ich höre das Herz des Oleanders. Gedichte 1977-1979.* Frankfurt am Main: Fischer, 1984, S. 124.

Ade
sagt heute keiner mehr

Wir wollen uns wiedersehn
hinter den Bergen
wo Schneewittchen schläft

Der Prinz
hat die Krone
verloren
in seine Almosenschale
fällt Staub

Die schwarzzüngige Zauberin
schlank und geschmeidig
bringt
den roten Zankapfel
grüßt herzlich
Servus
Auf Wiedersehn

20. Kurt Sigel (geb. 1931)

„Märchen" (1980)

Kurt Sigel, *Lieder & Anschläge. Gedichte.* München: Delp, 1980, S. 46.

Schneeputtel Drosselstilzchen
hat ein Läusefilzchen
geerbt vom Rumpelwittchen
im Kittchen

das Wittchen legt's der Rapunzel
unter die Funzel
die gibt's dem Allerleihröschen
ins rauhe Höschen
von da kommt's zum Dornweißchen

So dreht sich's im Kreischen

21. Otti Pfeiffer (1931-2001)

„Regentropfen" (1981)

Zitiert aus Jo Pestum (Hrsg.), *Kreidepfeile und Klopfzeichen. Wörter, Widerwörter, Wörterspiele. Lyrik von 25 Autoren.* Stuttgart: Spectrum, 1981, S. 84.

Regentropfen stanzen Löcher
in Pfützen
Schneewittchens Stiefmutter
tanzt in glühenden Pantoffeln
Das Horoskop der Woche
verspricht mir
Gold im Schuh
Wind wirft welkes Laub
ans Fenster
Ein paar Tausend Menschen
rechnen mit Gold im Schuh
wie ich

22. Sara Henderson Hay (1906-1987)

„One of the Seven Has Somewhat to Say" (1982)

Sara Henderson Hay, *Story Hour.* Fayetteville, Arkansas: University of Arkansas Press, 1982, S. 20.

Remember how it was before she came – ?
The picks and shovels dropped beside the door.
The sink piled high, the meals any old time.
Our jackets where we'd flung them on the floor?
The mud tracked in, the clutter on the shelves.
None of us shaved, or more than halfway clean …
Just seven old bachelors, living by ourselves?
Those were the days, if you know what I mean.

She scrubs, she sweeps, she even dusts the ceilings:
She's made us build a tool shed for our stuff.
Dinner's at eight, the table setting is formal
And if I weren't afraid I'd hurt her feelings
I'd move, until we get her married off.
And things can gradually slip back to normal.

23. Arnim Stolper (geb. 1934)

„Märchen" (1982)

Armin Stolper, *Weißer Flügel schwarzgerändert. Gedichte.* Rostock: Hinstorff, 1982, S. 66.

Schneewittchen war über achtzig geworden
und starb eines natürlichen Todes dennoch
ward sie in einem Glassarg aufgebahrt
in der Friedhofskapelle zu Weimar
wer wird uns jetzt den Kaffee kochen
die Socken stopfen und unsere Bettchen wärmen
schluchzten die sieben Zwerge zogen sich
die Zipfelmütze über den Kopf und trugen zu Grabe
ihr fleißiges Dienstmädchen als sie den
frischaufgeworfenen Hügel verließen unter dem
Schneewittchen nun ruhte hörten sie eine Stimme
wie soll man hier schlafen ausblieb die Antwort
die motorgetriebene Säge zerlegt nicht nur Bäume
sie macht auch Orgeln stumm

24. Cornelia Crohn (geb. 1954)

„Schneewittchens Alltag" (1983)

Zitiert aus Dorothea von Törne (Hrsg.), *Vogelbühne. Gedichte im Dialog*. Berlin: Verlag der Nation, 1983, S. 111.

Am achten Februar
Fiel hinter den sieben Bergen der Schnee
In meinen nachmittagsschwarzen Kaffee hinein.

Da legte ich etwas Rouge mir auf
Und schwang mich schnell aufs Fensterbrett
Begann zu warten zu warten zu warten.

Als erstes kam der Fuchs
Der Hirsch dann und der Rabe
Zum Schluß die Wildschweine.
Wie immer.
Denn sie wittern die Äpfel
(Die im Garten vom Herbst noch).

Als der Tag zu End ging
War ich wieder nicht vergiftet.
Ach, mein Prinzliebschönster
Wartest wartest wartest
Du auch?

25. Roald Dahl (1916-1960)

„Schneewittchen und die sieben Jockeys" (1983)

Roald Dahl, *Konfetti. Ungemütliches und Ungezogenes*. Reinbek: Rowohlt, 1983, S. 26-31. Aus dem Englischen übersetzt von Heinrich Maria Ledig-Rowohlt. Die englische Originalfassung erschien als „Snow-White and the Seven Dwarfs" in Roald Dahl, *Revolting Rhymes*. London: Jonathan Cape, 1982, S, 163-165.

Als klein Schneewittchens Mutter starb
Da weinte erst ihr Vater arg.
Ein König ohne Königin –
Was hat so 'n Leben noch für Sinn?
Dann hörte man ihn leise fluchen:
„Jetzt muß ich nach 'ner Neuen suchen!"
Der König sucht 'ne Königin
Stand bald in allen Blättern drin.
Dann trafen tausend Briefe ein,
Denn jede wollte Braut da sein.
Der König lächelte verrucht,
Gern hätt er jede mal versucht.
Am Ende aber wählte er
'Ne Dame namens von der Kehr.
Und die besaß ein Wunderding,
An dem sie ganz besonders hing:
Ein Wunderspiegel, der, befragt,
Der Königin die Wahrheit sagt.
Was immer ihr an Fragen wichtig,
Die Antwort, die war immer richtig.
Zum Beispiel konnte sie ihn fragen,
Was denn zu Tisch wird aufgetragen.
Dann sprach das Spieglein an der Wand:
„Nun, heute gibt es Huhn in Schmand."
Doch eine Frage fehlte nie,
Die sie ihm stets entgegenschrie:
„O Spieglein, Spieglein an der Wand,
Wer ist die Schönste hier im Land?"
Und stets gab er zur Antwort ihr:
„Madame, Sie sind die Schönste hier!
Ja, Sie sind super, kein Alarm,

Sie bleiben Trumpf mit Ihrem Charme!"
Zehn Jahre lief das reibungslos
Und ward halt bald Routine bloß,
Doch eines Tags (ihr war schon schlecht)
Spricht er – verdammt, hört sie denn recht? –
„Von jetzt an sind Sie Nummer zwei.
Schneewittchen ist der letzte Schrei."
Die Königin, die brüllt wie wild:
„Da sorg ich für, daß man die killt.
Aus dieser anmaßenden Kuh
Macht man mir bald ein Wildragout."
Den grünen Jäger ruft sie eilig
Und schreit: „Ist dir dein Leben heilig,
Dann mach dich an die Göre ran
Und leg sie um, mein lieber Mann.
Dann schneid sie auf von Brust zu Sterz
Und bring mir hierher schnell ihr Herz."
Und so schleppt in den tiefen Wald
Der Jäger drauf das Mädchen bald.
Schneewittchen fürchtet sich und fleht:
„Gib mir 'ne Chance, wenn es geht."
Das Messer blinkt, der Arm ist stark,
Und wieder weint sie: „Bin ohn' Arg!"
Des Jägers Herz hat fast 'ne Panne
Und schmilzt wie Butter in der Pfanne.
Er murmelt: „Also hau schon ab!"
Das tat sie auch, und zwar im Trab.
Doch auch der Jäger eilig rannte
Zu einem Schlächter, den er kannte.
Dort kaufte er in kluger List
Ein Stierherz und ein Steak vom Rist,
Rief: „Majestät, o Königin,
Die kleine Schlange, die ist hin!
Und hier auch, zum Beweise gleich,
Bring ich euch das bestellte Fleisch."
Die Königin: „Bravissimo!
Ich sehe, Ihr wart kalt und roh."
Dann (das ist nun das schlimmste dran)
Fing sie sogleich zu essen an.
(Ich hoff, sie hat es gut gebraten,
Denn zähes Herz ist nicht geraten!)

Und während sie so saß und schlang,
Wo ging Schneewittchen da wohl lang?
Da ihr an Schönheit keine gleicht,
Tat sie beim Hitchhiken sich leicht.
Und in der Stadt, da fand sie bald
'Nen Job, wenn auch nur unbezahlt,
Als Köchin und als Magd für alles
Bei sieben Herrn, die arg im Dalles.
Und Ex-Jockey war da ein jeder,
Nicht größer als so einen Meter.
Sie lebten alle lieb und gütig
Doch war'n sie leider Rennplatz-wütig.
Ihr Geld blieb in den Wettbüros,
Beim Wetten wurden sie es los.
Wenn sie mal wieder ganz schief lagen,
Dann büßten sie's mit ihrem Magen.
Da sprach Schneewittchen: „Hört mal, he!
Ich habe da 'ne Pfundsidee!
Ihr laßt erst mal das Wetten sein
Bis ich euch sage, jetzt steigt ein."
Und gleich am nächsten Morgen schon
Fuhr sie per Htchhike flott davon.
Und dann war's doch schon Abend fast,
Als sie durchs Tor schlich vom Palast.
Der König in der Münze zählte
Gerad sein Geld, weil welches fehlte.
Die Königin konnt man vergessen,
Die saß da grad beim Abendessen.
Die Dienerschaft, die Zofe schlief.
So sah sie niemand, wie sie lief,
Auf Zehenspitzen unerkannt,
Zu jenem Spiegel an der Wand.
Den hängt sie ab und schleppt ihn heim,
Den Seniorzwerg, den weiht sie ein:
„Nun also frage, faß ein Herz!"
Er spricht: „O Spiegel, keinen Scherz!
Wir sind schon pleite, wenn nicht pleiter.
Uns rettet nur ein Außenseiter.
O Spiegel, kannst du uns verraten,
Wie's morgen läuft in Baden-Baden?"
Da flüstert ihm der Spiegel zu:

„Beim Großen Preis siegt Winnetou."
Die Zwerge, ganz berauscht vom Wissen,
Erstickten Schneewittchen in Küssen,
Dann strebten sie dem Leihhaus zu
Um Bargeld für den Winnetou,
Versetzten Uhren und den Wagen
Und borgten Geld, was soll man sagen.
Fürs meiste schuldeten sie Dank
Den Herren von der Deutschen Bank.
Nach Baden-Baden ging's – und klar,
Daß Winnetou Gewinner war.
So ging's denn weiter alle Tage
Und nur den Buchmachern zur Klage.
Und weiß es Gott, bei meiner Ehre,
Sie wurden alle Millionäre!
Und die Moral von der Geschicht:
Wer nicht gewinnt, der wette nicht.

26. Bruce Bennett (geb. 1940)

„The True Story of Snow White" (1984)

Zitiert aus Philip Dacey und David Jauss (Hrsg.), *Strong Measures. Contemporary American Poetry in Traditional Forms.* New York: Harper & Row, 1986, S. 25.

Almost before the princess had grown cold
Upon the floor beside the bitten fruit,
The Queen gave orders to her men to shoot
The dwarfs, and thereby clinched her iron hold
Upon the state. Her mirror learned to lie,
And no one dared speak ill of her for fear
She might through her devices overhear.
So, in this manner, many years passed by,
And now today not even children weep
When someone whispers how, for her beauty's sake,
A child was harried once into a grove
And doomed, because her heart was full of love,
To lie forever in unlovely sleep
Which not a prince on earth has power to break.

27. Georg-Oswald Cott (geb. 1931)

„Allen Ernstes" (1984)

Zitiert aus Manfred Hausin (Hrsg.), *Wir haben lang genug geliebt, und wollen endlich hassen! Gedichte*. Frankfurt am Main: Fischer, 1984, S. 64.

Allen Ernstes
ich habe
Schneewittchen gesehen
zur Stiefmutter
ging es
hatte Pilze im Korb
und sagte es sei
jetzt die Zeit
für ein Gegengeschenk.

28. Anna Jonas (1944-2013)

„Märchenhaft" (1984)

Anna Jonas, *Sophie und andere Pausen*. Berlin: Rotbuch Verlag, 1984, S. 9.

Schneewittchen schluckt sein Haar herunter
bis zu den Wurzeln und weiter
geht in sich
ein runder Bissen in seinem Hals
Schneewittchen schluckt
geht sich durch Mark und Bein
nimmt sich zusammen
kriegt den Hals voll

an einem Bissen erstickt man nicht
wer a sagt muß den Mund aufmachen
muß schlucken was er sich einbrockt

Schneewittchen macht keine halben Sachen
kommt zu sich selbst
hat sich verzehrt

29. Frauke Ohloff (geb. 1940)

„Märchenspiegel" (1984)

Frauke Ohloff, *Liebe Liebe. Gedichte und Prosa*. Bern: Herbert Lang, 1984, S. 46.

Ein Gesicht im Spiegel,
das Glas zerspringt.

Morgen werden Splitter
ein neues Bild aufsagen.

Morgen werden Särge
hindurchgetragen.

Morgen werden Märchen
auf den Kopf gestellt.

Morgen befasse ich mich
mit dem Rahmen
und werde zu Schneewittchens
Ebenbild,

um endlich dem Spiegel
die Wahrheit zu sagen
und meinem Willen
eine Freundin zu sein.

30. Mathias Richling (geb. 1953)

„Endlich oder Der Rest ist Schönheit" (1984)

Mathias Richling, *Ich dachte, es wäre der Froschkönig.* Stuttgart: Spectrum, 1984,
S. 83.

„Na", schwang sich die giftige Königin,
die schon alle mit ihrer Besessenheit außer Landes
getrieben hatte, so daß sie selbst die einzige in diesem
Lande war
und damit die Schönste,
„na", schwang sie sich vor den Spiegel,
„wer ist die Schönste im ganzen Land?"
„Frau Königin", antwortete er brav,
„Ihr seid die Schönste im Land,
aber tausendmal schöner bin ich an der Wand!"
Da war die Königin ganz farbig vor Neid, und sie irrte
ihr Leben lang unschön-rastlos umher, denn den
Spiegel umbringen, das brachte sie nicht übers Glas.
Wen hätte sie sonst befragen sollen?
Und die Schönste im Land wollte sie zwar sein,
aber aussehen wie ein Spiegel,
das wollte sie auch nicht.

31. Erich Fried (1921-1988)

„Spiegel" (1985)

Erich Fried, *Gesammelte Werke. Gedichte 3*. Hrsg. von Volker Kaukoreit und
Klaus Wagenbach. Berlin: Klaus Wagenbach, 1993, S. 164.

Wieviel Teile ein Spiegel hat
daß ich mich selbst in ihm sehe
wieviel Teile
daß ich mir nicht mehr entgehe?

In einem bin ich linkisch
im anderen bin ich gerecht
In einem bin ich gut
und im anderen bin ich schlecht

In einem bin ich bedächtig
und in einem verzerrt von Gewalt
In einem bin ich jung
und in einem schon alt

In einem bin ich zweimal
und einer bleibt von mir leer
In einem bin ich noch nicht
und in einem bin ich nicht mehr

Spiegel, Spiegel,
Spieglein an der Wand
lass mich los
bring mich nicht um den Verstand!

32. Annegret Gerdes (?)

„Emanzipation"(1985)

Zitiert aus Brigitte Heidebrecht (Hrsg.), *Dornröschen nimmt die Heckenschere. Märchenhaftes von 30 Autorinnen.* Bonn: Verlag kleine Schritte, 1985, ohne Seitenangabe.

hey, dornröschen,
nimm die heckenschere!

hey, schneewittchen,
laß die zwerge ihr süpplein
allein auslöffeln!

hey, rapunzel,
schneid deinen zopf
und seil dich selber ab!

hey, aschenputtel,
hol dir deine alten jeans zurück!

kommt, schwestern,
laßt uns den nächsten jet zum
blocksberg nehmen –

und daß mir keine von euch
frösche an die wand wirft!

33. Axel Schulze (geb. 1943)

„Schneewittchen" (1985)

Axel Schulze, *Vogelbilder. Gedichte.* Halle: Mitteldeutscher Verlag, 1985, S. 96.

Alles sah ich mit deinen Augen
Schnee schmolz zu braunrandigen Inseln
Jetzt seh ich nicht einmal dich
Hinter sieben Glasbergen aus Lügen nur die
Schleimige Spur des ausgebrochenen Apfels

34. Herbert Somplatzki (geb. 1934)

„schneewittchen" (1985)

Zitiert aus Karlhans Frank (Hrsg.), *Märchen. Literarische Texte im Unterricht*.
München: Goethe-Institut, 1985, S. 42.

der jüngste der sieben zwerge hieß
ätschobalthasarpaulheinzwilli und wurde
schneewittchens leibzwerg.
schneewittchen hatte unzählige wünsche:
ätschobalthasarpaulheinzwilli hier – und
ätschobalthasarpaulheinzwilli da.
vom vielen hin und her hatten sich seine
beinchen bald soweit abgenutzt, daß sie
kürzer als zigarettenstummel waren.
da machte schneewittchen: ätsch!
und nahm sich den nächsten zwerg.

35. Kurt Bartsch (1937-2010)

„Schneewittchen" (1986)

Kurt Bartsch, *Weihnacht ist und Wotan reitet. Märchenhafte Gedichte*. Berlin: Rotbuch Verlag, 1986, S. 30.

Hinter den Bergen
Bei ihren Zwergen
Wurde Schneewittchen Mutter.

Das war ein Theater.
Wer war der Vater,
Zwerg Liliput oder Zwerg Lutter?

Was soll ich sagen,
In sieben Tagen
Schlug ein Zwerg den anderen tot.

Hinter den Bergen
In sieben Särgen
Ruhen sie sanft, weiß Gott.

36. Fritz Vahle (1913-1991)

„Schneewittchen" (1986)

Fritz Vahle, *Märchen. Der Zeit angepaßt und in Verse gefaßt.* Darmstadt: Justus von Liebig, 1986, S. 30-32

Für Königin Eitelkeit
Bestand Grund zu Neid
Durch Spiegelgetön:
Königin schön.
Spiegel – Zweitöner:
Schneewittchen schöner.
Königin verdrossen
Mord beschlossen.

Jäger gebeten
Schneewittchen zu töten.
Entkommen in Bergen
Zu sieben Zwergen.
Auf Stühlchen gesessen
Und Brötchen gegessen,
Aus Becher getrunken,
Ins Bettchen gesunken.
Haushalt geführt –
Zwerge gerührt.

Doch wieder der Spiegel
Wie Brief und Siegel:
Schneewittchen lebt.
Königin bebt.
Wieder verdrossen
Mord beschlossen.

Schnürt – neueste Mode –
Schneewittchen zu Tode.
Zwerge entschnüren
Ihr die Tournüren,
Sind hoch erfreut:
Sie atmet erneut.

Doch wieder der Spiegel

Gibt Brief und Siegel:
Schneewittchen lebt.
Königin bebt.
Noch mehr verdrossen
Mord beschlossen.

Vergifteter Kamm,
Schneewittchen ganz klamm.
Zwerge erschreckt,
Kamm schnell entdeckt.
Und wieder der Spiegel
Wie Brief und Siegel:
Schneewittchen lebt.
Königin bebt.
Erneut verdrossen
Mord beschlossen.

Apfel gestiftet,
Schneewittchen vergiftet.
Stückchen geschluckt,
Nicht mehr gemuckt.
Schneewittchen triste
In gläserner Kiste.
Zwerge sehr traurig,
Singen so schaurig,
Bis Königssohn
Mit Sarg zieht davon.
Stolpert sehr arg,
Sodaß gläserner Sarg
Zerbricht dabei.
Schneewittchen frei,
Hustet ganz feste
Ins Gras Apfelreste.
War wieder lebendig.
Sie ist so beständig.
Königssohn glücklich,
Doch augenblicklich
Wieder der Spiegel
Gibt Brief und Siegel –
Na, und so weiter.

Der Schluß ward heiter.

Bei Schneewittchens Heirat
Ihr Prinz und sein Beirat
Und sämtliche Gäste
Auf diesem Feste,
Sowie andere Instanzen,
Verfügten das Tanzen
Für die gräßliche Alte,
(Auf daß sie erkalte),
Mit Glutpantinen.
Da gab's frohe Mienen.

Spiegel befragt,
Hat nur noch gesagt:
Schneewittchen rot
Königin tot.
Spiegel zerbrochen.
Schneewittchen gerochen.

37. Thomas Brasch (1945-2001)

Schneewittchen, der Idiot" (1987)

Thomas Brasch, „*Die nennen das Schrei". Gesammelte Gedichte.* Hrsg. von Martina Hanf und Kristin Schulz. Berlin: Suhrkamp, 2015, S. 373.

Ich lebe zwischen 2 Bergen
mit 60 000 000 Zwergen.
Denen macht das nichts aus:
Die sind der Pelz, ich bin die Laus.

Den König haben wir erstochen.
Den Staat erstechen können wir nicht.
Jetzt lebe ich schon seit 2000 Wochen –
was hat meines Vaters Sohn denn verbrochen,
daß er jeden Tag fällt, doch nicht bricht.

38. Peter Maiwald (1946-2008)

„Schneewittchen" (1987)

Peter Maiwald, *Gute Dinge. Gedichte*. Stuttgart: Deutsche Verlags-Anstalt, 1987,
S. 67.

hinter den sieben Bergen
betrügt mich
mit sieben Zwergen
die dumme Liese
braucht sieben Berge
braucht sieben Zwerge.
Ich war ihr Riese.

39. Paulette Jiles (geb. 1943)

„Snow White" (1988)

Paulette Jiles, *Blackwater*. New York: Alfred A. Knopf, 1988, S. 28.

White as a cave fish my blind legs
creep out of their jeans; snow white and
there are seven dwarves who live in my
dresser sorting clothes,
losing things.
They are my tiny mythologies
and what they know they never tell.

It takes days to get people out of my head
– the huntsman, the woman with the mirror –
dwarves like days of the week take on
names and disappear.

Someday the prince will come
splashing across Crawford Creek carrying
the mail; he will walk up the
sand bank past the disintegrating
chickenhouse and the pile of discarded lumber.
He will be carrying junk mail from all
the alternative universes, an invitation to
a ball in Babylon IV.
I will be sitting outside peeling poisonous apples
arguing in my head with the
mad huntsman, the woman with the sinister mirror.
I don't know if I will see him
or not, but
I think so.

The dwarves will see him.
The dwarves see everything.

40. Christa Kożik (geb. 1941)

„Schneewittchen" (1988)

Christa Kożik, *Tausendundzweite Nacht. Gedichte.* Berlin: Verlag Neues Leben, 1988, S. 68.

Schwester, dein Tod
schlug mir ein Zeichen auf
die Stirn. Schnee fällt aufs
Grab, schwarz steht die Weide.
Den Spiegel zerschlag ich, –
schneid mir die Scherben in
die Finger. Mein Blut tropft
in den Schnee ... Wie
sehr ich lebe.

41. Sue Owen (geb. 1942)

„The Poisoned Apple" (1988)

Sue Owen, *The Book of Winter.* Columbus, Ohio: Ohio State University Press, 1988, S. 30.

Snow White, I want
to explain everything
from this green
tree where I still hang
on the bough.

I want you to know
that this shape I am
is what the sun taught.
I had to learn this
trick of shine, this red
that is my destiny.

Neither you nor I
know why the wind whispers
about a mirror that
tries to lie, or can
imagine a story we could
make up about jealousy.

But I know one day,
a ladder and a hand
could come to pick me.
Any queen who wanted to
take me, because
she hates, could dip my
one-half into a poison.

It is fate that my
prettiness and sweetness
will draw someone close,
until the bite.
I want to explain this
now, if I am that

apple, that red period
that will stop your life.

42. Sue Owen (geb. 1942)

„The Glass Coffin" (1988)

Sue Owen, *The Book of Winter*. Columbus, Ohio: Ohio State University Press, 1988, S. 31.

Now you sleep
the pretty death.
Snow White, the poisoned
apple you bit is
caught in your throat.

Snow White, your body
is like your name now,
thick with a cold
that grips you.
Your blue eyes return no
knowing when looked in.

You must be dreaming
that blankness of winter.
Snow White,
it must be a place
of few stars and great
air, where movement is
always only wind.

And your two hands, that
cannot remember what
they held, must lie
empty like birds' nests.
Your arms emptied
themselves of holding too,
like trees that drop
their bleeding leaves.

Snow White, you
are a child of sleep and
loneliness.
The days come and breath

steps its way, slowly,
through you, because
someone wants you and will
melt your lips of ice.

43. Gwen Strauss (geb. 1963)

„The Seventh Dwarf" (1990)

Gwen Strauss, *Trail of Stones*. New York: Alfred A. Knopf, 1990, S. 8-10.

The first night she came
I slept an hour with each
of the others in turn.

She was small boned,
delicate like a dove.
I used to watch the
white of her
arching neck
and black hair
as she swept about
the tables and chairs.
I think she was happy;
we came to like the thought
of her there when we
returned home each day.

Why couldn't she heed
our warnings?
Time and again
we told her to stay
inside the house,
to do her tasks
away from the door.
We urged her daily,
but she was
a flitting butterfly.

The first time
scared me most.
I was stunned
by the stillness
of her white arms.

When the corset
loosened
and she drew that
breath, doubt and joy
washed through us all.

The comb angered me.
What need did she have of combs,
her black hair beautiful
and perfect unhindered?
She was driven by
something –
Perhaps I knew
she would never stay.

So when at last
we returned to her
coma slumber,
I hardly was surprised.
We built a glass casket tomb
to the wonder of the under world
she wandered through.
Kept our solitary vigil.
No one came but three:
the owl, the raven, and the dove.

Yet still in sleep she grew.
We could not contain her.
Nights when I kept watch
I felt something,
as if one could feel the pulse
of a cocoon gripped tightly
in the palm.

He's come
and our life's returned
to the simple cycle
of work and sleep.
Except sometimes I dream
of blood on snow and
then I see her

black hair
falling, arching
across her neck.

44. Liselotte Schmöcker (geb. 1926)

„Eine märchenhafte Geschichte" (1992)

Liselotte Schmöcker, *Zimt und Zucker. Gedichte.* Berlin: Frieling, 1992, S. 26-27.

Sie kam aus dem Siebengebirge
wurde Schneewittchen genannt
ihr Haar war künstlich erblondet
drum hat sie niemand erkannt

Aß einst vom vergifteten Apfel
die Hälfte so leuchtend rot
ach wie die Stiefmutter lachte
und glaubte sie sei tot.

Ihr kennt die uralte Geschichte
man hat die Hexe verbrannt
seit diesem Tag ist Schneewittchen
„die Schönste im ganzen Land"

Der Prinz nahm sie in die Arme
und führte sie auf sein Schloß
das hatte fünfhundert Zimmer
es war ihr viel zu groß

Dazu die Erbschaftssteuer
ihr wißt ja wie das so geht
die Zwerge brachten ihr Sparbuch
da war es leider zu spät

Das Schloß kam unter den Hammer
der Prinz ging für ewig fort
sie zog mit den sieben Zwergen
und lebt noch immer dort

Sie wird da weiterleben
wohl an die tausend Jahr'
und wenn ihr mal vorbeikommt
sie hat wieder schwarzes Haar!

45. Andrea Hollander Budy (geb. 1947)

„Snow White" (1993)

Andrea Hollander Budy, *House Without a Dreamer.* Brownsville, Oregon: Story Line Press, 1993, S. 68.

It was actually one of the dwarfs
who kissed her – Bashful,
who still won't admit it.
That is why she remained in the forest
with all of them and made up
the story of the prince. Otherwise,
wouldn't you be out there now
scavenging through wildflowers,
mistaking the footprints of your own
children for those little men?
And if you found some wild apples
growing in the thickest part, if no one
were looking, wouldn't you
take a bite? And pray
some kind of magic sleep
would snatch you
from the plainness
of your life?

46. Elisabeth Borchers (1926-2013)

„Vergessener Geburtstag" (1998)

Elisabeth Borchers, *Was ist die Antwort. Gedichte.* Frankfurt am Main: Suhrkamp, 1998, S. 44.

Wer hat auf meinem Stuhl gesessen
Wer hat von meinem Teller gegessen

Wer hat in meinem Bett gelegen
Wer hat's mir nicht zurückgegeben

Wer hat mich in alle Winde zerstreut
Wen hat zutiefst das Gedächtnis gereut

Wer hat mich um deinen Tag gebracht
Wer hat sich selber Platz gemacht
Die Zeit war's, die Zeit

47. Lutz Rathenow (geb. 1952)

„Und alles so leise" (1999)

Lutz Rathenow, *Der Wettlauf mit dem Licht. Letzte Gedichte aus einem Jahrhundert*.
Weilerswist: Landpresse, 1999, ohne Seitenangabe.

Auf Nebelpfoten schwindet
die Stadt. Weggewünscht.
Spieglein, Spieglein an der Wand –
wieso vergesse ich die Frage.
Vorm Fenster die Küste,
der Schreibturm, Signalworte.
Hinaustrompetet, novembermatt.
Die Autowellen ahne ich. Und eine
Möwe verirrt sich nach Haus.

48. Leonore Enzmann (geb. 1955)

„Spieglein, Spieglein an der Wand" (2007)

Leonore Enzmann und Cornelia Warnke, *Gereimtes und Ungereimtes. Lebens-weisheiten.* Leipzig: Engelsdorfer Verlag, 2007, S. 120.

Ich bin so hübsch, so wunderschön,
bin wirklich prächtig anzusehn.
Hab die Figur von Heidi Klum,
nach mir dreht jeder sich gern um.

Ich bin so sportlich, elegant,
so witzig, klug und auch charmant.
Ich bilde mir schon selber ein
jeder würd' gern wie ich so sein.

Doch wenn ich in den Spiegel schau,
dann wird mir plötzlich doch ganz flau.
Bin ich die Schönste weit und breit?
Der Spiegel sagt: Es tut mir leid.

Ich zeig dir, wie du wirklich bist
und was die reine Wahrheit ist.
Ich schaue hin und seh mit Graus,
ich seh wie tausend andre aus.

49. Dieter Höss (geb. 1935)

„Handicap" (2007)

Dieter Höss, *Verknappung. Satirische Gedichte*. Köln: Edition Fundamental, 2007, S. 49.

Schneewittchen hat
jetzt trendbedacht
auch einen Golfplatz
aufgemacht
hinter den sieben Bergen.
Nur ein Problem
ergab sich doch:
Oft sucht sie lang
von Loch zu Loch
nach ihren sieben Zwergen.

VI. Aphorismen, Sprüche und Witze

Vor gut zehn Jahren habe ich in meinem Buch „*Märchen haben kurze Beine*". *Moderne Märchenreminiszenzen in Literatur, Medien und Karikaturen* (Wien: Praesens Verlag, 2009) über sechshundert von mir gesammelte Aphorismen, Sprüche, Graffiti und Witze über einige der geläufigsten Märchen zusammengestellt. Sie zeigen, daß Aphoristiker und Sprücheklopfer mit einer gewissen Vorliebe knappe Anspielungen auf Märchen verfassen. Ganze Märchen oder die bekanntesten Motive und Symbole werden kurzerhand auf ein Minimum reduziert, wobei ihr an sich positives und hoffnungsvolles Weltbild kritisch unter die Lupe genommen wird. Die so entstandenen antimärchenhaften Kürzesttexte zu Märchen wie „Aschenputtel", „Dornröschen", „Hänsel und Gretel", „Rotkäppchen" und ganz besonders „Schneewittchen" entromantisieren die Zaubermärchen und konfrontieren gewisse Details auf parodistische, satirische aber auch humorvolle Weise mit der gesellschaftspolitischen Realität der Moderne, wo es halt nicht wie im Märchen zugeht. Vgl. hierzu meine beiden Aufsätze „Sprichwörtliche Schwundstufen des Märchens," *Proverbium: Yearbook of International Proverb Scholarship*, 3 (1986), 257-271; und „Aphoristische Schwundstufen des Märchens," in Leander Petzoldt und Stefan Top (Hrsg,), *Dona Folcloristica. Festgabe für Lutz Röhrich zu seiner Emeritierung* (Frankfurt am Main: Peter Lang, 1990), S. 159-171.

Für das „Schneewittchen"-Märchen bietet dieses Kapitel 88 Belege, wovon einige auf Englisch verfaßt sind. Diese „Spielerei" mit Märchenelementen ist schließlich ein internationales Phänomen. Etliche Belege stammen von bekannten Autorinnen und Autoren, wie etwa die Kürzestgedichte (Haiku) oder Aphorismen von Dietmar Beetz, Nikolaus Cybinski, Alexander Eilers, Ulrich Erckenbrecht, Erich Fried, Gerd W. Heyse, Dieter Höss, Heidi Huber, Klaus D. Koch, Barbara Franziska Körner, Werner Mitsch, Žarko Petan, Gerhard Uhlenbruck und Jacques Wirion. Schlagzeilen in Zeitungen und Zeitschriften sowie Buchtitel greifen ebenfalls manipulierend auf die „Spieglein, Spieglein an der Wand …" Frage zurück und geben teils seriöse und teils witzige Antworten. Ins Erotische oder gar Obszöne wagen sich selbstverständlich die Sprücheklopfer, die sich besonders mit dem sexuellen Verhalten zwischen den Zwergen und Schneewittchen befassen. Manche Texte sind in der Tat nur witzige Wortspiele, aber es gibt auch seriöse und tiefsinnige Aussagen von ein oder zwei Zeilen, die das „Schneewittchen"-Märchen in einem neuen Licht zeigen und zum Nachdenken auffordern.

1. Mirror, mirror, tell me,
   Am I pretty or plain?
   Or am I downright ugly,
   And ugly to remain?

   Shall I marry a gentleman?
   Shall I marry a clown?
   Or shall I marry old knives-and-scissors
   Shouting through the town? (ca. 1920)

Robert Graves; zitiert aus Burton Stevenson, *The Home Book of Modern Verse*. New York: Henry Holt, 1925, S. 3-4.

2. „Schau nur, wie die junge Witwe dort im Schneegestöber dahinstolziert!" – „Ja, das schönste ‚Schneewittw'chen'." (1922)

Fliegende Blätter, 156, Nr. 3994 (17. Februar 1922), S. 53.

3. *Mirror*
   „Mirror, mirror, on the wall,
   Who is Donald Andrew Hall?"
   „Self-knowledge is a rare disease.
   These words, Donald, are vanity's." (1956)

Donald Hall; zitiert aus Rolfe Humphries (Hrsg.), *New Poems by American Poets*. Freeport, New York: Books for Libraries Press, 1957, S. 66.

4. Wußten Sie schon ... daß Schneewittchen an keinem Tag in der Woche zur Ruhe kam? (1965)

Anonym; zitiert aus Robert Gernhardt, F.W. Bernstein und F.K. Waechter (Hrsg.), *Welt im Spiegel, 1964-1976*. Frankfurt am Main: Zweitausendeins, 1979, S. 43.

5. I used to be Snow White ... but I drifted. (1967)

Mae West; zitiert aus Fred R. Shapiro (Hrsg.), *The Yale Book of Quotations*. New Haven, Connecticut: Yale University Press, 2006, S. 809. Die abgebildete Postkarte ist von Quips & Quotes Power (London) und wurde 1999 in New York gekauft.

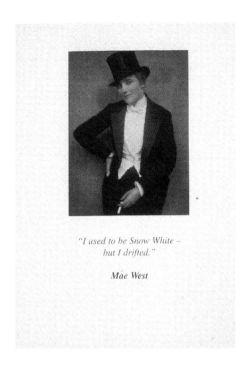

"I used to be Snow White –
but I drifted."

Mae West

6. *Schneewittchen*
Schneewittchen hinter den sieben Bergen bohrte einen Tunnel und fiel in
den Fluß. (1970)
Pierre Imhasly, *Sellerie, Ketch up & Megatonnen*. Bern: Kandelaber, 1970, S. 17.

7. Wer denkt noch wie Schneewittchen? (1970)
Eberhard Fromm, *Wer denkt noch wie Schneewittchen? Ideen unserer Zeit kontra Geist
der Vergangenheit*. Berlin: Verlag Neues Leben, 1970 (Buchtitel).

8. Spieglein, Spieglein and der Wand,
    sag, wie steht's mit Leut und Land? (1971)
Der Spiegel, Nr. 34 (16. August 1971), S. 7.

9. *Wrinkles*
Pretty lady hurt ...
No one taught her to cope with
Her mirror's insults. (1971)
Don Raye, *Like Haiku*. Rutland, Vermont: Charles E. Tuttle, 1971, S. 16.

10. An später denken – rechtzeitig den formschönen Schneewittchen-Glassarg bestellen! Bei Abnahme von drei Schneewittchensärgen ein Stück gratis. Dazu empfehlen wir unser erprobtes Glasputzmittel „Immerblank" in der Familienflasche. Der besondere Vorteil: bis zur endgültigen Verwendung kann der Schneewittchen-Glassarg als Badewanne benutzt werden. Schneewittchen-Vollbäder machen weiß wie Schnee, rot wie Blut und schwarz wie Ebenholz! (1976)
Vera Ferra-Mikura; zitiert aus Hans-Joachim Gelberg (Hrsg.), *Neues vom Rumpelstilzchen und andere Märchen von 43 Autoren*. Weinheim: Beltz & Gelberg, 1976, S. 166.

11. Spieglein, Spieglein an der Wand. Braun sein heißt fit sein. (1976)
Marietta Riderer, „Spieglein, Spieglein an der Wand. Braun sein heißt fit sein. Die Nothelfer der Schönheit haben jetzt Konjunktur." *Die Zeit*, Nr. 28 (9. Juli 1976), S. 22,

12. S' wär' nicht das Schneewittchen,
    hätt' es nicht kühle Tittchen! (1978)
Kalenderspruch aus *Locus vivendi 1978. Sentenzen fürs Klo*. München: W. Heye, 1978 (6.-12. März 1978).

13. Spieglein Spieglein
    an der Wand
    wer ist der Freieste
    im ganzen Land? (1979)
Erich Fried, *Gesammelte Werke. Gedichte 2*. Hrsg. von Volker Kaukoreit und Klaus Wagenbach. Berlin: Klaus Wagenbach, 1993, S. 584. Diese Zeilen bilden den Schluß des Gedichts „Freiheit der Wissenschaft", S. 583-584.

14. „Ich bin nach wie vor für die Entspannung!" – sagte Schneewittchen, nachdem die böse Stiefmutter ihren Giftmordversuch unternommen hatte. (1980)
Hans Weigel, *Ad absurdum. Satiren, Attacken, Parodien aus drei Jahrzehnten*. Graz: Styria, 1980, S. 81.

15. *Die Zwerge*
    Sieben frühere Affären,
    „Wer-hat-in-meinem-Bettchen-geschlafen?"
    – Ihre Akteure
    Verfallen angesichts des EINEN
    Der perspektivischen Verkürzung. (1981)
H.L., „Die Zwerge," *Treffpunkt Deutsch*, Nr. 1 (1986), S. 35.

16. *Die Königin*

Als aber die Königin den Spiegel befragte, schwieg dieser, und sie erblickte darin ihr von der Zeit zerstörtes Gesicht. Da ahnte sie, dass Schneewittchen tausendmal schöner sein müsse als sie, und sie gedachte es umzubringen. Zur Hochzeit geladen, wurde ihr beim Tanzen so heiss, als stecke sie in glühenden Eisenschuhen. Sie ertrug die Demütigung nicht, so dass ihr das Herz brach und sie tot umfiel. (1982)

Heinrich Wiesner, „Die Königin," in *Nebelspalter*, Nr. 45 (9. November 1982), S. 19.

17. „Gee, guys," said Snow White, "I've always dreamed of getting seven inches – but not an inch at a time." (1982)

Playboy (März 1982), S. 132.

18. Die sieben Zwerge konnten Schneewittchen zwar den Kaffee reichen, nicht jedoch dem Prinzen das Wasser. (1983)

Werner Mitsch, *Das Schwarze unterm Fingernagel. Sprüche. Nichts als Sprüche.* Stuttgart: Letsch, 1983, S. 16.

19. Durch glückliche Fügung bekam Schneewittchen einen Prinzen, der sich eines Tages zum Schneekönig mauserte. (1983)

Werner Mitsch, *Das Schwarze unterm Fingernagel. Sprüche. Nichts als Sprüche.* Stuttgart: Letsch, 1983, S. 63. Auch in W. Mitsch, *Wer den Wal hat, hat die Qual. 800 Unsinnssprüche für alle Gelegenheiten.* München: Wilhelm Heyne, 1987, ohne Seitenangabe.

20. *Grimms Märchen, leicht geändert*

Gänsel und Knödel (Kochrezept für jung und alt)
Kumpelpilschen (Stammtischplaudereien)
Korndöschen (Leckereien aus dem Reformhaus)
Schneekittchen (Haftanstalten bei Eskimos)

Hör zu, Nr. 46 (11. November 1983), S. 3.

21. Lieber 7 mal mit Schneewittchen als einmal mit den Zwergen. (1983)

K. Schmerberg in *Morgenpost* (20. Januar 1983), ohne Seitenangabe.

22. Sieben Hügel machen noch keinen Berg
   und sieben Zwerge noch keinen Prinzen. (1983)

Werner Mitsch, *Das Schwarze unterm Fingernagel. Sprüche. Nichts als Sprüche.* Stuttgart: Letsch, 1983, S. 18.

23. Spieglein, Spieglein in der Tasche,
    wer ist im Land die größte Flasche? (1983)
Karl Heinz Rauchberger und Ulf Harten (Hrsg.), „*Club-Sprüche.*" Hamburg:
Verlag Hanseatische Edition, 1983, S. 70. Auch in Christian Roman (Hrsg.), *Big
Mäc is watching you! Schüler-Sprüche No. 3.* Frankfurt am Main: Eichborn, 1986,
ohne Seitenangabe; und Anne Grimmer (Hrsg.), *1000 coole Schülersprüche.* Bind-
lach: Loewe, 2000, S. 113.

24. Als die sieben Zwerge Schneewittchen zum Leben erweckt hatten, sahen sie
    zu ihrem Schrecken, dass es Marilyn Monroe war. (1984)
René Regenass, *Kopfstand. Gelegentliche und alltägliche Geschichten.* Rorschach: Nebelspalter, 1984, S. 91.

25. Lieber siebenmal mit Schneewittchen als einmal mit den sieben Zwergen.
    (1984)
Claudia Glismann (Hrsg.), *Edel sei der Mensch, Zwieback und gut. Szene-Sprüche.*
München: Wilhelm Heyne, 1984, ohne Seitenangabe; Reinhard Habeck (Hrsg.),
Saublöd ... Witzige Sprüche für Männer. Sprüche, Verse und Reime. Wien: Tosa Verlag,
2004, S. 110; und Marco Fechner, *Nerv-Deutsch, Deutsch-Nerv. Blöde Sprüche, dumme Floskeln – alles, was wir nicht mehr hören wollen.* Leipzig: Neuer Europa Verlag,
2006, S. 7.

26. Lieber 7 x mit Schneewittchen, als 1 x mit den sieben Zwergen. (1984)
Manfred Limmroth, *Große Sprüche – kleine Brötchen: Belege und Collagen zum deutschen Geistes- und Gemütsleben.* München: Harnack, 1984, ohne Seitenangabe.

27. sieben berge,
    sieben zwerge
    seid ihr noch im land?

    mich ergreift die
    nasse, fischerkalte hand –

    seewittchen. (1984)
Max Gruber, *Sätzchen.* St. Michael: J.G. Bläschke, 1984, S. 5.

28. Spieglein, Spieglein an der Wand,
    auch der Po ist spiegelblank. (1984)
Bella, Nr. 41 (5. Oktober 1984), S. 2.

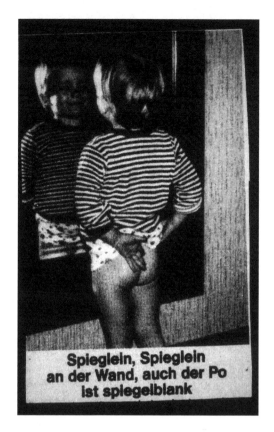

Spieglein, Spieglein
an der Wand, auch der Po
ist spiegelblank

29. Ein harmloses Mädchen aus Wittgenstein
    wollt´ einmal an Fastnacht Schneewittchen sein.
    Sie kennt nicht die Namen
    der Zwerge, die kamen.
    Doch schätzt sie jetzt jeder als Flittchen ein. (1985)
Dieter Höss; zitiert aus Alexander Benjamin (Hrsg.), *Limericks. Nonsense-Dichtung.* München: Wilhelm Heyne, 1985, S. 17.

30. Lieber einmal mit Schneewittchen als siebenmal mit den Zwergen. (1985)
Eduard Moriz (Hrsg.), *Sprüche aus der Beziehungskiste: Lieber „Bums" als „Fallera".* Frankfurt am Main: Eichborn, 1985, ohne Seitenangabe; Bernd Thomsen (Hrsg.), *Wer im Bett lacht, lacht am besten. Horizontale Graffiti, Witze, Bilder und Sprüche.* München: Wilhelm Heyne, 1986, S. 37; und Anne Kraus in *Bild* (10. Juni 1989), S. 2. Die abgebildete Witzzeichnung ist aus *Die Weltwoche*, Nr. 2 (11. Januar 2001), S. 33.

31. Schneewittchen forever. (1985)
Ralf Bülow (Hrsg.), *Phantasie an deutschen Wänden. Graffiti 3*. München: Wilhelm Heyne, 1985, ohne Seitenangabe.

32. Du hast den Körper von Schneewittchen –
keinen Arsch und keine Tittchen. (1986)
Bernd Thomsen (Hrsg.), *Wer im Bett lacht, lacht am besten. Horizontale Graffiti, Witze, Bilder und Sprüche*. München: Wilhelm Heyne, 1986, S. 15.

33. Hinter sieben Bergen. Roman. (1986)
Kurt Steiniger, *Hinter sieben Bergen. Roman*. Berlin: Verlag Neues Leben, 1986 (Buchtitel).

34. „Natürlich habe ich stets von sieben Zentimetern geträumt", klagt Schneewittchen, „aber doch nicht von einem nach dem anderen." (1986)

Bernd Thomsen (Hrsg.), *Wer im Bett lacht, lacht am besten. Horizontale Graffiti, Witze, Bilder und Sprüche.* München: Wilhelm Heyne, 1986, S. 148.

35. *Schneewittchen*
    Ein Opfer des Werbeslogans
    „Eßt mehr Obst!" (1986)
H.L., „Zu guter Letzt." *Treffpunkt Deutsch*, Nr. 1 (1986), S. 35.

36. Snow-white thought 7-Up was a soft-drink until she discovered Smirnoff. (1986)
Christian Roman (Hrsg.), *Love makes the world go up & down. Englische Sprüche aus der Beziehungskiste.* Frankfurt am Main: Eichborn, 1986, ohne Seitenangabe.

37. Spieglein, Spieglein an der Wand,
    wer ist der geizigste Chef im Land? (1986)
Bernd Thomsen (Hrsg.), *Neue Büro-Sprüche. Lieber die dunkelste Kneipe als den hellsten Arbeitsplatz.* München: Wilhelm Heyne, 1986, ohne Seitenangabe.

38. Spieglein, Spieglein auf dem Klo,
    wer hat in unserem Büro
    von allen Damen den schönsten Po? (1986)
Bernd Thomsen (Hrsg.), *Neue Büro-Sprüche. Lieber die dunkelste Kneipe als den hellsten Arbeitsplatz.* München: Wilhelm Heyne, 1986, ohne Seitenangabe.

39. Spieglein, Spieglein an der Wand –
    wer ist die größte Sau im Land? (1986)
Bernd Thomsen (Hrsg.), *Wer im Bett lacht, lacht am besten. Horizontale Graffiti, Witze, Bilder und Sprüche.* München: Wilhelm Heyne, 1986, S. 19.

40. Hänsel und Gretel verirrten sich im Wolf. Dort spielte Schneewittchen mit Rumpelstilzchen Golf. (1987)
Werner Mitsch, *Wer den Wal hat, hat die Qual. 800 Unsinnssprüche für alle Gelegenheiten.* München: Wilhelm Heyne, 1987, ohne Seitenangabe.

41. Lieber *ein* Schneewittchen im Vorgarten als *sieben* Zwerge! (1988)
Gerd W. Heyse, *Gedanken-Sprünge. Aphorismen.* Berlin: Eulenspiegel, 1988, S. 83.

42. Realismus: Hinter den sieben Bergen liegt der achte. (vor 1989)
Thomas Spanier; zitiert aus Gabriele Berthel (Hrsg.), *Kurz und mündig. Aphorismen.* Rudolstadt: Greifenverlag, 1989, S. 189.

43. Definition von Kultur: Schneewittchen und die sieben Bürokraten. (1990)
Žarko Petan, *Viele Herren von heute waren gestern noch Genossen. Neue Aphorismen.*
Graz: Styria, 1990, S. 67. Auch in Ž. Petan, *Von morgen bis gestern. Gesammelte
Aphorismen.* Graz: Styria, 1997, S. 131.

44. Modernes Märchen: Zwerg sucht Schneewittchen ohne Prinzen, das ko-
chen, nähen, putzen kann ... (1990)
Žarko Petan, *Viele Herren von heute waren gestern noch Genossen. Neue Aphorismen.*
Graz: Styria, 1990, S. 73. Auch in Ž. Petan, *Von morgen bis gestern. Gesammelte
Aphorismen.* Graz: Styria, 1997, S. 108.

45. Spiegel, Spiegel. Roman. (1990)
Margareta Bergman, *Spiegel, Spiegel. Roman.* Reinbek: Rowohlt, 1990 (Buchtitel).

46. Wir leben in schlechten Zeiten:
    Die Zwerge sind uns über den Kopf gewachsen. (1990)
Žarko Petan, *Viele Herren von heute waren gestern noch Genossen. Neue Aphorismen.*
Graz: Styria, 1990, S. 48.

47. Je giftiger der Zwerg, desto schläfriger Schneewittchen. (1991)
Ulrich Erckenbrecht, *Maximen und Moritzimen: Bemerkungen über dies und jenes.*
Göttingen: Muriverlag, 1991, S. 52. Auch in U. Erckenbrecht, *Divertimenti: Wort-
spiele, Sprachspiele, Gedankenspiele.* Göttingen: Muriverlag, 1999, S. 85.

48. Lieber ein Schneewittchen im Bett als sieben Zwerge im Vorgarten. (1992)
Gerhard Uhlenbruck, „Hechtsprünge in den Karpfenteich!" in *Almanach deut-
scher Schriftsteller-Ärzte* (15. Jahrgang), hrsg. von Jürgen Schwalm. Marquartstein:
Th. Breit, 1992, S. 469. Auch in G. Uhlenbruck, *Nichtzutreffendes bitte streichen.
Aphoristische Gedankengangarten.* Köln: Ralf Reglin, 1996, S. 54.

49. Spieglein, Spieglein an der Wand. Geschlecht, Alter und physische Attrak-
tivität. (1992)
Ronald Henss, *Spieglein, Spieglein an der Wand. Geschlecht, Alter und physische Attrak-
tivität.* Weinheim: Psychologie-Verlags-Union, 1992 (Buchtitel).

50. Im Sarg
    aus Glas
    liegst du
    schon lang,
    zu lang

Den Stolperschritt,

der dich

erlöst,

den wünsch

ich dir (1994)

Heidi Huber, *Wenn das Suchen ein Ende hat. Aphorismen.* Darmstadt: Peter Höll, 1994, S. 17.

51. Spieglein, Spieglein an der Wand. Der Schönheitskult und die Frauen. (1995)
Ursula Nuber, *Spieglein, Spieglein an der Wand. Der Schönheitskult und die Frauen.* München: Heyne, 1995 (Buchtitel).

52. Schneewittchen und die sieben vertikal Herausgeforderten. Politisch korrekte Märchen gegen Magersucht, Kindesmissbrauch, Schönheitswahn, sexuelle Belästigung, Fresssucht, Konsumwahn, Gewalt im Fernsehen, miese Frauendiskriminierung – mit Girlies, die Gold spinnen und wie Fakire auf Erbsen schlafen. (1996)
Rainer Bruno, *Schneewittchen und die sieben vertikal Herausgeforderten. Politisch korrekte Märchen gegen Magersucht, Kindesmissbrauch, Schönheitswahn, sexuelle Belästigung, Fresssucht, Konsumwahn, Gewalt im Fernsehen, miese Frauendiskriminierung – mit Girlies, die Gold spinnen und wie Fakire auf Erbsen schlafen.* Frankfurt am Main: Eichborn, 1996 (Buchtitel).

53. Eva war der Vorläufer von Schneewittchen – nicht besonders ausgeschlafen. Hätte sie vorzugsweise in den „Adamapfel" gebissen, bliebe vom Kuchen auch nicht der Strudel. Aber was soll auch aus einem Mädel ohne Mutter werden?! (2001)
Barbara Franziska Körner, *Spruchstückchen. „Vor-Satz": Nicht Willkommen, sondern Möchtegern.* Berlin: Zwei Zwerge Verlag, 2001, S. 72.

54. Mirror mirror on the wall, am I the most valued of them all? (2001)
Leo J. Pusateri, *Mirror Mirror on the Wall, am I the Most Valued of Them All? The Ultimate Element of Differentiation Is You.* Williamsville, New York: Financial Entrepreneur Publishing, 2001 (Buchtitel).

55. Spiegelei, Spiegelei, an der Wand … (2001)
Witzzeichnung von Gulpo in *Die Weltwoche*, Nr. 20 (17. Mai 2001), S. 39.

56. Es ist denkbar, dass wir, der cyberworlds müde, eines Tages treuherzig zu den sieben Zwergen hinter den sieben Bergen zurückkehren und das blasse Schneewittchen tausendmal schöner finden als die drallen Königinnen der Virtualität. (2003)

Nikolaus Cybinski, *Der vorletzte Stand der Dinge. Aphorismen.* Lörrach: Waldemar Lutz, 2003, S. 47.

57. (Relation)
   Je schneewittiger der Zwerg,
   desto kyffhäusriger der Berg. (2003)
Ulrich Erckenbrecht, *Elefant Kette Fuß bunne. Ausgewählte Gedichtsel.* Kassel: Muriverlag, 2003, S. 208.

58. Spieglein, Spieglein an
   der Pinn-Wand: Cholesterin-,
   Blutzucker-Spieglein ... (2003)
Dietmar Beetz, *Humani-tätärätä. Haiku und andere Sprüche.* Teil 4. Erfurt: Edition D.B., 2003, S. 47.

59. Spieglein, Spieglein an der Wand. 300 Jahre Schminken und Frisieren. (2003)
Heike Lützenkirchen, *Spieglein, Spieglein an der Wand. 300 Jahre Schminken und Frisieren.* Duisburg: Kultur- und Stadthistorisches Museum, 2003 (Buchtitel).

60. Der Spiegel ist zwar ein Hilfsmittel der Eitelkeit, aber auch ein Instrument der Ernüchterung. „Spieglein, Spieglein an der Wand, wer ist die Schönste im ganzen Land?" Der Spiegel antwortet: „Geh mal zur Seite. Ich kann ja gar nichts sehen!" (2004)
Manfred Rommel, *Ganz neue Sprüche & Gedichte und andere Einfälle.* Stuttgart: Hohenheim, 2004, S. 9.

61. Jedem sein Schneewittchen: Zwergentipps für eine märchenhafte Partnersuche. (2004)
Emanuel Bergmann und Detlev Overmann, *Jedem sein Schneewittchen: Zwergentipps für eine märchenhafte Partnerschaft.* Köln: Egmont, 2004 (Buchtitel).

62. Snow White knew Seven-Up wasn´t a soft drink. (2004)
Harald Beck (Hrsg.), *Graffiti.* Stuttgart: Philipp Reclam, 2004, S. 64.

63. Wenn ein Mumpsgesicht in den Spiegel schaut, lächelt ihm kein Schneewittchen zurück. (2004)
Wendel Schäfer, *Grillensang. Aphorismen.* Rostock: Verlag Büro und Service, 2004, S. 82.

64. Wer kann auf einmal sieben Schnittchen?
Das Schneewittchen, dieses Flittchen. (2005)
André Kudernatsch, *Alles Wurscht. Reime gegen Käse.* Leipzig: Fünf Finger Verlag, 2005, S. 79.

65. Vorbilder sind Spiegel an unserer Innenwand, die immer wieder zeigen, dass wir nicht die Schönsten im ganzen Land sind. (2005)
Jacques Wirion, *Sporen. 400 Sphorismen.* Esch/Sauer, Luxemburg: Op der Lay, 2005, S. 42.

66. Haustürgeschäfte sind der Schneewittcheneffekt unserer Zeit. (2006)
Martin Fröhlich, *Noch immer unterwegs. Gedichte und Aphorismen.* Norderstedt: Books on Demand, 2006, S. 91.

67. Der Spiegel ist erblindet.
War sie zu schön? (2006)
Klaus D. Koch, *Blindgänger und Lichtgestalten. Aphorismen.* Bremen: Temmen, 2006, S. 48.

68. ... wer ist der Schönste im ganzen Land? Roman. (2006)
Christa Staker, ... *wer ist der Schönste im ganzen Land? Roman.* Norderstedt: Books on Demand, 2006 (Buchtitel)

69. Schneekäppchen und Rumpelröschen. Eine Märchenparodie. (2007)
Yvonne Sturzenegger, *Schneekäppchen und Rumpelröschen. Eine Märchenparodie.* Belp: Elgg, 2007 (Buchtitel).

70. Schneewittchen
war die Urgroßmutter von Katharina Wittchen. (2007)
Ulrich Erckenbrecht, *Grubenfunde. Lyrik und Prosa.* Göttingen: Muriverlag, 2007, S. 43.

71. Spieglein, Spieglein ...: Für alle Prinzessinnen, die ihr Glück noch nicht gefunden haben. (2007)
Aylin Yavuz, *Spieglein, Spieglein ...: Für alle Prinzessinnen, die ihr Glück noch nicht gefunden haben.* Dortmund: Gillvuz-Verlag, 2007 (Buchtitel).

72. Google, Google, an der Wand ... (2008)
Alexander Eilers, *Kätzereien. Aphorismen.* Fernwald: Litblockin, 2008, S. 33.

73. Man trug ein Schneewittchen in Mittelberg
zum Bergfriedhof. Nach einem Drittel Berg
ging der Glassarg entzwei.
Da war mit einem Schrei
zu Ende für sie das Kapitel Zwerg! (2009)
Dieter Höss, *Allgäuer Limericks.* Immenstadt-Werdenstein: Verlag Hephaistos, 2009, S. 47.

74. Schneewittchen muss sterben. Kriminalroman. (2010)
Nels Neuhaus, *Schneewittchen muss sterben. Kriminalroman.* Berlin: List, 2010 (Buchtitel).

75. Spieglein, Spieglein in der Hand ...: Menschen mit ihren Stärken und Schwächen. Gedichte. (2010)
Annette Spiegel, *Spieglein, Spieglein in der Hand ...: Menschen mit ihren Stärken und Schwächen. Gedichte.* Gelnhausen: Wagner, 2010 (Buchtitel).

76. Es sah ein Schneewittchen aus Berg
sich drangalisiert durch einen Zwerg,
den die Eifersucht quälte,
worin, wie man erzählte,
sie ihn mit sechs andern bestärk'. (2012)
Dieter Höss, *Ein Limerickdichter auf Donaufahrt.* Köln: Hundt-Druck, 2012, S. 18.

77. Spieglein, Spieglein an der Wand – was uns erzürnt in diesem Land. (2012)
Joachim Fiedler, *Spieglein, Spieglein an der Wand – was uns erzürnt in diesem Land.*
Berlin: Deutsche Literaturgesellschaft, 2012 (Buchtitel).

78. Spieglein, Spieglein an der Wand. Wie die Selbstkonzepte unserer Kinder
entstehen. (2012)
Brigitte Naudascher und Hans Diefenbach, *Spieglein, Spieglein an der Wand. Wie
die Selbstkonzepte unserer Kinder entstehen.* München: Kösel, 2012 (Buchtitel).

79. Es ließ ein Schneewittchen aus Rauenberg
sich einwickeln von einem schlauen Zwerg.
Abseits von sechs Kollegen
und sechs Bergen gelegen,
versprach ihr der Wicht einen blauen Berg. (2013)
Dieter Höss, *Ein Limerickdichter auf Mainreise.* Köln: Hundt-Druck, 2013, S. 67.

80. Schneewittchen küsste einen Zwerg,
wohl einen von den sieben,
wo später sie am gleichen Berg,
das Zwerglein abgetrieben. (2013)
Willi Corsten, *Weise Sprüche – einmal anders.* Gemünden am Main: G.H. Hof-
mann, 2013, S. 75.

81. Mirror, Mirror off the Wall. (2013)
Kjerstin Gruys, *Mirror, Mirror off the Wall. How I learned to Love My Body by not
Looking at It for a Year.* New York: Avery, 2013 (Buchtitel).

82. Frau Königin, ihr seid's dank Quote hier. Aber Schneewittchen hinter den
Bergen … (2014)
Michael Klonovsky, *Aphorismen und Ähnliches.* Wien: Karolinger, 2014, S. 30.

83. Mirror Mirror on the Wall: Breaking the „I Feel Fat" Spell. (2016)
Andrea Wachter und Marsea Marcus, *Mirror Mirror on the Wall: Breaking the „I
Feel Fat" Spell.* Minneapolis, Minnesota: Mill City Press, 2016 (Buchtitel).

84. Das Schneewittchen-Syndrom
Es ist bekannt: Jeder wird gerne der Schönste und Klügste genannt. (2019)
Gerhard Uhlenbruck; Originalbeitrag vom 4. Juli 2019.

85. Schneewittchen: Schönheit erregt immer Neid – das ist der Schönheit Leid!
(2019)
Gerhard Uhlenbruck; Originalbeitrag vom 4. Juli 2019.

86. Schneewittchen war die erste emanzipierte Frau: Sie ließ die Männer wie Zwerge aussehen. (2019)
Gerhard Uhlenbruck; Originalbeitrag vom 4. Juli 2019.

87. Im Spiegel-Glas der Straßen-Fenster-Seit' –
Gockel-Hennen-
Eitelkeit.
Dietmar Beetz; Originalbeitrag vom 5. Juli 2019.

88. Bin etwa ich derart verdruckst – wie
das, was da aus dem
Spiegel luchst.
Dietmar Beetz; Originalbeitrag vom 5. Juli 2019.

VII. Frauen vor dem Spiegel

Märchen enthalten viele unvergeßliche Szenen und Verse, die Maler und Zeichner – Ludwig Richter (1803-1884) hat Illustrationen für die *Kinder- und Hausmärchen* der Brüder Grimm und für Ludwig Bechsteins *Deutsches Märchenbuch* beigetragen – immer wieder zu neuen Verbildlichungen angeregt haben. Illustrierte Märchenbücher sind in aller Welt beliebt, und sie enthalten oft die schönsten Bilder für Kinder. Es gibt aber auch eine bereits lang andauernde Tradition der Märchenkarikaturen, und im Falle des „Schneewittchen"-Märchens enthält mein volkskundliches Archiv an der Universität von Vermont eine beachtliche Anzahl, wobei die meisten sich mit der „Spieglein, Spieglein an der Wand …" Frage befassen und innovative Antworten sowie Verbildichungen enthalten. Manche sind absolut witzig, aber es gibt auch Karikaturen, die ernsthaft gemeint sind und zeigen, wie problematisch und frustrierend diese Frage nach der Schönheit wirklich sein kann.

Dieses Kapitel enthält 28 deutsche und angloamerikanische Karikaturen, die eine Frau vor dem Zauberspiegel zeigen, die meistens keine zufriedenstellende Antwort erhält. Zu bemerken ist hier, daß die britische satirische Zeitschrift *Punch* und die anspruchsvolle amerikanische Zeitschrift *The New Yorker* recht oft Märchenkarikaturen enthalten. Doch das gilt auch für die älteren deutschen satirischen Zeitschriften *Kladderadatsch* und *Simplicissimus* sowie für den *Spiegel*. Etliche Beispiele kommen verständlicherweise aus *The Burlington Free Press*, da das meine Tageszeitung hier im Bundesstaat Vermont ist.

Immer wieder geht es in den Karikaturen um Frauen, die von dem Zauberspiegel enttäuscht werden, weil sie halt zu alt, zu klug oder gar nicht schön genug sind. Eine Karikatur enthält sogar einen großen Computer als Spiegel, und wenn der einer Frau sagt, daß sie tatsächlich die Schönste ist, dann muß das selbstverständlich stimmen. Es geht allerdings keineswegs nur um Schönheit, sondern in einer politischen Karikatur steht Indira Gandhi vor einem Spiegel und fragt, ob sie denn noch die Schönste (Beste) in ihrem Land ist, das mehr Bürgerrechte verlangt. Andere Karikaturen haben es mit Präsidentschaftskandidatinnen zu tun, und da ist auch ein Spiegel, der sich voll und ganz „political correct" verhält, wenn er seine Antwort gibt: „This opinion has been rendered in compliance with the fairness doctrine." Doch die berühmte Spiegelfrage hat ihren Weg selbst in die Grußkartenindustrie gefunden. So heißt es auf einer Geburtstagskarte „Mirror, mirror on the wall / who's the youngest of them all?"

1. *Die Neugierige*
   „Spiegelein fein, Spiegelein fein,
   Wer wird heuer mein Liebster sein?" (1936)
Kladderadatsch, 89. Nr. 52 (27. Dezember 1936), S. 8.

Die Neugierige

„Spiegelein fein, Spiegelein fein,
Wer wird heuer mein Liebster sein?"

2. Das Spiegelbild

„Ob der Spiegel wirklich nicht lügt? Aber schließlich sagt mir Paul ja das gleiche!" (1941)

Simplicissimus, 46, Nr. 19 (7. Mai 1941), S. 299.

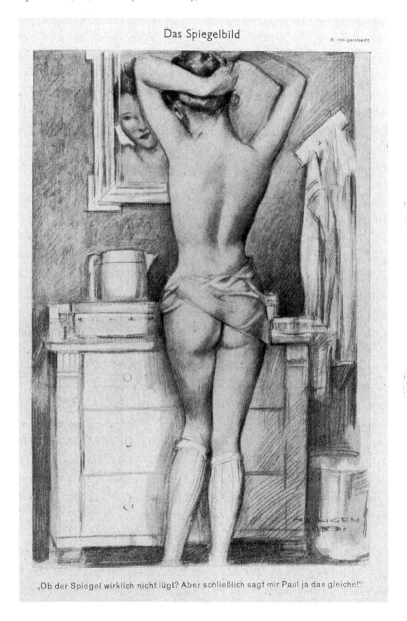

Das Spiegelbild

[K. Heiligenstaedt]

„Ob der Spiegel wirklich nicht lügt? Aber schließlich sagt mir Paul ja das gleiche!"

3. „Mirror, mirror on the wall,
   Who is the fairest one of all?"
   "Elizabeth Taylor." (1957)
The New Yorker (27. Juli 1957), S. 69.

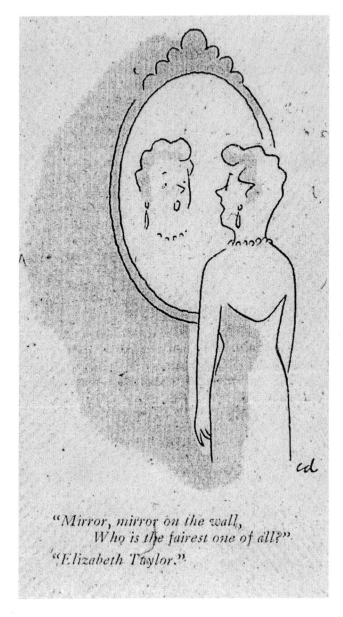

"*Mirror, mirror on the wall,
    Who is the fairest one of all?*".
"*Elizabeth Taylor*".

4. „… Who is the fairest in the land?" (1961)
Punch (28. Juni 1961), S. 994

"...Who is the fairest in the land?

5. „It says *I'm* the fairest one of all! So there!" (1963)
The New Yorker (16. Februar 1963), S. 35.

"It says I'm the fairest one of all! So there!"

6. Jetzt fragen Sie ihn mal, wer die Schönste im ganzen Land ist. (1963)
Chas [Charles] Addams, *Es war einmal ... Addams und Eva*. München: Deutscher
Taschenbuch Verlag, 1971, ohne Seitenangabe.

Jetzt fragen Sie ihn mal, wer die Schönste im ganzen Land ist.

7. „Oh, yeah? Well, I've seen better-looking mirrors, too!" (1965)
The New Yorker (2. Januar 1965), S. 26.

"Oh, yeah? Well, I've seen better-looking mirrors, too!"

8. „Well, then, who's the most intelligent?" (1965)
The New Yorker (27. März 1965), S. 42.

"Well, then, who's the most intelligent?"

"Who's the greatest Mom of them all?"

"*Mirror, mirror   wait
for it .   wait for it . !*"

11. Indira Gandhi – Bürgerrechte
„Wer ist die Schönste im ganzen Land?" (1975)
Der Spiegel, Nr. 28 (7. Juli 1975), S. 70.

International Herald Tribune

„Wer ist die Schönste im ganzen Land?"

12. Mirror, mirror on the wall
   who's the *youngest* of them all?

   –

   Oh, well,
   Happy Birthday,
   anyway! (1979)
Grußkarte von Hallmark Contemporary Cards; gekauft im März 1979 in Burlington, Vermont.

13. „Mirror, mirror, on the wall, go to hell." (1979)
The New Yorker (23. Juli 1979), S. 61.

"Mirror, mirror, on the wall, go to hell."

14. Mirror, mirror on the wall who's the nicest,
    most wonderful, lovable person of them all?
    That one! The one who's reading this card!
    My sentiments exactly!
    Happy Valentine's Day (1980)
Grußkarte von Hallmark; gekauft im Februar 1980 in Burlington, Vermont.

15. „Mirror, mirror on the wall, am I still a 10?" (1981)
Sign, National Catholic Magazine (Juni 1981), S. 48. Ich verdanke diesen Beleg meinem ehemaligen Studenten Jake Barickman.

"Mirror, mirror on the wall, am I still a 10?"

16. „Mirror, mirror – I know, why belabor the point ..." (1981)
Cosmopolitan (Oktober 1981), S. 274.

"Mirror, mirror – I know, why belabor the point ..."

17. Mirror, mirror on the wall
   Who's the fairest of them all?
   It's still Snow White, but keep trying, kid! (1982)
Grußkarte von American Greetings; gekauft im Januar 1982 in Burlington, Vermont.

18. „Who is the fairest one of all, and state your sources!" (1984)
The New Yorker (10. Dezember 1984), S. 54.

"Who is the fairest one of all, and state your sources!"

19. Tell me the truth, mirror …do I look like I'm forty?
No …
Not anymore. (1987)
The Boston Globe (19. Februar 1987), ohne Seitenangabe.

20. „This opinion has been rendered in compliance with the fairness doctrine."
   (1987)
The New Yorker (27. Juli 1987), S. 63.

"This opinion has been rendered in compliance with the fairness doctrine."

21. „Mirror, mirror on the wall, … who's the most qualified, most recognizable, most caricaturable one of all?" – „Oh spare me, Schroeder – shut up and run!!" (1987)

The Burlington Free Press (30. August 1987), S. 18A. Amerikanische Politikerin Pat Schroeder.

22. „Mirror, mirror, on the wall,
   who is the fairest of them all?"
     „Oliver Wendell Holmes." (1987)
The New Yorker (14. Dezember 1987), S. 50. Oliver Wendell Holmes (1841-1935)
war amerikanischer Verfassungsrichter.

"*Mirror, mirror, on the wall,*
who is the fairest of them all?"

"*Oliver Wendell Holmes.*"

23. Spieglein, Spieglein an der Wand, wer ist ... (1990)
Postkarte von Stadtkarten, Wiesbaden. Ich verdanke diesen Beleg meinem
Freund Helmut Walther (Gesellschaft für deutsche Sprache).

24. Snow White and the Wicked Queen submit the fairness question to binding arbitration. (1991)
The New Yorker (21. Januar 1991), S. 25.

25

Snow White and the Wicked Queen submit the fairness question to binding arbitration.

25. „Mirror, mirror, on the wall,
    who's the fairest of the mall?" (1997)
The Burlington Free Press (5. Mai 1997), S. 5C.

26. „Mirror, mirror, in my hand,
   who's the fairest in the land?" (1998)
The Burlington Free Press (21. Mai 1998), S. 12C.

FAMILY CIRCUS

5-21
©1998 Bil Keane, Inc.
Dist. by Cowles Synd., Inc.

"Mirror, mirror, in my hand, who's
the fairest in the land?"

27. „Mirror, mirror, in the car,
    who's the fairest one by far?" (2000)
The Burlington Free Press (13. November 2000), S. 4C.

"Mirror, mirror, in the car, who's the
fairest one by far?"

28.. *The Queen Meets Auto-Reply*
   Mirror, mirror, on the wall,
   who's the fairest of them all?
       Sounds like a plan!
       Thanks! I'll check it out!
       Glad to hear it!
       Same to you!
       Great! See you Wednesday! (2018)
The New Yorker (9. April 2018), S.40.

VIII. Männer vor dem Spiegel

Man würde vielleicht meinen, daß dem „Schneewittchen"-Märchen entsprechend nur Frauen einen Spiegel befragen, ob sie denn nun in der Tat wirkliche Schönheiten sind. Doch das ist absolut nicht der Fall! Auch Männer wollen der Schönste, Beste, Stärkste, Erfolgreichste, Kompetenteste usw. sein, und so ist es ganz natürlich, daß Karikaturisten sie vor einen Zauberspiegel stellen. Meine Belegsammlung enthält 19 Beispiele, also doch bedeutend weniger als die 28 Abbildungen im vorhergehenden Kapitel. Dennoch sei gesagt, daß sich Männer – oft sind es Politiker – sehr gut vor einem Spiegel machen, wenn es gilt, sie bloßzustellen oder zu kritisieren.

Eine politische Karikatur aus dem Jahre 1941 in der satirischen Zeitschrift *Kladderadatsch* ist von besonderem Interesse. Sie zeigt Präsident Franklin D. Roosevelt, der aus nationalsozialistischer Sicht als unehrlich hingestellt wird: „Spieglein, Spieglein an der Wand, wer ist der größte Lügner im Land?" Auch Präsident Richard Nixon steht in einer politischen Karikatur vor dem Spiegel, weil er wissen will, wie es mit ihm weitergehen wird. Und als Barry Goldwater in den Vereinigten Staaten Präsident werden wollte, war im *Spiegel* eine Karikatur mit ihm vor einem Spiegel zu sehen, wo er doch tatsächlich fragt: „Wer ist der Schönste im Land?"

Deutsche Politiker kommen aber auch nicht besser davon. So fragen Ludwig Erhard, Willy Brandt und Franz Josef Strauß gleichzeitig vor drei Spiegeln: „… wer ist der Beste im ganzen Land?" Wunderbar aber ist eine Karikatur, die das nicht immer gute Verhältnis zwischen Willy Brandt und Helmut Schmidt zeigt, und zwar mit einer herrlichen namentlichen Modifikation der Spiegelfrage und des Kehrreims: „Spieglein, Spieglein an der Wand, wer ist der Schönste im ganzen Land? Herr Schmidt, Ihr seid der Schönste hier, aber der Willy, über den Bergen, bei den sieben Zwergen, ist noch tausendmal schöner als Ihr!" Und dann ist da noch die großartige Karikatur mit dem DDR-Generalsekretär Erich Honecker: „Wir brauchen keinen Spiegel – wir wissen selber, daß wir schön sind!"

Es gibt jedoch auch unpolitische Karikaturen, wo Männer einfach wissen wollen, ob sie mehr oder weniger erfolgreich sind oder wenigstens anerkannt werden. Und da ist sogar schließlich jemand, der die weniger erfreuliche aber ehrliche Antwort des Spiegels einfach akzeptiert: „Please don't apologize. It's a privilege to meet an honest mirror."

1. Spieglein, Spieglein an der Wand.
   „Ich verstehe wirklich nicht, warum mir die Deutschen keine hineinhauen!"
   (1941)
Simplicissimus, 46, Nr. 42 (15. Oktober 1941), S. 659. Präsident Franklin D. Roosevelt.

Spieglein, Spieglein an der Wand

„Ich verstehe wirklich nicht, warum mir die Deutschen keine hineinhauen!"

2. „Spiegelein, Spiegelein an der Wand,
   wer ist der größte Lügner im Land?" (1941)
Kladderadatsch, Nr. 51 (21. Dezember 1941), S. 15. Präsident Franklin D. Roosevelt.

„Spiegelein, Spiegelein an der Wand,
wer ist der größte Lügner im Land?"

3. „Mirror, mirror on the wall,
   who's the fairest
   one of all?" (1960)
Herbert Block, *Herblock Special Report.* New York: W.W. Norton, 1974, S. 54. Die
Karikatur von Richard Nixon ist vom 2. Januar 1960.

**"MIRROR, MIRROR, ON THE WALL,
WHO'S THE FAIREST
ONE OF ALL?"**

January 2, 1960

4. Wer ist der Schönste im Land? (1964)
Der Spiegel, Nr. 30 (22. Juli 1964), S. 59. Amerikanischer Politiker Barry Goldwater.

Der Spiegel, Nr. 38 (15. September 1965), S. 40. Ludwig Erhard, Willy Brandt und Franz Josef Strauß.

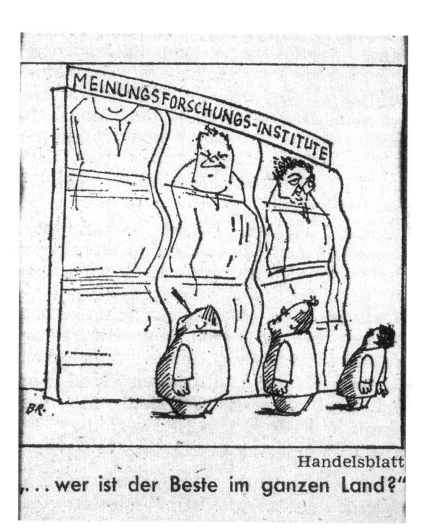

„… wer ist der Beste im ganzen Land?"

6. „Mirror, mirror on the wall, who's the most successful regional manager of computer-systems analysis in East Orange, New Jersey?" (1966)
The New Yorker (8. Januar 1966), S. 34.

"Mirror, mirror on the wall, who's the most successful regional manager of computer-systems analysis in East Orange, New Jersey?"

7. „Spieglein, Spieglein – wer von euch beiden hat denn nun recht?" (1973)
Der Spiegel, Nr. 51 (17. Dezember 1973), S. 7. Willy Brandt.

Stuttgarter Zeitung

„Spieglein, Spieglein – wer von euch beiden hat denn nun recht?"

8. „Mirror, mirror, on the wall, who is the most unselfconsciously hipper-than-thou-almost-over-thirty-type person of them all?" (1973)
Saturday Review (18. Dezember 1973), S. 49.

"Mirror, mirror, on the wall, who is the most unselfconsciously hipper-than-thou-almost-over-thirty-type-person of them all?"

9. Honecker: „Wir brauchen keinen Spiegel – wir wissen selber, daß wir schön
   sind!" (1978)
Der Spiegel, Nr. 3 (16. Januar 1978), S. 3. Erich Honecker.

Süddeutsche Zeitung

**Honecker: „Wir brauchen keinen Spiegel — wir
wissen selber, daß wir schön sind!"**

10. Spieglein, Spieglein an der Wand …
… wer ist der Schönste im ganzen Land?
Herr Schmidt, Ihr seid der Schönste hier,
aber der Willy, über den Bergen,
bei den sieben Zwergen
ist noch tausendmal schöner als Ihr! (1981)

Stern, Nr. 29 (3. August 1981), S. 5. Helmut Schmidt und Willy Brandt.

11. You are the fairest in the land – oops!
    Sorry, Buddy, I thought you were someone else. (1982)
The New Yorker (1. März 1982), S. 121.

12. „Spieglein, Spieglein an der Wand,
    wer ist die Schönste im ganzen Land?" (1982)
TZ München (22. März 1982), S. 2. Helmut Kohl und Ernst Albrecht.

„Spieglein, Spieglein an der Wand, wer ist die Schönste im ganzen Land?"
tz-Zeichnung: Haitzinger

13. Mirror, mirror, on the wall …
who's the fairest of them all?
Well, that all depends on
how you define the word „fair". (1983)
The Boston Sunday Globe (3. April 1983), ohne Seitenangabe.

14. „Mirror, mirror, on the wall ..." (1983)
Punch (25. Mai 1983), S. 33.

"Mirror, mirror, on the wall . "

15. „Spieglein, Spieglein an der Wand,
   wer ist der Beste im ganzen Land?" (1985)
Der Spiegel, Nr. 9 (25. Februar 1985), S. 30. Helmut Kohl.

tz, München

„Spieglein, Spieglein an der Wand, wer ist der Beste im ganzen Land?"

16. Picture, picture on the wall
   I would like to love you all. (1985)
The Economist (14. Juni 1985), Umschlag. Ronald Reagan, Rajiv Gandhi und Michail Gorbatschow.

17. „Please don't apologize. It's a privilege to meet an honest mirror." (1988)
Punch (5. Februar 1988), S. 57.

"Please don't apologise. It's a privilege to meet an honest mirror."

57

18. „Mir, Mir, on the wall, who's the bestest asternaut of all?" (1997)
Brattleboro Reformer (25. November 1997), S. 16. Ich verdanke diesen Beleg meinen ehemaligen Studenten Trixie und Eric Stinebring.

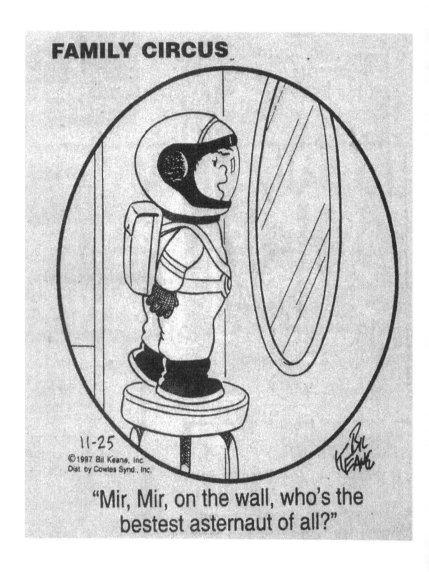

19. Wer ist der Kompetenteste im Land? (2002)
Die Zeit, Nr. 16 (11. April 2002), S. 32. Philipp Holzmann und Leo Kirch.

WER IST DER KOMPETENTESTE IM LAND?

IX. Sieben anonyme Zwerge

Kinder sowie Erwachsene können ihrer Phantasie freien Lauf lassen, wenn es zu den sieben Zwergen kommt. Wer sind sie eigentlich? Was ist ihre Rolle? Nutzen sie Schneewittchen aus? Es lassen sich in den hier abgedruckten 33 deutschen und angloamerikanischen Belegen aus Zeitschriften und Zeitungen gewisse Gruppierungen erkennen. Da sind einmal politische Interpretationen, wo die Zwerge gewisse Politiker oder politische Zusammenhänge repräsentieren. Ihre kleinen Gestalten weisen natürlich sofort darauf hin, daß es sich um satirische Aussagen handelt. Doch werden Richard Nixon und Anwar Sadat in zwei Karikaturen auch zu Schneewittchen, die ihre Politik mit fragwürdigen „Zwergen" betreiben.

Selbstverständlich gibt es auch witzige Verbildlichungen, wie etwa die Szene, wo ein kleiner Schüler in einer „Schneewittchen"-Aufführung auf der Bühne plötzlich einmal austreten muß. Die Mutter im Saal kann nur noch feststellen: „Sie müssen meinen Rudi entschuldigen, Herr Studienrat, aber unser Haus steht auch am Waldrand!" Niedlich ist ebenfalls eine Darstellung, wo die Zwerge geduldig auf den Schulbus warten. Und wer würde nicht über zwei andere Witzzeichnungen mit folgenden Kommentaren von Schneewittchen lachen, wenn sie mit ihren Zwergen in einem Hotel oder Restaurant ankommt: „Bitte, ein Einzelzimmer mit sieben Kinderbetten" und „How many in your party?"

Wiederum gibt es auch ernsthaftere Aussagen zu der Situation im Zwergenhaus. So hat ein Kind offensichtlich an die Eltern der Zwerge gedacht und eine entsprechende Frage gestellt, die die Mutter zu beantworten hat: „Tut mir leid, die Geschichte sagt nichts darüber, ob die Mutter der sieben Zwerge Witwe oder geschieden war." Das sagt manches über problematische Elternhäuser aus, und der folgende Kommentar macht deutlich, daß die Hochzeit am Ende des Märchens nicht unbedingt ein gutes Leben bedeutet: „After some difficult years at the palace, I [Snow White] decided to leave the prince and move in with the seven dwarfs."

Zwischenmenschlich gesehen war das Lied „Short People" (1978) mit der Zeile „Short people got no reason to live" gemein, und es wurde dann wegen seines stereotypischen Inhalts über kleine Menschen nicht mehr im Radio gespielt. Das konnte durch eine Karikatur von dem großen Schneewittchen bei den Zwergen drastisch dargestellt werden. Und in einem Comicstrip wird der Titel des Märchens im Sinne von „political correct" zu „Snow White and the seven miners" geändert. Erstaunlich, was sich alles aus diesem Märchenmotiv machen läßt!

1. „Schneewittchen"-Briefmarke (1962)
Wohlfahrtsmarke der Deutschen Bundespost (1962)

2. „Schneewittchen"-Briefmarke (1985)
Wohlfahrtsmarke der Schweizer Post (1985)

3. Schneewittchen
(Ein neues Bild zu einem alten Märchen)
Knappheit an Benzin, Kaffee, Tabak usw. (1930)
Kladderadatsch, Nr. 34 (24. August 1930), S. 6.

4. Bei den Bonner Zwergen:
   Wer hat denn von meinem Tellerchen gegessen?
   Außenpolitik (1962)
Der Spiegel, Nr. 20 (16. Mai 1962), S. 20.

Bei den Bonner Zwergen: Wer hat denn von meinem Tellerchen gegessen?

5. Snow White and the Seven Experiments. (1970)
Punch (1. Juli 1970), S. 33. Richard Nixon und Militärregierungen.

Snow White and the Seven Experiments

U.S.A.—Corky (*Los Angeles Ti*

6. „[Snow White].“ (1974)
Mad (Dezember 1974), S. 28.

7. Snow White. (1974)
Mike Peters, *The Nixon Chronicles*. Dayton, Ohio: Lorenz Press, 1976, S. 92.
Präsident Richard Nixon.

SNOW WHITE

8. „Sie müssen meinen Rudi entschuldigen, Herr Studienrat, aber unser Haus steht auch am Waldrand!" (1977)

Stern, Nr. 51 (8. Dezember 1977), S. 13. Ich verdanke diesen Beleg meiner ehemaligen Studentin Trixie Stinebring.

»Sie müssen meinen Rudi entschuldigen, Herr Studienrat, aber unser Haus steht auch am Waldrand!«

9. Short People Got No Reason to Live ... (1978)

[University of] Vermont Cynic (23. Februar 1978), S. 8. Das Lied „Short People"
von Randy Newmans Album „Little Criminals" (1977) ist wegen dieser Zeile
und seines stereotypischen Inhalts über kleine Menschen verpönt.

10. Snow White and the Seven Cypriots. (1978)
[University of] Vermont Cynic (2. März 1978), S. 23. Anwar Sadat.

11. I tell you, it's a landmark case … she's a single woman jilted by seven dwarfs
    who own a diamond mine … (1979)
[University of] Vermont Cynic (26. April 1979), S. 29.

12. „Tut mir leid, die Geschichte sagt nichts darüber, ob die Mutter der sieben Zwerge Witwe oder geschieden war." (1980)

Nebelspalter, Nr. 31 (29. Juli 1980), S. 29.

«*Tut mir leid, die Geschichte sagt nichts darüber, ob die Mutter der sieben Zwerge Witwe oder geschieden war.*»

13. So Snow White said farewell to the seven dwarfs
    and rode off with the handsome prince. (1982)

Bloomington Herald-Telephone (24. September 1982), S. 32. Ich verdanke diesen Beleg meinen ehemaligen Studenten Trixie und Erich Stinebring.

14. Tell me, Charles … exactly what do you know about this girl? (1982)
Mike Peters, *Win one for the Geezer. The Cartoons.* New York: Bantam Books, 1982,
S. 17. Königin Elizabeth und Prinz Charles.

15. Schneewittchen und die Zwerge. (1982)
Stuttgarter Zeitung, Nr. 251 (30. Oktober 1982), S. 53. Wirtschaftspolitik.

Schneewittchen und die Zwerge   Aus der „Frankfurter Allgemeinen"

16. „Read me about Snow White and the Seven Divorces." (1983)
The Burlington Free Press (23. Juni 1983), S. 7D.

17. „Some of you dwarfs are going to take the rap for the Carter Papers or my
name isn't Snow White!" (1983)
Monterey Peninsula Herald (22. Juli 1983), S. 22. Ronald Reagan und Angestellte.

'Some of You Dwarfs Are Going to Take the Rap for the
Carter Papers or My Name Isn't Snow White!'

18. „We're seven dwarfs, but not *The* Seven Dwarfs." (1983)
Punch (30. November 1983), S. 20.

"We're seven dwarfs, but not <u>The</u> Seven Dwarfs."

19. „[Schneewittchen]." (1984)
Heinz Langer, *Grimmige Märchen*. München: Hugendubel, 1984. München:
Deutscher Taschenbuch Verlag, 1986, S. 95.

20. „Schulbus." (1984)
Heinz Langer, *Grimmige Märchen*. München: Hugendubel, 1984. München: Deutscher Taschenbuch Verlag, 1986, S. 97.

21. „Dam it! We never seem to be able to keep a cleaning lady." (1986)
Cosmopolitan (Februar 1986), S. 268.

"Darn it! We never seem to be able to keep a cleaning lady.

22. S. White.

Python escapes zoo. (1987)

The Capital Times [Madison, Wisconsin] (23. Mai 1987), S. 14.

23. Surely it doesn't take *seven* men to sing „Hi-Ho, Hi-Ho"? (1987)
Punch (9. Dezember 1987), S. 31.

24. Bitte, ein Einzelzimmer mit sieben Kinderbetten … (1989)
Albert H. Small (Hrsg.), *German à la Cartoon*. Edinburgh: Harrap, 1989, S. 51.

„Bitte, ein Einzelzimmer mit sieben Kinderbetten . . ."

Key Words

Einzelzimmer (*n., n.*)	single room
sieben	seven
Kinderbetten (*n., n., pl.*)	children's beds
Schneewittchen	Snow White

Everyday English

Snow White: "A single room with seven cots, please."

25. „How many in your party?" (1990)
The New Yorker (26. Februar 1990), S. 119.

"How many in your party?"

26. „Wenn du nicht aufhörst zu rauchen, wird das dein Wachstum beeinträchtigen!" (1990)
Bild am Sonntag (4. März 1990), S. 40.

27. We can't start the play until you get a couple more dwarfs.
   Would Cuomo count as a dwarf [among DEMS = Democrats]? He's working on it. (1991)

The Burlington Free Press (29. September 1991), S. 6E. Gouverneur Mario Cuomo von New York.

28. „Snow White and the Seven Beagles"?
We never get past the third beagle ... (1995)
The Burlington Free Press (10. Januar 1995), S. 13A,

29. What are you reading?
   A politically correct fairy tale.
   What's it called?
   Snow White and the Seven Miners. (1995)
The Stars and Stripes (3. August 1995), S. 22. Ich verdanke diesen Beleg meinen
ehemaligen Studenten Trixie und Eric Stinebring.

30. „After some difficult years at the palace, I decided to leave the prince and move in with the seven dwarfs." (1995)

The Stars and Stripes (9. Dezember 1995), S. 13. Ich verdanke diesen Beleg meinen ehemaligen Studenten Trixie und Eric Stinebring.

"AFTER SOME DIFFICULT YEARS AT THE PALACE, I DECIDED TO LEAVE THE PRINCE AND MOVE IN WITH SEVEN DWARFS."

Mike Peters, Dayton Daily News

31. „Na, endlich fängt Bonn an zu sparen!"
   Schneewittchen und die 5 Zwerge. (1999)
Hamburger Abendblatt (2. Juni 1999), S. 2. Ich verdanke diesen Beleg meiner Schwester Monika Wallgrün.

32. We really didn't have much of a basketball team until Snow White showed up. (2000)

Washington Post (19. Januar 2000), S. 14C.

33. Nach dem Schneewittchen-Tarifvertrag habe ich das Recht …
    Moooment! Bei uns hat ja wohl die Zwerggemeinschaft die meisten Mit-
    glieder! (2017)
Sächsische Zeitung (12. Juli 2017), S. 19. Ich verdanke diesen Beleg meiner Kolle-
gin Prof. Dr. Rosemarie Gläser (Dresden).

X. Sieben namentliche Zwerge

Dieses Kapitel enthält 15 Belege aus angloamerikanischen Zeitschriften und Zeitungen, die eigentlich nur im Englischen einen Sinn ergeben. Das geht alles auf Walt Disneys unglaublich populären Film „Snow White and the Seven Dwarfs" (1937) zurück, wo die Zwerge zu kleinen Persönlichkeiten mit den beschreibenden Namen Doc, Dopey, Bashful, Grumpy, Sneezy, Sleepy und Happy gemacht wurden. Millionen Zuschauer haben diesen Film angeschaut, und er ist gewiß der bedeutendste Film zu diesem Märchen, der zusammen mit anderen Märchenfilmen laut der beiden amerikanischen Folkloristen Simon Bronner und Jack Zipes ungemein viel zu der „Americanization" der Grimmschen Märchen beigetragen hat; vgl. dazu Simon Bronner, „The Americanization of the Brothers Grimm," in S. Bronner, *Following Tradition. Folklore in the Discourse of American Culture* (Logan, Utah: Utah State University Press, 1998), S. 184-236; und Jack Zipes, „Americanization of the Grimms' Folk and Fairy Tales: Twists and Turns of History," in J. Zipes, *Grimm Legacies. The Magic Spell of the Grimms' Folk and Fairy Tales* (Princeton, New Jersey: Princeton University Press, 2015), S. 78-108. Die Übertragung der Namen ins Deutsche hat dagegen keine anhaltende Wirkung gefunden: Doc (Chef), Sneezy (Hatschi), Happy (Happy, der Glückliche), Grumpy (Brummbär), Sleepy (Schlafmütze), Bashful (Pimpel) und Dopey (Seppl).

So könnte man mit den deutschen Namen absolut nicht folgende Witzzeichnung mit diesem Kommentar machen: „I don't know what's the matter with me, Doc. I feel sneezy, bashful, sleepy, dopey, and grumpy, but I'm still happy." Wiederum kann man natürlich auch diese bekannten erzählenden Namen in einer satirischen Karikatur umändern zu: „Of course these are only our professional names ... really we're Pride, Lust, Anger, Gluttony, Covetousness, Envy and Sloth." Oder als New York Gouverneur Mario Cuomo mit sechs anderen Präsidentschaftskandidaten im Jahre 1988 auftrat, enthielt der Kommentar einer politischen Karikatur ihre Namen: „You were expecting maybe Prince Mario? Simon, Jackson, Dukakis, Gephardt, Babbitt, Gore." In einer anderen Witzzeichnung hat Schneewittchen, die offensichtlich Ärger mit ihren Zwergen hatte, ihnen beschimpfende Slang-Namen gegeben: „Is it me [der siebte Zwerg], or has Snow White developed an attitude today? Lazy, Geek, Ugly, Jerk, Stupid, Scum." Auch treten neue, unerwartete Zwerge wie „Yuppy" und „Scuzzy" auf, immer mit der Verkleinerungsendung „-y", die Eingeweihte sofort an die Disney-Zwerge erinnert.

1. „We ought to warn you … Fagin won't let you stay unless you learn how to pick pockets …" (1978)

Punch (22. März 1978), S. 505. Fagin ist ein jugendlicher Taschendieb in Charles Dickens' Roman *Oliver Twist*.

"We ought to warn you   .Fagin won't let you stay unless you learn how to pick pockets. ."

2. „Actually, since Alan's growth spurt, it's ‚Snow White and the Six Dwarfs'."
(1980)
Punch (17. Dezember 1980), S. 1132.

*"Actually, since Alan's growth spurt, it's
'Snow White and the Six Dwarfs'."*

3. „Me an' Joey finally figured out which one of the seven dwarfs you'd be …
   Wanta take a guess?" (1981)
The Burlington Free Press (2. Mai 1981), S. 11A.

4. I don't know what's the matter with me, Doc. I feel sneezy, bashful, sleepy, dopey, and grumpy, but I'm still happy. (1982)

Bloomington Herald-Telephone (9. Februar 1982), S. 26. Ich verdanke diesen Beleg meinen ehemaligen Studenten Trixie und Eric Stinebring.

5. „Chubby! Who the hell is Chubby?" (1982)
The New Yorker (15. März 1982), S. 44.

"*Chubby! Who the hell is Chubby?*"

6. I just saw Snow White and the six dwarfs.

Grumpy was arrested for not paying his taxes. (1983)
Brattleboro Reformer (15. April 1983), S. 16.

7. „Of course these are only our professional names … really we're Pride, Lust,
   Anger, Gluttony, Covetousness, Envy and Sloth …" (1983)
Punch (3. August 1983), S. 15.

"Of course these are only our professional names .   really we're Pride, Lust, Anger, Gluttony,   Covetousness, Envy and Sloth

8. Snow White.

Shifty, Sleazy, Cozy, Slick, Easy, Porky, Grabby. (1984)

The Burlington Free Press (9. April 1984), S. 5A. Ronald Reagan.

9. „I tell you what! If you're gonna be Grumpy – I'll be Snow White!" (1986)
Columbus [Georgia] Enquirer (16. Januar 1986), S. 10D. Ich verdanke diesen Beleg
meinem Kollegen Prof. Dr. Charles Clay Doyle (Athens, Georgia).

"I tell you what! If you're gonna be Grumpy —
I'll be Snow White!"

10. „Hey, guys! It's Yuppy!" (1986)
Punch (3. Dezember 1986), S. 7.

"Hey, guys! It's Yuppy!"

11. „EEEEEEK!! You were expecting maybe Prince Mario?"

   Simon, Jackson, Dukakis, Gephardt, Babbitt, Gore. (1988)
The Burlington Free Press (3. Januar 1988), S. 12A. New York Gouverneur Mario Cuomo und sechs andere demokratische Präsidentschaftskandidaten im Jahre 1988.

12. „There was an eighth dwarf, named Scuzzy, but we killed him." (1993)
The New Yorker (6. September 1993), S. 72.

"There was an eighth dwarf, named Scuzzy, but we killed him."

13. The Seven Ages of Man.

Sleepy, Happy, Dopey, Bashful, Doc, Sneezy, Grumpy. (1994)
The Nae Yorker (11. April 1994), S. 61.

14. „I'm Snow White and Jeffy is bein' himself – Dopey." (1994)
The Burlington Free Press (29. November 1994), S. 13A.

15. „Is it me, or has Snow White developed an attitude lately?"
   Lazy, Geek, Ugly, Jerk, Stupid, Dummy, Scum. (2002)
Better Homes and Gardens (Juni 2002), S. 304.

"Is it me, or has Snow White developed an attitude lately?"

XI. Angebote vergifteter Äpfel

Von den drei Versuchen der verkleideten Königin, ihre Konkurrentin zu töten, ist die Apfelepisode wohl die am eindrucksvollsten. Hier gelingt es ihr tatsächlich fast, das schöne Schneewittchen endlich loszuwerden. Besonders Kinder haben Interesse an diesen Szenen, und wenn sie dann das Märchen mehr als einmal erzählt oder vorgelesen bekommen, so dürfte es schon möglich sein, daß ein kluges Kind die Bemerkung macht: „I sure hope Snow White doesn't eat the poison apple this time!" Die Frage ist nur, was man dann als Erwachsener dazu sagt. Kinder rezipieren Märchen heute mehr als früher vielleicht auch kritisch und wollen betreffs der oft dreifach auftretenden Prüfungen wissen, warum die Heldinnen und Helden es nicht schneller begreifen, was da mit ihnen gemacht wird.

Die meisten der zwölf von mir aufgefundenen Belege mit dem vergifteten Apfel enthalten erwartungsgemäß satirische Kommentare über die Verwendung von Pestiziden. Karikaturisten greifen die verkleidete Krämerin oder Bäuerin des Märchens auf – mehr oder weniger als Hexe – die dann jemandem auf unehrliche Weise einen gespritzten Apfel anbietet. Eine solche Karikatur war 1974 in der *Schweizer Illustrierten* zu finden, wobei sich der Kommentar sogar direkt auf das „Schneewittchen"-Märchen bezog: „Hi, hi, da wird sich Schneewittchen aber freuen. DDT." Wer diese Verbildlichung sieht, erinnert sich selbstverständlich sofort an das scheintote Mädchen des Märchens und erkennt die Gefahr von DDT. Dabei muß es gar nicht unbedingt ein Apfel sein, der angeboten wird. So bekommt der landwirtschaftliche Staat Wisconsin als Schneewittchen mit seinen Bauern als Zwerge eine durch Pestizide vergiftete Kartoffel: „Have a potato, my Pretty." Verführerisch heißt es über einen dargebotenen vergifteten Apfel in einer anderen Karikatur: „Ist er nicht lecker?" Doch es gibt auch das Gegenteil, wenn ein natürlich gewachsener Apfel als „Bio-Kost" angeboten wird.

Schließlich ist da noch eine Zeichnung, wo Schneewittchen ohne in einen vergifteten Apfel gebissen zu haben bewußtlos auf dem Boden liegt: „Wieso Apfel? Sie hat sich mal wieder einen Fisch aus dem Main andrehen lassen." Hier geht es also um die Verschmutzung der Flüsse, und es ist erstaunlich, wie bekannte Märchenmotive sich auf Probleme jeglicher Art anwenden lassen. Was die bedrohte Umwelt betrifft, so war eine Schlagzeile in der Schweizer *Weltwoche* ganz besonders alarmierend: „Egal, ob Chemie oder Pflanzen: vergiftetes Schneewittchen." Wer da das Märchen selbst nicht kennt, wird die Botschaft der Überschrift kaum verstehen.

1. „Schneewittchen"-Briefmarke (1962)
Wohlfahrtsmarke der Deutschen Bundespost (1962)

2. [Schneewittchen].

Nach dem fehlgeschlagenen Versuch, einen Hausangestellten zur Ermordung ihrer Stieftochter zu dingen, beschloß eine Angehörige erster Kreise, das Kind selbst umzubringen. Nach zwei Mißerfolgen führte ein mit einem Pflanzenschutzmittel präparierter Apfel zu einem medizinisch interessanten, lang andauernden Scheintod. Die Mörderin wurde später das Opfer einer grausamen Selbstjustiz durch die inzwischen verheiratete Stieftochter. (1960)
Simplicissimus, Nr. 21 (21. Mai 1960), S. 325.

Nach dem fehlgeschlagenen Versuch, einen Hausangestellten zur Ermordung ihrer Stieftochter zu dingen, beschloß eine Angehörige erster Kreise, das Kind selbst umzubringen. Nach zwei Mißerfolgen führte ein mit einem Pflanzenschutzmittel präparierter Apfel zu einem medizinisch interessanten, lang andauernden Scheintod. Die Mörderin wurde später das Opfer einer grausamen Selbstjustiz durch die inzwischen verheiratete Stieftochter.　　*(Schneewittchen)*

3. „Ist er nicht lecker?" (1964)
Der Spiegel, Nr. 42 (14. Oktober 1964), S. 77.

New York Herald Tribune
„Ist er nicht lecker?"

4. Hi, hi, da wird sich Schneewittchen aber freuen.
DDT. (1974)

Schweizer Illustrierte, Nr. 17 (22. April 1974), S. 11. Ich verdanke diesen Beleg meiner ehemaligen Studentin Margarete Stegner.

5. Who were you expecting – ?
   Snow White?
   A state of emergency. (1975)
Newsweek (14. Juli 1975), S. 38. Indira Gandhi.

6. Have a potato, my Pretty. (1983)
The New Farm (Mai/Juni 1983), S. 34. Der landwirtschaftliche Staat Wisconsin als Schneewittchen mit seinen Bauern als Zwerge bekommt eine durch Pestizid (Union Carbide) vergiftete Kartoffel.

7. „I sure hope Snow White doesn't eat the poison apple this time!" (1984)
The Burlington Free Press (21. Januar 1984), S. 7D.

8. Bio-Kost. (1984)

Heinz Langer, *Grimmige Märchen*. München: Hugendubel, 1984. München: Deutscher Taschenbuch Verlag, 1986, S. 99.

9. Schneewittchen '85.
   Burgenländer Auslese. (1985).
Der Spiegel, Nr. 31 (29. Juli 1985), S. 7.

Schneewittchen '85

tz, München

10. Schneewittchen.

Wieso Apfel? Sie hat sich mal wieder einen Fisch aus dem Main andrehen lassen. (1986)

Jugend Scala (Januar/Februar 1986), S. 20.

11. Egal, ob Chemie oder Pflanzen: vergiftetes Schneewittchen. (2000)
Die Weltwoche, Nr. 26 (29. Juni 2000), S. 55.

Wissen

Egal, ob Chemie
oder Pflanzen:
vergiftetes
Schneewittchen

Alles andere als harmlos, diese Blümchen und Kräuter

Von Till Bastian • Die Legende, dass Naturheilmittel eine «sanfte Alternative» zur «bösen» Chemie seien, ist falsch: Pflanzen können töten

Erst recht schädlich ist es, die Wirksubstanz mit mythologischen Vorstellungen von «Reinheit» und «natürlicher Sanftheit» zu verklären.

– Till Bastian
ist Arzt und Schriftsteller

12. Äpfel für Schneewittchen.
Giftig: Ingomar von Kieseritzkys Erzählungen „Unter Tanten und andere Stilleben." (1996)
Die Zeit, Nr. 44 (1. November 1996), S. 13.

XII. Andere gläserne Särge

Das scheintote Schneewittchen hat zu interessanten Interpretationen geführt, wie etwa in Willy Pribils Satire frei nach Siegfried Freud: „Im weiteren Verlauf der Handlung spürt die böse Königin Schneewittchen auf und vergiftet das Kind mit einem Apfel. Wir werden in der Annahme nicht fehlgehen, wenn wir sagen, daß dieser Apfel der Apfel der Erkenntnis ist. Durch den Schock dieser plötzlichen Aufklärung fällt das Mädchen in schwer hysterische Zustände, zuletzt in eine totenähnliche cerebrale Lähmung. Nun kommt die exhibitionistische Triebkomponente der Zwerge zum Durchbruch, denn sie stellen das tot scheinende Schneewittchen in einen gläsernen Sarg zur Schau. Schließlich kommt ein nekrophiler Prinz des Weges und küßt Schneewittchen, weil er es für eine Leiche hält. Durch diesen Kuß erfolgt aber im buchstäblichen Sinn die Erweckung des Mädchens, die beiden werden Mann und Frau, und wenn sie nicht gestorben sind, haben sie heute noch Komplexe" (zitiert aus G.H. Herzog und Erhardt Heinold (Hrsg.), *Scherz beiseite*. München: Scherz, 1966, S. 489-490).

Interessant ist aber auch Heidi Hubers feministischer Aphorismus, die dem schon zu lange scheintoten Schneewittchen wünscht, daß sie hoffentlich selbst den erlösenden Stolperschritt tut und unabhängig ihren Weg geht: „Im Sarg aus Glas liegst du schon lang, zu lang. Den Stolperschritt, der dich erlöst, den wünsch ich dir" (Heidi Huber, *Wenn das Suchen ein Ende hat. Aphorismen*. Darmstadt: Peter Höll, 1994, S. 17).

Zu dem Sargmotiv hat mein internationales Archiv nur sechs Bildbelege bereit. Wie die in anderen Kapiteln bereits abgebildeten Briefmarken, hat die Deutsche Bundespost auch diese Szene auf einer Wohlfahrtsmarke im Jahre 1962 dargestellt. Damals erschien eine ganze Reihe solcher Märchenbriefmarken, die ich gesammelt habe und die in einem Rahmen an einer Wand in meinem Universitätsbüro zu sehen sind. Kinder werden diese schönen Marken gesammelt haben, die sie an ihre Lieblingsmärchen erinnerten.

In den Karikaturen geht es vor allem um gesellschaftspolitische Probleme, und siehe da, man trifft sogar auf Mao Tse-Tung und Joseph Stalin in der satirischen *Simplicissimus* Zeitschrift. Interessant ist schließlich noch eine Witzzeichnung aus der ebenfalls satirischen britischen Zeitschrift *Punch*, wo weder ein nekrophiler Prinz noch ein ehrlicher Königssohn den Sarg öffnen will, sondern ein Anspruch erhebender Anwärter: „Actually I'm not a Prince exactly. I'm a Pretender. Will that do?" Wie Schneewittchen wohl reagieren wird!

1. „Schneewittchen"-Briefmarke (1962)
Wohlfahrtsmarke der Deutschen Bundespost (1962)

2. Frühling in den Reichslanden.
   „Schneewittchen, wach auf, ein Prinz kommt!" (1910)
   Simplicissimus, 15, Nr. 3 (18. April 1910), S. 33.

3. Ein Märchen aus neuen Zeiten.

Und nicht lange, so öffnete er die Augen, hob den Deckel vom Sarg in die Höhe und richtete sich auf und war wieder lebendig. „Ach Gott, wo bin ich?" rief er.

(Nach Grimms Märchen: Sneewittchen). (1962)

Simplicissimus, Nr. 5 (3. Februar 1962), S. 68. Mao Tse-Tung und Joseph Stalin.

Und nicht lange, so öffnete er die Augen, hob den Deckel vom Sarg in die Höhe und richtete sich auf und war wieder lebendig. „Ach Gott, wo bin ich?" rief er. *(Nach Grimms Märchen: Sneewittchen)*

4. „Actually I'm not a Prince exactly. I'm a Pretender. Will that do?" (1966)
Punch (7. Dezember 1966), S. 871.

"*Actually I'm not a Prince exactly, I'm a Pretender. Will that do?*"

5. A sleeping princess!
   Whew! For a minute there I almost lost my grip on the lid. (1987)
Los Angeles Times (11. Oktober 1987), S. 8.

6. „And if she doesn't file?" (1991)
The New Yorker (15. April 1991), S. 81. Steuererklärung.

"*And if she doesn't file?*"

XIII. Sexuelle Anspielungen

Wenn man psychoanalytische Märcheninterpretationen liest, stößt man fast immer auf irgendwelche sexuellen Aspekte in den Zaubermärchen. Das „Schneewittchen"-Märchen ist in dieser Sache keine Ausnahme, denn das Spiegelmotiv sowie das Verhältnis zwischen Schneewittchen und den sieben Zwergen eignen sich geradezu für erotische Kommentare. So enthält dieses Kapitel 21 hoffentlich nicht zu anstößige Zeichnungen, die ich zum Teil vor mehreren Jahrzehnten in der *Playboy* Zeitschrift gefunden habe, aber keineswegs nur da.

Erwartungsgemäß entdeckt man da mehr oder weniger nackte Schönheiten vor dem Spiegel, die mit ihren Fragen wissen wollen, ob ihr wogender Busen denn auch etwas ganz Besonderes ist: „Mirror, mirror, on the wall, whose are the fairest of them all?" Wiederum hat in einer anderen Karikatur der raffinierte Spiegel von so einer Frau gefordert, daß sie sich völlig ausziehen muß, damit er beurteilen kann, ob sie denn nun wirklich die Schönste im Lande ist: „For heaven's sake, do I have to go through this whole damned routine every time?" Aber es stehen nicht nur Frauen vor dem Spiegel, sondern da ist auch ein König, der den Spiegel fragt, ob er denn nun den größten Penis hat: „Mirror, mirror on the wall, whose is the largest …" Es gibt durchaus noch vulgärere Darstellungen, die hier jedoch nicht erscheinen müssen.

Die sieben Zwerge und Schneewittchen werden in Prosatexten, Gedichten, Aphorismen und Sprüchen jeglicher Art sowie natürlich auch in Illustrationen auf sexuelle Weise interpretiert. Die Meinung geht halt da hinaus, daß es da zu Sex kommen muß! Die Kommentare zu den Zeichnungen können recht harmlos sein, wie etwa „And then suddenly there were these seven little men and their seven little beds" oder „Als die ‚Sieben' eines Abends von der Arbeit in ihr kleines Haus zurückkehrten, da staunten sie nicht schlecht." Wiederholt aber befinden sich die Zwerge im Bett mit Schneewittchen, was zu Zeichnungen führt mit Kommentaren wie „Mein Gott, der Prinz!", „Jetzt will ich [der Prinz] aber mit diesen Zwergen ein Wörtchen reden, Schneewittchen!" und „Hast du eigentlich noch Kontakt zu deinen Freunden von früher, Schneewittchen?" Daß es ein sexuelles Verhältnis gab, geht aus folgender Bemerkung Schneewittchens hervor: „Can't you get it through your heads? That part of my life is over!" Mit Bezug auf die Penisgröße der Zwerge heißt es schließlich: „You were fantastic – all seven inches of you." Ähnlich dann auch noch: „Warum soll ich mich mit sieben Zwergen abgeben, wenn's einer schafft?" Das genügt, und weitere Belege bleiben in meinem Archiv!

1. „Mirror, mirror, on the wall,
Whose are the fairest of them all …?" (1963)
Playboy (September 1963), S. 152.

"Mirror, Mirror, on the wall,
Whose are the fairest of them all . . . ?"

152

2. „… And then suddenly there were these seven little men and their seven little
   beds …!" (1967)
Playboy (Februar 1967), S. 183.

"... And then suddenly there were these seven little men and
their seven little beds ... !"

183

2 Robert Gernhardt: »Mein Gott, der Prinz!«, 1969

4. „Mirror, mirror, in my hand,
   This coat was priced at fourteen grand.
   What I paid could be shown clearer,
   If I but had a full-length mirror." (1970)
Playboy (Januar 1970), S. 197.

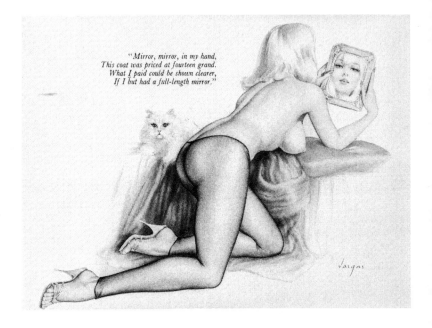

5. „I certainly don't see what you have to be grumpy about." (1970)
Playboy (März 1970), S. 235. „Grumpy" ist auch einer der Zwergnamen in Walt
Disneys Film.

"I certainly don't see what you have to be grumpy about." 235

6. „Mirror, mirror on the wall,
   Who's the kinkiest little housewife
   in Hendersonville, Kansas?" (1971)
Playboy (März 1971), S. 225.

"Mirror, mirror on the wall,
Who's the kinkiest little housewife
in Hendersonville, Kansas?"

225

7. „For heaven's sake, do I have to go through this whole damned routine *every* time?" (1972)
Playboy (Juni 1972), S. 207

"For heaven's sake, do I have to go through this whole damned routine *every* time?"

207

8. „Jetzt will ich aber mit diesen sieben Zwergen ein Wörtchen reden, Schneewittchen!" (1975)

Pardon. Vom Besten. Frankfurt am Main: Pardon Verlagsgesellschaft, 1977, S. 84.
Auswahl aus dem *Pardon*-Jahrgang 1975.

"Jetzt will ich aber mit diesen
sieben Zwergen ein Wörtchen
reden, Schneewittchen!"

9. [Schneewittchen]. (1977)
Lutz Röhrich, *Der Witz. Figuren, Formen, Funktionen.* Stuttgart: Metzler, 1977, S. 72a.

10. „Can't you get it through your heads?
    That part of my life is over!" (1977)
Playboy (April 1977), S. 129.

*"Can't you get it through your heads?
That part of my life is over!"*

11. „It doesn't wake her up, but it's a lot of fun." (1977)
Playboy (August 1977), S. 150.

"It doesn't wake her up, but it's a lot of fun."

12. „All those in favor of a gang bang say ‚Hi Ho'." (1977)

Penthouse (Dezember 1977), S. 214. Hier geht es um eine kriminelle Aufforderung zu einer mehrfachen Vergewaltigung, und diese unmögliche Zeichnung sollte heute absolut nicht mehr als Witz aufgefaßt werden.

"All those in favor of a gang bang say 'Hi Ho.'"

13. „Mirror, mirror on the wall, whose is the largest …" (1978)
Playboy (Dezember 1978), S. 315.

"Mirror, mirror on the wall, whose is the largest. . . ."

14. „Hast du eigentlich noch Kontakt zu deinen Freunden von früher, Schneewittchen?" (1979)
Horst Haitzinger, *Archetypen*. München: Bruckmann, 1979, S. 43.

15. „Snow White withheld her favors this morning, so we all got up grumpy."
    (1979)

Playboy (September 1979), S. 179. Auch eine Anspielung auf den „Grumpy"
Zwergnamen in Walt Disneys Film.

"Snow White withheld her favors this morning,
so we all got up Grumpy."

16. Sex-Riesen:

Es müssen nicht immer sieben Zwerge sein …

die eine Prinzessin nicht schlafen lassen. (1980)

Dumme Sprüche für Gescheite. Witzkalender 1980. München: W. Heye Verlag, 1980. Blatt für den 5.-11. Mai 1980. Anspielung auch auf das „Froschkönig"-Märchen. Vgl. Wolfgang Mieder, *Der Froschkönig. Das Märchen in Literatur, Medien und Karikaturen.* Wien: Praesens Verlag, 2019.

17. „You were fantastic – all seven inches of you." (1984)
Playgirl (Januar 1984), S. 94.

18. Schneewittchen.

… als die „Sieben" eines Abends von der Arbeit in ihr kleines Haus zurückkehrten, da staunten sie nicht schlecht … (1985)

Karlhans Frank (Hrsg.), *Märchen*. München: Goethe-Institut, 1985, S. 41.

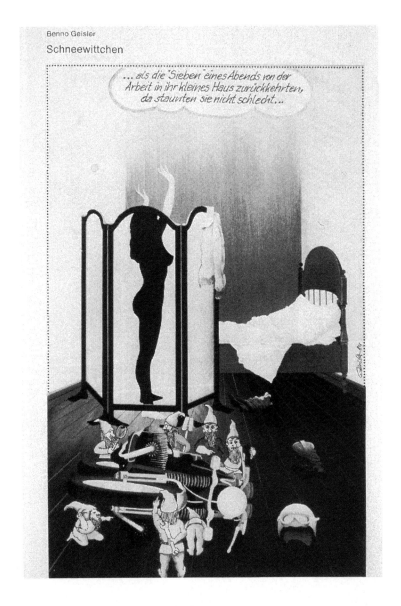

19. „Didn't anyone warn you what would happen if you indulged in self-abu-
    se?" (1986)
Punch (1. Oktober 1986), S. 13.

"Didn't anyone warn you what would happen if you
indulged in self-abuse?"

20. Schneewittchens erstes Sonnenbad im Jahr. (1989)
Ingrid Prignitz (Hrsg.), *Das einfallsreiche Rotkäppchen*. Collagen von Alfred T.
Mörstedt. *Urworte Deutsch* von Franz Fühmann. Rostock: Hinstorff, 1989, S. 71.

21. „Warum soll ich mich mit sieben Zwergen belasten, wenn's einer schafft?"
(1991)
Wochenpost, Nr. 38 (1991), S. 41.

»Warum soll ich mich mit sieben Zwergen belasten, wenn's einer schafft?«

XIV. „Schneewittchen"-Schlagzeilen

Innovative Märchenanspielungen eignen sich zu aussagekräftigen Schlagzeilen in Zeitschriften und Zeitungen, denn sie fungieren als Aufmerksamkeitserreger und fordern zum Lesen auf. Das zeigen 15 treffende Belege, die oft von dem Spiegelmotiv oder den sieben Zwergen ausgehen. Die Journalisten wissen nur zu gut, daß solche Überschriften das traditionelle „Schneewittchen"-Märchen in Erinnerung rufen, und aus der Gegenüberstellung des Zaubermärchens mit der realitätsbezogenen Überschrift ergibt sich eine oft emotional ausgerichtete Botschaft.

Was die Spiegel-Frage betrifft, so gehen solche Überschriften oft ins Politische, wie etwa „Spieglein, Spieglein an der Wand ... und was SED-Chef Honecker darin erblickt", „Wer ist der Härteste im Land? Im Streit um die Staatsbürgerschaft rückt die Union nach rechts" und „Wer ist die Schönste im ganzen Land? Zum Elite-Contest der SPD: Was deutsche Unis zu bieten haben." Wir man sieht, ist die Märchenanspielung nur der Aufhänger, und erst der Untertitel erklärt, worum es eigentlich geht. Das ist auch der Fall, wo allein mit dem Märchentitel gespielt wird: „Schneewittchen stirbt. Gift bedroht die Gesundheit der Kinder ... und so die Gattung Mensch" und „Schneewittchens Kind. Seit drei Wochen liegt eine Tote auf der Intensivstation der Erlanger Universitätsklinik. In ihrem Bauch wächst ein Embryo."

Doch auch die Zwerge treten wiederholt in Überschriften auf, wie in diesem politischen Beispiel: „Die sieben Zwerge verlängern die Krise. Die geschlagene FDP kommt der CDU vorerst nicht zur Hilfe." Hier werden Politiker zu Zwergen reduziert, weil sie sich als schwach oder unfähig erweisen. Ein besonders interessanter Beleg ist ein ganzseitiger Bericht von Angela Wittmann in der Wochenzeitung *Die Zeit* vom 21. Dezember 2005: „Was die Zwerge nicht wussten. Seit 30 Jahren arbeiten in einer alten Göttinger Villa vier Wissenschaftler an der *Enzyklopädie des Märchens*. Zu Ende ist ihre Geschichte noch lange nicht. Der letzte Band soll 2013 erscheinen." Die nun abgeschlossene fünfzehnbändige *Enzyklopädie* (1977-2015) wurde herausgegeben von Kurt Ranke, Rolf Wilhelm Brednich, Christine Shojaei Kawan, Ulrich Marzolph und Hans-Jörg Uther. Von allen Grimm-Märchen hat die Journalistin „Schneewittchen" für ihren Titel ausgewählt, wohl weil es nun einmal vielleicht das beliebteste Märchen überhaupt ist. Und mit den unwissenden Zwergen will sie natürlich betonen, daß die *Enzyklopädie* eine einmalige Zusammenfassung der gesamten internationalen Erzählforschung darstellt, wo man in der Tat aber auch alles über Märchen erfahren kann!

1. Spieglein, Spieglein, auf der Nase.
    Worauf Sie beim Kauf einer Sonnenbrille achten müssen. (1973)
Schweizer Illustrierte, Nr. 28 (9. Juli 1973), S. 46. Ich verdanke diesen Beleg meiner
ehemaligen Studentin Margarete Stegner.

2. Spieglein, Spieglein an der Wand …

… und was SED-Chef Honecker darin erblickt. (1978)

Die Zeit, Nr. 3 (20. Januar 1978), S. 1. Erich Honecker.

3. „Mirro, Mirror, on the Wall …" (1978)
Time (6. März 1978), S. 54.

Time Essay

"Mirror, Mirror, on the Wall..."

The poet may insist that beauty is in the eye of the beholder; the historian might argue that societies create the image of female perfection that they want. There has always been plenty of evidence to support both views. Martin Luther thought long, beautiful hair was essential. Edmund Burke recommended delicate, fragile women. Goethe insisted on "the proper breadth of the pelvis and the necessary fullness of the breasts." Hottentot men look for sharply projecting buttocks, Rubens favored a full posterior, and Papuans require a big nose. The Mangaians of Polynesia care nothing of fat or thin and never seem to notice face, breasts or buttocks. To the tribesmen, the only standard of sexiness is well-shaped female genitals.

An anthropologized world now knows that notions of what is most attractive do vary with each age and culture. One era's flower is another's frump. Primitive man, understandably concerned with fertility, idealized ample women. One of the earliest surviving sculptures, the Stone Age Venus of Willendorf, depicts a

Rubens' voluptuous "Toilet of Venus"

squat woman whose vital statistics—in inches —would amount to 96-89-96. This adipose standard stubbornly recurs in later eras. A 14th century treatise on beauty calls for "narrow shoulders, small breasts, large belly, broad hips, fat thighs, short legs and a small head." Some Oriental cultures today are turned on by what Simone de Beauvoir calls the "un-

necessary, gratuitous blooming" of wrap-around fat.

The Greeks were so concerned with working out precise proportions for beauty that the sculptor Praxiteles insisted that the female navel be exactly midway between the breasts and genitals. The dark-haired Greeks considered fair-haired women exotic, perhaps the start of the notion that blondes have more fun. They also offered early evidence of the rewards that go to magnificent mammaries. When Phryne, Praxiteles' famous model and mistress, was on trial for treason, the orator defending her pulled aside her veil, baring her legen-

Queen Nefertiti

dary breasts. The awed judges acquitted her on the spot.

Romans favored more independent, articulate women than the Greeks. Still, there were limits. Juvenal complains of ladies who "discourse on poets and poetry, comparing Vergil with Homer... Wives shouldn't read all the classics—there ought to be some things women don't understand."

In ancient Egypt, women spent hours primping: fixing hair, applying lipstick, eye shadow and fingernail polish, grinding away body and genital hair with pumice stones. It worked: Nefertiti could make the cover of *Vogue* any month she wanted. For Cleopatra, the most famous bombshell of the ancient world, eroticism was plain hard work. Not a natural beauty, she labored diligently to learn coquettishness and flattery and reportedly polished her amatory techniques by practicing on slaves.

If Cleopatra had to work so hard at being desirable, can the average woman do less? Apparently not. In the long history of images of beauty, one staple is the male tendency to spot new flaws in women, and the female tendency to work and suffer to remedy them. In the Middle Ages, large women rubbed themselves with cow dung dissolved in wine. When whiter skin was demanded, women applied leeches to take the red out. Breasts have been strapped down, cantilevered up, pushed together or apart, oiled and siliconed and, in 16th century Venice, fitted with wool or hair padding for a sexy "duck breast" look, curving from bodice to groin. In the long run, argues Feminist Elizabeth Gould Davis, flat-chested women are evolutionary losers. Says she: "The female of the species owes her modern mammary magnificence to male sexual preference."

Still, a well-endowed woman can suddenly find herself out of favor when cultural winds change. The flapper era in America is one example. So is Europe's Romantic Age, which favored the wan, cadaverous look. In the 1820s, women sometimes drank vinegar or stayed up all night to look pale and interesting. Fragility was all. Wrote Keats: "God! she is like a milk-white lamb that bleats/ For man's protection."

Victorians took this ideal of the shy, clinging vine, decorously desexed it, and assigned it to the wife. According to one well-known Victorian doctor, it was a "vile aspersion" to suggest that women were capable of sexual impulses. Inevitably that straitlaced era controlled women's shapes by severe compression of the waistline, without accenting breasts or hips.

Those womanly curves reasserted themselves at the turn of the century. During the hourglass craze, Lillie Langtry seemed perfection incarnate at 38-18-38. Since then, the ideal

Praxiteles' Venus

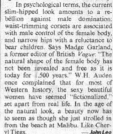

The Willendorf

woman in Western culture has gradually slimmed down. Psyche, the White Rock girl, was 5 ft. 4 in. tall and weighed in at a hippy 140 lbs. when she first appeared on beverage bottles in 1893. Now, *sans* cellulite, she is 4 in. taller and 22 lbs. lighter.

In psychological terms, the current slim-hipped look amounts to a rebellion against male domination: waist-trimming corsets are associated with male control of the female body, and narrow hips with a reluctance to bear children. Says Madge Garland, a former editor of British *Vogue*: "The natural shape of the female body has not been revealed and free as it is today for 1,500 years." W.H. Auden once complained that for most of Western history, the sexy beautiful women have seemed "fictionalized," set apart from real life. In the age of the natural look, a beauty now has to seem as though she just strolled in from the beach at Malibu. Like Cheryl Tiegs. — *John Leo*

349

4. Die sieben Zwerge verlängern die Krise.
   Die geschlagene FDP kommt der CDU vorerst nicht zu Hilfe. (1981)
   Die Zeit, Nr. 21 (22. Mai 1981), S. 4.

Berliner Wahlen

Die sieben Zwerge verlängern die Krise

Die geschlagene FDP kommt der CDU vorerst nicht zu Hilfe / Von Joachim Nawrocki

Die Wüste ruft

Aber die Berliner Sozialdemokraten sind guter Hoffnung / Von Nina Grunenberg

5. Mirror, Mirror, on the Tube.
TV jingles tell Americans they're lookin' good. (1981)
Time (17. August 1981), S. 85.

Show Business

Mirror, Mirror, on the Tube

TV jingles tell Americans they're lookin' good

Gustav Mahler may be as unfamiliar to one chunk of the population as Blue Oyster Cult is to another, but practically everybody knows what beer weekends-were-made-for and which hamburger hawkers will do-it-all-for-you. In an age of increasingly fractionated audiences for radio and records, and of a dozen or so subdivisions just within rock, jingles selling products may be America's only truly popular, all-embracing music.

They are also a short, sharp insight into the temper of the times, a compressed cultural iconography. It was plain that the sexual revolution had reached the suburbs when in 1968 Ford Motor Co. sold autos with a song urging: "It's the way to swing/ Go and have your fling." McDonald's spoke to the '60s-weary Silent Majority in 1971 with words that had little to do with fast food but that probably summed up why people supported the Viet Nam War: "Let's start buildin' our world/ Let's stop puttin' it down/ Let's start livin' our dream/ Make the whole world our town." Royal Crown Cola suggested that "me"-decade selfishness was really an aristocratic demand for perfection: "What's good enough for other folks/ Ain't good enough for/ Me and my RC." Datsun started capitalizing in 1977 on the American obsession with Japan's supposed workaholism and business acumen via "Datsun, We Are Driven." Ford appealed to the old can-do spirit with "We Make the Impossible Possible."

Every one of those verbal messages was dinned into the consumer's memory with music that, most jingle composers agree, should catch the ear the first time it is heard, yet sound as if it has been around forever. The tunes sometimes become so popular that they are sold as records. The public bought a million copies of *I'd Like to Teach the World to Sing* in 1971, while a slightly different version —Coca-Cola's *I'd Like to Buy the World a Coke*—was saturating the air waves free. Some tunes are adapted from classics. Some, like Steve Karmen's *I Love New York*, are endlessly repeatable four-note phrases. Last year New York *Times* Music Writer Edward Rothstein confessed that he found it easier to remember musical childishness like American Airlines' "... doing what we do best" than any Brahms piano quartet.

At least one political consultant credits a jingle with influencing a presidential race. David Sawyer of New York, whose clients have included Edward Kennedy and Israeli Labor Party Leader Shimon Peres, says Gerald Ford surged back almost to victory in 1976 partly because he captured the country's mood with "I'm

feelin' good about America/ I'm feelin' good about me."

The Ford song reflected the self-absorption of the '70s. Ginny Redington wrote the quintessential "me"-decade song in 1975 for McDonald's hamburgers: "You, you're the one ..." Today, says Redington, "it's the exact antithesis. Nationalism is a success formula. Everything is America. 'Clean your face, America.' 'Brush your teeth, America.'"

David Lucas, who touched personal emotions and set long-distance lines humming in *Reach Out and Touch Someone* for AT&T, has also turned to boosterism in, of all things, a Pepsi jingle. The song speaks of "the light of a brand

new day ... a feelin' deep inside you, a spirit you just can't hide." Lucas says he evoked an America "that was almost lost but came back again."

John Hill, best known for his "Maxwell House is ..." coffee song, sees sociology in tunes as well as lyrics. He links a "clear trend toward simpler, more spare" arrangements with a new ethic of "simplicity" as people cope with "scarcity" and declining standards of living. He contends that the boom in country-music versions of jingles is "tied up with conservatism" and "a desire for retreat from the pace of urban life."

Not every jingle has political overtones. Some sustain the running debate over health and beauty *vs.* the joys of self-indulgence. Mothers used to be told by Pillsbury that "nothin' says lovin' like

somethin' from the oven." Now David Lucas' Pepsi Light song chirps, "You're lookin' light all over/ You're lookin' good to me." The message, says he, is that people who are in shape, and are sexually attractive, drink diet soda. By contrast, Adman Jerry Della Femina once observed, the shrewdest of all beer slogans was Jim Jordan's "Shaefer is the one beer to have when you're having more than one." The hard-core beer buyer, said Della Femina, is definitely having more than one and is glad to be told it's O.K.

Many jingle writers downplay their social influence. Paul David Wilson of Chicago says, "To be successful, you have to be a chameleon. You're paid to do a job, not to be a conscience." Karmen, the jingler most admired among his peers, has composed for companies ranging from General Tire ("sooner or later you'll own ...") to Beneficial ("you're good for more"). But he won't handle politicians,

"And didn't you love 'Rinso White, Rinso Bright, Happy Little Washday Song'? They don't write them like that anymore."

and has already turned down Richard Nixon, Gerald Ford and George Bush. "That's irresponsible. You wind up with President Toothpaste and Senator Cola."

Whatever self-imposed rules they follow, however, jingle writers not only record their era but explain it, especially to children. Toddlers barely able to walk can recite commercial songs word-perfect—as Garry Trudeau's Doonesbury cartoon strip ruefully recorded in the story of a Vietnamese refugee child whose first words were a tongue-twisting burger jingle ("Two all-beef patties ..."). The jingle has been crowding out the sentimental poem and the nursery rhyme. "Twinkle, twinkle, buy a car"? —*By William A. Henry III. Reported by Demetria Martinez/New York, with other U.S. bureaus*

6. Schneewittchen stirbt.
Gift bedroht die Gesundheit der Kinder … und so die Gattung Mensch. (1989)
Die Zeit, Nr. 11 (17. März 1989), S. 21.

7. Schneewittchens Kind.

Seit drei Wochen liegt eine Tote auf der Intensivstation der Erlanger Universitätsklinik. In ihrem Bauch wächst ein Embryo. Soll ihr Organismus in Funktion gehalten werden, bis das Kind lebensfähig ist? Die öffentliche Meinung ist gespalten. Dürfen Ärzte handeln? Der Fall und die Diskussion. (1992)

Die Zeit, Nr. 45 (6. November 1992), S. 7.

8. Mirror, Mirror on the Wall, Who Will Rise and Who Will Fall?
   Glam or grunge? Designers all over the world seem to be having a massive
   identity crisis. (1993)
   Self (Juli 1993), S. 24.

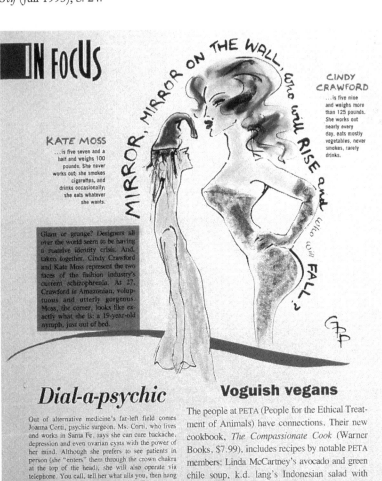

IN FOCUS

ON THE WALL, WHO WILL RISE AND WHO WILL FALL?

CINDY CRAWFORD
...is five nine
and weighs more
than 125 pounds.
She works out
nearly every
day, eats mostly
vegetables, never
smokes, rarely
drinks.

KATE MOSS
...is five seven and a
half and weighs 100
pounds. She never
works out; she smokes
cigarettes, and
drinks occasionally;
she eats whatever
she wants.

Glam or grunge? Designers all
over the world seem to be having
a massive identity crisis. And,
taken together, Cindy Crawford
and Kate Moss represent the two
faces of the fashion industry's
current schizophrenia. At 27,
Crawford is Amazonian, voluptuous and utterly gorgeous.
Moss, the comer, looks like exactly what she is: a 19-year-old
nymph, just out of bed.

Dial-a-psychic

Out of alternative medicine's far-left field comes
Joanna Corti, psychic surgeon. Ms. Corti, who lives
and works in Santa Fe, says she can cure backache,
depression and even ovarian cysts with the power of
her mind. Although she prefers to see patients in
person (she "enters" them through the crown chakra
at the top of the head), she will also operate via
telephone. You call, tell her what ails you, then hang
up and stretch out beneath a blanket. Pretty soon,
Corti says, you'll feel tickling, tingling or pressure
inside your body. Perhaps you'll see vivid colors or
images from past lives. When she's done with her
psychic procedure, which takes about an hour, Corti
phones you with a wake-up call. It's the next best
thing to being there. (Joanna Corti can be reached at
505-989-1460; an "operation" costs $75.)

Voguish vegans

The people at PETA (People for the Ethical Treat-
ment of Animals) have connections. Their new
cookbook, *The Compassionate Cook* (Warner
Books, $7.99), includes recipes by notable PETA
members: Linda McCartney's avocado and green
chile soup, k.d. lang's Indonesian salad with
spicy peanut dressing and Rue McClanahan's
creamy tofu cheeseless cake. Also, each chapter
begins with an epigram by a celebrity vegetarian.
River Phoenix contributed this one: "Vegetari-
anism is a link to perfection and peace."

24 JULY 1993 SELF

9. „Schneewittchens Baby."

Umstrittene Doku-Dramen: RTL will einen Film über eine „schwangere Tote" ausstrahlen. Die echten Eltern fühlen sich ausgetrickst. (1994)
Focus, Nr. 37 (12. September 1994), S. 206.

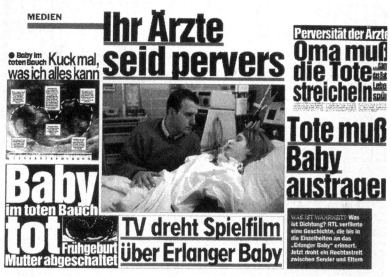

FERNSEHEN

„Schneewittchens Baby"

Umstrittene Doku-Dramen: RTL will einen Film über eine „schwangere Tote" ausstrahlen. Die echten Eltern fühlen sich ausgetrickst

Die ersten Blumen auf Marions Grab waren kaum verwelkt, ein wenig Ruhe war nach den schrecklichen Ereignissen des Herbstes in dem kleinen Reihenhaus in Altdorf bei Nürnberg eingekehrt, da lag ein exklusives Medienangebot in der Post – eine Anfrage des Kölner Privatsenders RTL.

Eine Redakteurin aus der Programmplanung der TV-Anstalt fühlte vor, ob die Eltern der Toten eine Verfilmung ihres Familienschicksals wünschten. „Ihre Erfahrungen, Mühen und Schmerzen sollen einem breiten Bevölkerungskreis zugänglich und verständlich gemacht werden", hieß es in einem Brief des Senders, datiert vom 11. Januar 1993.

Konkret wollte sich RTL die Filmrechte am Medienereignis „Erlanger Baby" sichern. Der Fall spaltete vor knapp zwei Jahren die deutsche Öffentlichkeit: Darf im Körper einer hirntoten Frau ein Embryo bis zur Geburt heranwachsen? Dürfen ausschließlich männliche – Ärzte und Juristen über die Köpfe der Eltern hinweg darüber entscheiden (siehe Kasten)?

Gabriele und Hans Ploch stimmten dem TV-Projekt zunächst zu. Endlich, so ihre damalige Hoffnung, kommt über das „Erlanger Baby" die „Wahrheit ans Tageslicht"; wie die Ärzte mit ihnen umsprangen. Wie die Presse das Haus belagerte. Wie sie aus Angst vor dem Verlust des Sorgerechts für das Enkelkind dem ethisch und medizinisch fragwürdigen Experiment zustimmten.

Doch ein Vertrag mit RTL kam nie zustande. Statt dessen ein Dutzende Seiten umfassender Schriftverkehr: Streit ums Honorar, um den Einfluß auf das Drehbuch, den Umfang der Rechte. Vorwurf des Ehepaars Ploch: Bei einem vierstündigen Vorgespräch in Anwesenheit des Autors Wolfgang Mühlbauer habe sich RTL exklusive Informationen erschlichen. „Die wollten uns aushorchen."

Die Gegenseite kontert: „Wir hätten den Eindruck, die Plochs wollten nur Kapital aus dem Schicksal ihrer Tochter schlagen", sagt RTL-Redakteurin Annette Wirbatz. Die Forderung nach 100 000 Mark sei „aus Unkenntnis der Filmszene maßlos überzogen" gewesen. Schließlich waren 30 000 Mark im Gespräch, aber Hans Ploch habe „weitere Nachforderungen gestellt, die für RTL nicht akzeptabel waren". Unter anderem habe er zehn Prozent für jegliche Weiterverwertung verlangt.

355

10. Wer ist die schönste Bank im Land?

CSH-Gruppe weist grösste Bilanzsumme und höchste Rendite aus. (1996)

Tages-Anzeiger (19. März 1996), S. 6.

6 WIRTSCHAFT — Tages-Anzeiger · 19. März 1996

Herrenlose Vermögen

Schutzgemeinschaft

Die 1990 gegründete Schweizerische Schutzgemeinschaft für enteignetes und nachrichtenloses Vermögen (SGV) will ihre Anstrengungen zur Aufspürung «herrenloser» Gelder verstärken. Durch eine Statutenänderung hat sich der Verband zusätzliche Kompetenzen gegeben.

Konkurrenz zur Bankenmeldestelle?

Warburg-Übernahme zahlt sich aus

Der Bankverein kann die 94er Scharte auswetzen – doch die angestrebte 10%-Kapitalrendite ist noch nicht erreicht

Mit einem Gewinnplus von 30 Prozent hat der Schweizerische Bankverein 1995 klar besser abgeschnitten als die andern beiden Grossbanken – Bankgesellschaft und Kreditanstalt. Laut dem designierten SBV-Konzernchef Marcel Ospel ist die britische SG Warburg schon weitgehend in den Konzern integriert.

VON MARK SCHENKER, BASEL

Die Spitze des Bankvereins: der designierte Konzernchef Marcel Ospel und der künftige VR-Präsident Georges Blum (rechts).

SBV in Zahlen

SBC Warburg mit 14% EK-Rendite

Wer ist die schönste Bank im Land?

CSH-Gruppe weist grösste Bilanzsumme und höchste Rendite aus

Trotz der transparenteren neuen Rechnungslegung ist ein Vergleich der drei Grossbankenabschlüsse voller Tücken. Nach wie vor ist der CSH-Konzern die grösste Bankengruppe der Schweiz. Darüber, welche Grossbank die rentabelste ist, kann man sich jedoch streiten.

VON LEO HUG

Hervorragend war keine

Immobilien verdarben das Geschäft

Die Grösste

Die Vorsichtigste

Die Schönste

Böses Blut bei CS First Boston

11. Who's the Fairest of Them All?

Making the media more accountable to the public, watchdog groups such as Accuracy in Media bite back at news organizations that sometimes play fast and loose with the truth. (1996)

World Traveler (Dezember 1996), S. 33. Zu dem beigefügten „Affen"-Bild vgl. Wolfgang Mieder, *„Nichts sehen, nichts hören, nichts sagen". Die drei weisen Affen in Kunst, Literatur, Medien und Karikaturen.* Wien: Praesens Verlag, 2005.

Who's the Fairest of Them All?

Making the media more accountable to the public, watchdog groups such as Accuracy in Media bite back at news organizations that sometimes play fast and loose with the truth.

William Randolph Hearst was never one to let the facts get in the way of a good story. In 1898, to increase the circulation of the *New York Morning Journal*, Hearst sent artist Frederic Remington to Cuba to view the political situation. Hearst, upon whom Orson Welles based his title character for *Citizen Kane*, didn't like what Remington had to report: There wasn't much going on.

Eager to promote some type of conflict so his paper could report it, Hearst wasn't going to let the fact that there really wasn't a war stop him. That's why he telegraphed Remington an infamous dispatch: "You furnish the pictures, and I'll furnish the war." He got the Spanish-American War and was so proud of it he published a headline reading, "How Do You Like the *Journal's* War?"

Earlier in this century, journalists used to call lurid murders "blood and underwear"—a combination that was sure to sell more copies if illustrated by photos of the pretty victim in her lingerie.

Today's equivalent of blood and underwear might be the tabloids with stories on O.J. Simpson, photos of alien abductions and irrefutable proof that J.F.K. and Elvis are both alive and well. Though the headlines have changed, the question remains: How far will the media push the facts to sell a story to the public?

"What we've noticed is TV news magazines play fast and loose with the truth," says Joseph Goulden, director of media and analysis for the media watchdog group Accuracy in Media (AIM). "Editors or producers start off with a preconceived notion of what a story should be. It's often fed to them by a special-interest group. Sometimes, it is a story that is pretty well packaged in advance with video clips, interview sources and everything. Then they do a sort of afterthought on the other side, which lasts maybe 15 or 20 seconds. This is exactly what happened with the GM case that was fed to NBC by the trial lawyers—only NBC got burned."

JUST FAKING IT

Goulden is referring to an NBC news magazine show that several years ago did an exposé on GM trucks that supposedly exploded upon minor impact.

"They had firemen out there, and some of them had camcorders and saw the test people tape this toy rocket motor under the gas tank," says Goulden. "Also, they were overflowing the gas tank and not screwing on the cap. They were preordaining what was going to happen. They rammed the truck twice and managed to get a small fire going. Of course, by the time it aired, it seemed like all of Indiana was burning."

"NBC ran the story and didn't explain what they did. Some guy in California who runs a hot-rod magazine wrote a column voicing suspicion about the NBC story. One of the firemen called the editor, who then called Detroit, and by sundown GM had a battalion of lawyers on the case," he says. "Not only was the truck found in a junkyard with the rocket motor still taped to its

357

12. Wer ist der Härteste im Land?
Im Streit um die Staatsbürgerschaft rückt die Union nach rechts. (1999)
Die Zeit, Nr. 3 (14. Januar 1999), S. 1. Wolfgang Schäuble und Edmund Stoiber.

13. Wer ist die Schönste im ganzen Land?
   Zum Elite-Contest der SPD: Was deutsche Unis zu bieten haben. (2004)
   Die Zeit. Nr. 4 (15. Januar 2004), S. 27.

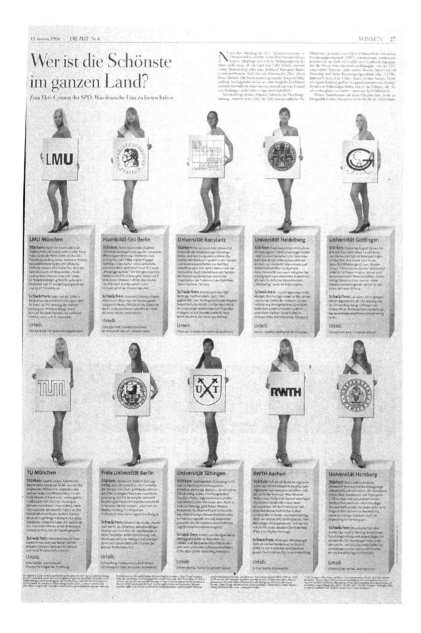

14. Mirror, mirror on the wall.

America is widely admired as the beauty queen of the economic world. But the euro area's figures are more shapely than its reputation suggests. (2004) *The Economist* (19. Juni 2004), S. 65.

Mirror, mirror on the wall

America is widely admired as the beauty queen of the economic world. But the euro area's figures are more shapely than its reputation suggests

AS AMERICA'S economy has bounced back, the economies of the euro area still seem to be crawling along. This perception has reinforced pervasive gloom about continental Europe's economic future. A great deal has been written about America's superior performance relative to the euro area. But wait a minute: the widely held belief that the euro area economies have persistently lagged America's is simply not supported by the facts.

America's GDP surged by 5% in the year to the first quarter, while the euro area grew by only 1.3%. Europe's GDP growth has consistently fallen behind America's over the past decade: in the ten years to 2003 America's annual growth averaged 3.3%, compared with 2.1% in the euro area. Yet GDP figures exaggerate America's relative performance, because its population is growing much faster. GDP per person (the single best measure of economic performance) grew at an average annual rate of 2.1% in America, against 1.8% in the euro area—a far more modest gap.

Furthermore, all of that underperformance can be explained by a single country, Germany, whose economy has struggled since German reunification in 1990. Strip out Germany, and the euro area's an-

nual growth in GDP per person rises to 2.1%, exactly the same as America's. Germany does represent around one-third of euro-area GDP, but still the fact is that economic statistics for the 11 countries that make up the other two-thirds look surprisingly like America's (see chart 1). (Were Britain part of the euro area, this effect would be even more striking.)

The most popular myth is that America's labour-productivity growth has outstripped that in the euro area by a wide margin. America's productivity has in-

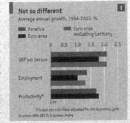

Not so different ▮ 1
Average annual growth, 1994-2003, %

■ America ■ Euro area
■ Euro area excluding Germany

0 0.5 1.0 1.5 2.0 2.5

GDP per person

Employment

Productivity*

*Output per man-hour adjusted for the economic cycle
Sources: OECD; ECB; Goldman Sachs

deed quickened in recent years, but the difference between productivity growth in America and the euro area is exaggerated by misleading, incomparable figures. In America the most commonly used measure of productivity is output per hour in the non-farm business sector. This grew by an annual average of 2.6% over the ten years to 2003. For the euro area, the European Central Bank publishes figures for GDP per worker for the whole economy. This shows a growth rate for the period of only 1.5%. But unlike the American numbers, this figure includes the public sector, where productivity growth is always slower, and it does not adjust for the decline in average hours worked.

Using instead GDP per hour worked across the whole economy, American productivity has risen by an annual average of 2.0% since 1994, a bit faster than the euro area's 1.7% growth rate. However, a study* by Kevin Daly, an economist at Goldman Sachs, finds that, after adjusting for differences in their economic cycles, trend productivity growth in the euro area has been slightly faster than that in America over the past ten years. Since 1996 productivity growth in the euro area has been slower than America's. But it seems fairer to take a full ten years.

But has not America combined rapid productivity growth with strong jobs growth, whereas continental Europe's productivity growth has been at the expense of jobs? This may have been true once, but no longer is. Over the past decade, total employment has expanded by 1.3% a year in America against 1% in the euro area. Again, excluding Germany, jobs in the rest ▸▸

15. Was die Zwerge nicht wussten.
Seit 30 Jahren arbeiten in einer alten Göttinger Villa vier Wissenschaftler an der *Enzyklopädie des Märchens*. Zu Ende ist ihre Geschichte noch lange nicht. Der letzte Band soll 2013 erscheinen. (2005) *Die Zeit*, Nr. 52 (21. Dezember 2005), S. 75. Die fünfzehnbändige *Enzyklopädie* (1977-2015) wurde herausgegeben von Kurt Ranke, Rolf Wilhelm Brednich, Christine Shojaei Kawan, Ulrich Marzolph und Hans-Jörg Uther.

XV. Werbung mit Schneewittchen

Zaubermärchen drehen sich natürlich um Wunscherfüllung, und da kann es eigentlich nicht überraschen, daß sich die Werbung das Wünschen zu eigen gemacht hat. Mit Bezug auf das „Schneewittchen"-Märchen eignet sich die Befragung des Zauberspiegels ganz besonders als Werbeslogan, denn es kann damit formelhaft auf ein bestes, schönstes oder wunderbarstes Produkt hingewiesen werden, wie einige der folgenden 15 Belege zeigen. Welche manipulative Überzeugungskraft in solchen Werbesprüchen steckt, bringt eine perfekte Karikatur über die Werbung schlechthin zum Ausdruck: „Mirror, mirror, on the wall, who's the fairest of them all?" Advertising (Werbung) gibt die Antwort: „Just keep spending, sweetheart, it could be you!" Dieser Beleg wendet sich gegen die Schönheitswerbung, aber er läßt sich auf die kommerzielle Reklame überhaupt übertragen.

Beliebt sind solche märchenhaften Werbesprüche wie „Spieglein, Spieglein an der Wand, welches ist das schönste Bier im Land?" (Feldschlösschen-Bier), „Spieglein, Spieglein an der Wand, wer ist die Zarteste im ganzen Land?" (Milka Schokolade) und „Spieglein, Spieglein an der Wand, wer putzt am schrägsten im Land?" (Mendadent Zahnbürste). Zuweilen wird der Spiegel in der Hand gehalten, was den Reim mit „Land" aufrecht erhält: „Spieglein, Spieglein in der Hand, wer ist der Beste im ganzen Land?" (beyerdynamic Kopfhörer) und „Spiegel, Spiegel in der Hand, wer ist die schönste *Lights* im Land?" (Lucky Strike Zigaretten). Die Änderung von „Spieglein" zu „Spiegel" bleibt bei einem zweisilbigen wenn auch etwas kürzeren Wort, wobei die Spiegelbezeichnung in einer Zigarettenwerbung vielleicht besser als das Diminutiv paßt. Und auch wenn der Spiegel nicht erwähnt wird, ist bei der Frage „Wer ist die Günstigste im ganzen Land?" eines Werbeplakats für Sixt-Autovermietung klar, daß es sich um eine Anspielung auf das „Schneewittchen-Märchen handelt. Selbstverständlich kommen in diesen Beispielen Bilder der angebotenen Produkte hinzu, denn Wörter allein tun es ja nicht.

Doch es gibt noch andere Möglichkeiten mit Schneewittchen zu werben, wie etwa in der Werbung für Allyn Teppiche: „Noch schöner als Schneewittchen – der Teppichboden aus Allyn 707 Nylon." Und eben auf dem Teppich liegt ein hübsches Schneewittchen umringt von den Zwergen wie im Märchen! Ähnlich geht es in einer Honda Autoreklame zu, wo die Zwerge als Schneewittchens „Harem" bezeichnet werden, und in einer Buttermilch-Werbung liegen die „milchfrischen" Zwerge doch tatsächlich im Bett mit Schneewittchen und sehen nicht gerade unschuldig aus! Sexualität und Werbung gehen bekanntlich gut zusammen.

1. Mirror, mirror, on the wall, who's the fairest of them all?
   (Advertising)
   Just keep spending, sweetheart, it could be you! (1978)
Karikatur gegen Schönheitswerbung in *The Burlington Free Press* (11. Dezember 1978), S. 10A.

2. Noch schöner als Schneewittchen – der Teppichboden aus Allyn 707 Nylon.
(1968)
Werbung für Allyn 707 Nylon Teppiche in *Der Spiegel*, Nr. 10 (4. März 1968),
S. 35.

3. Mirror mirror. On the wall. On the desk. On the shelf. On the door. (1975)
Werbung für Clairol Spiegel in *Photo Play* (Januar 1975), S. 1.

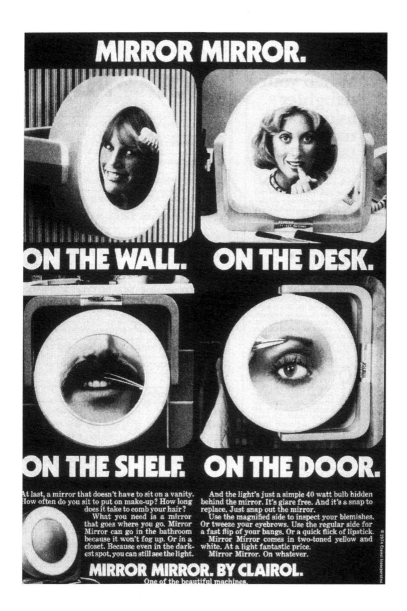

4. You don't have to be Snow White to dream in color. (1977)
Werbung für Pinso Ski in *Ski Business* (März 1977), S. 215.

5. Spieglein, Spieglein an der Wand,
   welches ist das schönste Bier im Land? (1979)
Werbung für Feldschlösschen-Bier in *Schweizer Illustrierte*, Nr. 41 (8. Oktober
1979), S. 56.

6. Mirror, mirror on the wall …
  Diamonds. And suddenly you feel irresistible. (1980)
Werbug für DeBeers Diamanten in *The New Yorker* (14. April 1980), S. 84.

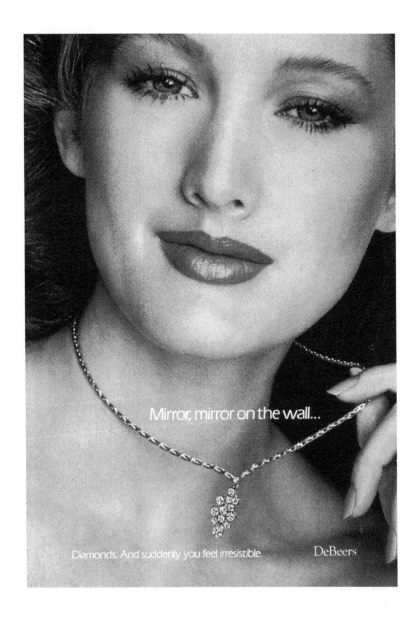

7. „Spieglein, Spieglein an der Wand,
   wer ist die Zarteste im ganzen Land?" (1980)
Werbung für Milka-Schokolade in *Bunte*, Nr. 40 (25. September 1980), S. 10.

8. Wie Schneewittchen und die sieben Zwerge: Trinkt Euch täglich milchwach
   – genießt den frischen Buttermilchtag.
   Die Milchfrischen. Märchenhaft aus deutschen Landen. (1981)
   Werbung für Buttermilch in *Quick*, Nr. 21 (Juni 1981), S. 157.

9. Spieglein, Spieglein in der Hand,
   wer ist der Beste im ganzen Land? (1983)
Werbung für beyerdynamic Kopfhörer in *Der Spiegel*, Nr. 49 (2. Dezember
1983), S. 143.

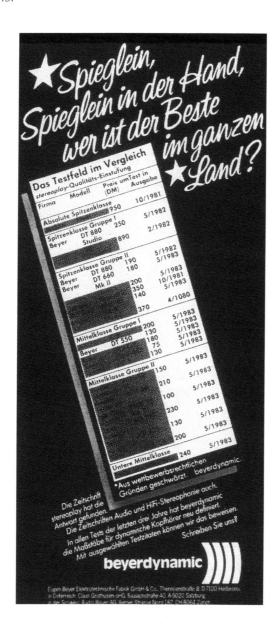

10. Spieglein, Spieglein an der Wand,
    wer putzt am schrägsten im Land? (1985)
Werbung für Mentadent Zahnbürsten in *Journal für die Frau*, Nr. 11 (15. Mai 1985), S. 137.

11. „Mirror, mirror, on the wall,
   how can I be the fairest bowl of all?" (1988)
Werbung für Vanish Reinigungsmittel in *Good Housekeeping* (Dezember 1988),
S. 257.

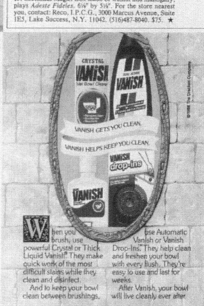

12. „… wer ist die Günstigste im ganzen Land?" (1991)
Werbeplakat für Sixt-Autovermietung in Bern (Sommer 1991).

13. Spiegel, Spiegel in der Hand,
    wer ist die schönste *Lights* im Land? (1998)
Werbung für Lucky Strike Zigaretten in *Der Spiegel*, Nr. 5 (26. Januar 1998), S. 70.

14. Wer einen Harem hat, muss für höchsten Komfort und Sicherheit sorgen.
(1999)
Werbung für die Honda Autofirma in *Die Weltwoche*, Nr. 47 (25. November
1999), S. 24.

15. [Snow White.]
   Lindt Classic Milk Chocolate. (2003)
Werbung für Lindt Schokolade; gekauft im April 2003 in Burlington, Vermont.

Kulturelle Motivstudien   *Von Wolfgang Mieder*

Band 1 (2001):
»Liebt mich, liebt mich nicht...« Studien und Belege zum Blumenorakel. Mit 72 Abb.
ISBN 3-7069-0125-0. 160 Seiten

Band 2 (2002):
Der Rattenfänger von Hameln. Die Sage in Literatur, Medien und Karikaturen. Mit
91 Abb. ISBN 3-7069-0125-0. 233 Seiten

Band 3 (2003):
»Die großen Fische fressen die kleinen« Ein Sprichwort über die menschliche Natur in Literatur, Medien und Karikaturen. Mit 125 Abb. ISBN 3-7069-0182-X. 238 Seiten

Band 4 (2004):
»Wein, Weib und Gesang« Zum angeblichen Luther-Spruch in Kunst, Musik, Literatur, Medien und Karikaturen. Mit 44 Abb. ISBN 3-7069-0266-4. 200 Seiten

Band 5 (2005):
„Nichts sehen, nichts hören, nichts sagen" Die drei weisen Affen in Kunst, Literatur, Medien und Karikaturen. Mit 296 Abb. ISBN 978-3-7069-0248-9. 267 Seiten

Band 6 (2006):
„Cogito, ergo sum" – Ich denke, also bin ich. Das Descartes-Zitat in Literatur, Medien und Karikaturen. Mit 77 Abb. ISBN 978-3-7069-0398-1. 225 Seiten

Band 7 (2007):
Hänsel und Gretel. Das Märchen in Kunst, Musik, Literatur, Medien und Karikaturen. Mit 145 Abb. ISBN 978-3-7069-0469-8. 323 Seiten

Band 8 (2008):
„Sein oder Nichtsein". Das Hamlet-Zitat in Literatur, Übersetzungen, Medien und Karikaturen. Mit 113 Abb. ISBN 978-3-7069-00501-5. 287 Seiten

Band 9 (2009):
„Geben Sie Zitatenfreiheit". Friedrich Schillers gestutzte Worte in Literatur, Medien und Karikaturen. Mit 137 Abb. ISBN 978-3-7069-0320-2. 356 Seiten

Band 10 (2009):
„Märchen haben kurze Beine". Moderne Märchenreminiszenzen in Literatur, Medien und Karikaturen. Mit 140 Abb. ISBN 978-3-7069-0579-4. 346 Seiten

Kulturelle Motivstudien

Von Wolfgang Mieder